新编21世纪教育学系列教材

教育学原理

The Principle of Pedagogy

冯建军　主编

中国人民大学出版社
·北京·

作者简介

冯建军 博士，教育部“长江学者奖励计划”特聘教授。现任南京师范大学教育科学学院教授、博士生导师，教育部人文社科重点研究基地南京师范大学道德教育研究所所长，国家重点学科教育学原理带头人，马克思主义理论研究和建设工程《教育学原理》教材编写组首席专家，国家教材委专家委员会委员；兼任中国教育学会中青年教育理论工作者分会理事长、全国教育基本理论学术委员会副主任。

主要从事教育基本理论、教育哲学、生命与道德教育研究。主持承担十多项国家和省部级研究项目，出版《当代主体教育论》《生命与教育》《教育公正：政治哲学的视角》《差异与共生：多元文化下学生生活方式与价值观教育研究》《公民身份认同与学校公民教育》《教育的人学视野》《当代道德教育的人学论域》等专著，主编及参编《教育基本理论研究 20 年（1990—2010）》《中国教育哲学研究：回顾与展望》以及《当代教育原理》《现代教育学基础》《教育哲学》等高校教材，在学术刊物发表论文二百余篇，其中五十余篇被权威报刊转载，多项成果获省部级一、二等奖。

内容简介

教育学原理以整体教育为研究对象，揭示教育实践活动的一般事理。在这个意义上，本书着眼于“教育理论、教育的概念、教育的历史、教育目的、教育功能、教育主体、教育内容、教育途径、教育场所、当代教育改革与发展”等方面，对教育“是什么”“应该是什么”“为什么这样做”等问题做出了回答，为教育实践活动提供学理依据。本书为大学教育类专业的基础课教材，也可以供对教育感兴趣的其他同志学习参考。

目 录

第一章

教育理论

学习目标

- 识记教育学学科形成和发展时期代表性的教育家及其主要教育思想。
- 理解教育科学理论、教育哲学理论与教育实践理论之间的异同。
- 分析复杂性思想、现象学、校本研究等对当代教育理论发展的影响。

问题与思考

- 教育学等于教育经验、教育思想吗?
- 如何理解实践与教育理论的互动、共生关系?
- 教育理论与实践脱节的原因何在?

教育理论就是立足教育，由教育领域的专门概念或术语、命题构成的系统化的教育思想。它既是教育实践经验的升华，也是教育学自身反思、发展的结晶。在本章中，我们首先从教育理论动态生成的视角回顾教育学形成和发展的历史，然后从静态视角分析教育理论的类型与表现形式，最后展望当代教育理论的发展趋向。

第一节　教育学的形成与发展

教育的产生和教育学的形成是不同步的。从广义角度理解，有了人类，就有了教育；但作为一门学科的教育学的形成，则是以教育理论的成熟为标志的。教育学既需要丰富的教育活动作为基础，又需要特定的教育概念、教育思想和研究方法支撑。可以说，教育学的形成和发展经历了漫长而复杂的认知和创新过程。

按照教育学的学科特点，我们可以把教育学的形成与发展阶段分为萌芽期、独立和形成期、多元化发展期。同时，我国教育学的形成和发展阶段又有其独特性。

一、教育学的萌芽

从“教育学”一词的词源分析，就可以认识到早期人类的教育实践对教育学形成和发展的重要影响。“教育学”（英文为“pedagogy”，法文为“pedagogie”，德文为“Pedagogik”）一词源自希腊语“pedagogue”（教仆）。教仆是指专门照料奴隶主子弟的奴隶，专门负责送孩子上学，接他们回家，替他们携带学习用品，并有一定的管理权限。教仆的地位并不高，这是由他们的奴隶身份所决定的。但是，“教育学”与“教仆”的内涵渊源也表明了早期所谓教育学的价值和意义，教育学所反映的是和教仆、保育员、母亲等主体相关的活动，是有关儿童训练和教学的经验与技艺的活动，这在当时是相对幼稚、人们不感兴趣的工作，心智和意志方面有才干的人是不会专门研究它的。可见，在当时教育学作为一门应用艺术，很少受到重视，因此，“教育学”一开始就没有“深奥科学”的内涵，这种影响一直延续到现在。

随着人类社会的进步，人们开始认识到传承文明、培养人才的重要性，一些政治家、思想家通过自身的社会和教育实践，对教育问题提出了独到而深刻的理解和认识，形成了影响深远的教育思想，为教育活动和教育理论的发展奠定了基础。代表性的教育学先驱有古希腊的苏格拉底、柏拉图、亚里士多德等，中国古代的孔子、孟子、荀子等。教育思想经典著作主要有柏拉图的《理想国》、孔子的《论语》等。除此之外，在教育学历史上影响较大的早期教育学思想家还包括古罗马的西塞罗、昆体良，中世纪的奥古斯丁、伊拉斯谟，中国的老子、朱熹等。

萌芽阶段代表性的教育理论当属苏格拉底的“产婆术”和孔子的教育思想。“产婆术”的精髓在于用问答、论辩的方式启发学生的逻辑思考，使学生得到具有普遍意义的知识，从个别、表象、经验中获得确定性的概念。苏格拉底相信知识、真理存在于学生先天的理念中，教师、成人的责任不是传授给学生知识、真理，而是引导学生一直行进在去往真理彼岸的旅途中。这些思想使苏格拉底成为西方启发式教学的鼻祖，奠定了西方教育中“儿童中心论”的基础。孔子的教育思想主要有：阐明教育对象的“有教无类”，论述人才培养目的的“学而优则仕”，主张学与思结合的“学而不思则罔，思而不学则殆”，倡导启发式教学的“不愤不启，不悱不发”等。孔子的这些认识和观念构成了我国古代教育思想的核心内容。

人类早期的教育探索和反思还称不上系统、完整、成熟的教育理论，也不具备作为学科的教育学的特征，只能称为教育学的萌芽。具体而言，这一时期的教育理论具有以下基本特征：这些教育思想都不是以独立的形态加以系统论述的，它们和其他社会思想融合在一起，像《理想国》《论语》等，不是专门的教育学著作，而是古代思想、文化的集大成之作，只是其中涉及了教育认识的相关理论；此外，这些教育理论的提出者不仅是当时的教育家，更是当时的政治家、思想家，因而，这些教育理论有着丰富而深刻的内涵，此后的教育学发展无不从此汲取营养和灵感；教育思想也不以专门术语、命题而展开逻辑分析和论述，而是以格言、类比、故事、比喻等灵活的方式让后人领悟、解读；研究教育的方法更不具有专门针对性，大多是个人经验、理念之上的体验、感悟和反思，不具备学科层面上的方法论特征。

二、教育学的独立和形成

教育学的独立和形成必须有促成系统教育理论成型的基础，包括对教育教学经验的概括、总结和对教育问题的哲学思辨、科学论证以及与学科发展相关的政治、经济、文化等条件的成熟。16 世纪末，欧洲大陆开始出现资本主义的萌芽。随着对外贸易的扩张和对内统治的需要，大批的城市学校和教会学校开始出现，培养教师的机构也应运而生，对教育、教学经验进行总结和升华的迫切要求内在地催生了教育学的独立。同时，17—19 世纪还是现代学科相继出现的时期，自然科学中的观察、实验、归纳等方法受到人们的推崇，科学理性奠定了学科形成和发展的基础。伴随着自然科学的发展，社会科学也从传统的“道德哲学”中分离出来，对自然、社会展开理性的思考和辩论。在近代社会学科蓬勃发展、教育要求不断提高的大背景下，教育学学科的独立和形成就成为必然。

在教育学独立和形成的过程中，一些哲学家、政治家、教育家做出了自己独特的贡献。英国哲学家培根（Bacon）首次提出把“教育学”作为一门独立的学科，并与其他学科并列；受其归纳法、实验法影响，德国教育家拉特克（Ratke）在 1617 年出版的《新方法》中概括的教学原则主要有：按照自然规律教学，学生一次只学习一种事物，不死记硬背，教材与教法相统一等。捷克教育家夸美纽斯（Comenius）于 1632 年完成《大教学论》，虽然这部著作探讨的是“把一切事物教给一切人类的全部艺术”，但其内容却涉及了人的本性与价值、教育的性质与作用、教育目的与任务、教学的基本原理、学校系统构建等教育学的基本问题，而且其研究方法又具有鲜明的自然科学色彩。因此，无论是从教育理论内涵的视角还是从研究方法的视角分析，人们一般把《大教学论》视为教育学独立的开端。1776—1786 年，德国哲学家康德（Kant）先后四次在柯尼斯堡大学开办教育学讲座，首创在大学开设教育学课程之例，其讲稿后由学生编为《论教育学》。康德力求为教育学构建一套明确真实的概念，把教育学从当时流行的教学艺术的认识中解放出来，清除“教育学”一词所包含的“教仆”含义而导致的对教育学的误解，赋予教育学理性的内涵。1806 年，康德的学生，德国哲学家、心理学家、教育家赫尔巴特（Herbart）的《普通教育学》一书出版，强调教育学要有“自身的概念”，“教育学作为一种科学，是以实践哲学和心理学为基础的。前者说明教育的目的，后者说明教育的途径、手段与障碍”①，至此，教育学的理论基础——哲学和心理学得以确立，《普通教育学》的出版就成为教育学作为一门学科形成的重要标志。

教育学独立和形成时期的代表性教育家为夸美纽斯与赫尔巴特。夸美纽斯在教育思想史上的最大贡献在于他提出的“泛智”教育观。他认为，人天生就具有学问、道德和虔信的种子，人性是善的，他提出了直观、循序渐进、启发、巩固等遵循自然秩序的教学原则，虽然他的“先验”观和自然神性论限制了他的教育、教学思想的深化，但他对中世纪教育思想的突破和对新人的呼唤还是为他赢得了“教育史上哥白尼”的尊称。赫尔巴特从实践哲学和观念心理学出发，提出了教育的可能目的和必要目的。他认为，可能的目的或选择的目的是指一个人将来可能从事的具体职业，这是教育的职责所在；而教育的必要目的指一个人在任何活动中都需要达到的目的，即不管你将来从事什么职业，做什么工作，都必须具有完善的道德品质，这也是教育的真正目的。为实现教育目的，教学过程应分为四个阶段：明了、联想、系统和方法。每个阶段与掌握知识、心理活动、兴趣阶段和教学方法相对应，这就是著名的赫尔巴特“四段教学论”；后来，他的继承者又提出包括预备、提示、联系、总结和应用的“五段教学法”。从其教育目的和教学论中不难看出，赫尔巴特强调教材中心、课堂中心和教师中心，是传统教育的代表人物。

综观这一时期的教育学发展，其独立和形成的主要标志是：教学、学生、教育目的、学校管理等成为教育理论研究的专门对象，教育学摆脱了依附于其他学科的窘境，不再是其他思想、理论的衍生品；确立了以实践哲学和心理学为根基的学科基础，教育学研究有了明确的理论指南；在教育学研究方法方面，逐渐探索出适合学科特点的科学研究方法，确保教育学发展的系统性和科学性；在大学这一科学和真理的殿堂，有了专门讲授教育学的教席和专门研究教育学的机构，并出现了一些著名的教育学家和一些有影响的教育著作。总之，随着教育实践的不断丰富和深入，教育理论研究也日趋成熟，教育学作为一门学科的形成也就顺理成章。

三、教育学的多元化发展

教育学多元化发展主要表现在两个方面：一是教育理论的内容方面，出现了不同思想观点和流派的教育学研究；二是教育理论的形式方面，围绕教育学的学科特点，出现了以不同对象为研究内容的复数教育科学。前者代表性的教育理论有实验教育学、实用主义教育学、批判教育学等，后者则体现为教育学学科分类的多元化倾向。

实验教育学是在19世纪末20世纪初出现的、基于欧洲科学主义思潮的一种探索，其

① 赫尔巴特. 普通教育学. 北京：人民教育出版社，1989：9-10.

代表人物是德国教育家拉伊（Lay）和梅伊曼（Meuman），他们的代表作分别是《实验教育学》（1908）和《实验教育学纲要》（1914）。他们认为，传统教育学在研究方法上主要以卢梭的直观思维、经验概括和赫尔巴特的思辨、逻辑推理为核心，只是告诉人们怎样教育的实践教育学，缺乏可验证性，削弱了教育学的科学性。因此，他们认为教育学必须借鉴自然科学中的观察、实验等方法来增强其科学性，但他们对实验教育学的性质又有不同的认识。拉伊主张将实验心理学和教育学实验区别开来，认为只有当一项实验的主要目标是解决教育学的问题时，这项实验才是教育学实验，教育学实验应该在正常的学校环境中进行，尊重教育、教学活动自身的特点和规律。梅伊曼则主张教育学实验与心理学实验具有一致性，认为过分强调实验室实验的可靠性会忽视学生的主体性和教育活动的独特性，实验教育学的任务就是“发现事实”，然后直接应用到教育实践中去。可见，无论是拉伊还是梅伊曼，都认识到关于教育事实的实验研究不同于不能用实验方法开展的教育目的、教育价值研究，只不过拉伊主张将两者分开研究，梅伊曼则主张将两者合二为一。

实用主义教育学是19世纪末20世纪初在美国产生的教育思潮，代表人物是美国哲学家、心理学家和教育家杜威，其代表作有《学校与社会》（1900）、《民主主义与教育》（1916）、《经验与教育》（1938）等。实用主义教育学以经验哲学中的“经验论”和机能心理学为基础，批判传统教育学中的“二元”对立观念，主张主体与客体、学校与社会、现在与未来的统一。杜威在论述教育本质时认为，“教育即生长”“教育即生活”“教育即经验的不断改造”①。在谈到教育目的时，他认为要把教育过程中的目的和从教育过程以外提出的目的进行区别，“教育本身并无目的。只有人，即家长和教师等才有目的”，“学校教育的目的在于通过组织保证生长的各种力量，以保证教育得以继续进行”②。他还提出了包含困境、问题、假设、验证、结论的“五步教学法”。杜威开创的实用主义教育以其对传统教育学的犀利批判和对儿童的尊重，奠定了他在现代教育学发展史上的地位，虽然其理论因时代变迁而受到批判，但其地位和影响，至今无人可及。

批判教育学是20世纪60年代以来在西方兴起的一种教育思潮，其产生的社会背景是西方经济衰退，社会动乱频发，学生入学率锐减、辍学率剧增、学业水平下降，校园暴力不断，道德教育滑坡等，这激起人们对现代教育的反思与批判；其产生的思想基础是后现代主义观念，它反对中心论、整体论、体系论，主张以批判、解构为出发点，重新思考教育上的种种问题，深化和扩展教育理论，确立批判教育学。批判教育学的代表人物及其著作主要有：法国的布迪厄及其《教育、社会和文化的再生产》（1979），美国的阿普尔及其《教育与权力》（1982）、吉鲁及其《批判教育学、国家和文化斗争》等。批判教育学的主

① 杜威．民主主义与教育．北京：人民教育出版社，2001：118.
② 同①59.

要观点包括：反对以教师、教材为中心的一切权力，要求教学过程中始终贯穿质疑和批判思维；反对灌输文本和背诵式的记忆，要尊重不同学生的不同历史和文化背景，使学生依靠自己的经验重建新知识，形成自己的文本；讨论、批判性分析是教学过程中的基本教学方法，这有助于培养学生独立思考、批判、创新的能力；教师应把权威转换成一种解放实践，对学生进行“启蒙”，为学生的批判提供条件。

教育学的各门分支学科是其多元化发展的另一种表现，它超越了教育学形成时期单一教育学的局限，丰富和深化了作为复数形式的教育学的内涵。教育学学科分类的方式主要有三种：其一，以教育研究所运用的学科为理论分析框架，研究这些学科所认识、分析的对象，如教育哲学、教育心理学和教育经济学等；其二，以具体的研究方法为特征来划分相应的教育学分支学科，确立自己的教育研究对象，如教育统计学、比较教育学等，这一方法自身限制了研究对象的范围和目标；其三，以教育领域的专门性问题为中心，综合运用多门学科的解释，形成操作性较强的学科分类，如课程论、教学论等。同时，教育学学科发展过程中还形成了以教育学自身为研究对象的门类，如元教育学、教育学史等。所有这些教育学分支学科的建立都标志着教育学的多元化发展。具体的教育学学科分类框架如表 1－1 所示。

专栏 1－1

表 1－1　　教育学学科分类框架

<table>
<tr><td rowspan="7">以教育活动为研究对象；
以不同的方式运月其他学科</td><td rowspan="3">把被运用学科作为理论分析框架</td><td>分析教育中的形而上问题</td><td>教育哲学　教育逻辑学
教育伦理学　教育美学</td></tr>
<tr><td>分析教育中的社会现象</td><td>教育社会学　教育经济学
教育政治学　教育法学
教育人类学　教育人口学
教育生态学　教育文化学</td></tr>
<tr><td>分析教育中的个体</td><td>教育生物学　教育生理学
教育心理学</td></tr>
<tr><td rowspan="2">采用被运用学科的方法</td><td>运用方法直接分析教育活动</td><td>教育史学　比较教育学
教育未来学</td></tr>
<tr><td>研究如何运用方法来分析教育活动</td><td>教育统计学　教育测量学
教育评价学　教育实验学
教育信息学</td></tr>
<tr><td rowspan="2">综合运用各门学科，解决教育的实际问题</td><td>分析与其他领域共有的实际问题</td><td>教育卫生学　教育行政（管理）学
教育规划学　教育技术学</td></tr>
<tr><td>分析教育领域独有的实际问题</td><td>课程论　教学论</td></tr>
<tr><td colspan="3">以教育理论为研究对象</td><td>元教育学　教育学史</td></tr>
</table>

资料来源：唐莹．元教育学．北京：人民教育出版社，2002：18.

四、我国教育学学科的发展

我国有着漫长而悠久的教育历史，其间也产生过一些有代表性的教育、教学文学作品，如《学记》《大学》《师说》等，但从教育的理论性和学科视角分析，这些都称不上专门、系统的教育学论著。我国教育学的学科发展走过的是一段翻译、借鉴的路程。

教育学学科的发展是和教育实践，尤其是师范教育的发展同步的。在清末“废科举、兴学堂”的改革中，1902 年设立了京师大学堂的师范馆，开设了“教育学”一科，引进了以赫尔巴特为代表的西方传统教育思想和教学模式，最早授课的主要是日本学者，这些日本学者包括立花铣三郎、特瀛五一郎等，多由中国人做翻译。在引进的过程中，中国学者开始编著自己的教育学教材，较早的有王国维的《教育学》、蒋维乔的《教育学》（作为初级师范读本）、罗振玉主编的《教育学丛书》等。

20 世纪 20 年代以后，主要受杜威实用主义教育学的影响，形成了以实用主义为代表的现代教育与传统教育对峙的局面。这一时期代表性的教育著述主要有王炽昌的《教育学》、孟宪承的《教育概论》、吴俊升的《教育哲学大纲》等，这些著述中有关儿童的内容占了较大篇幅。在教育思潮方面，杜威的实用主义教育思想也落地生根，代表性的主要有陶行知的生活教育、晏阳初的平民教育、陈鹤琴的活教育等。与此同时，国外的一些教育名著，如卢梭的《爱弥儿》、洛克的《教育漫话》、斯宾塞的《教育论》等相继翻译出版。另外，受马克思主义教育思想的影响，李浩吾的《新教育大纲》、钱亦石的《现代教育论》出版，这些丰富和充实了民国时期的教育学研究。

中华人民共和国成立后，受意识形态影响，教育学发展呈现“一边倒”的局面：全面引进、学习苏联的教育学，其中，凯洛夫的《教育学》大受追捧，它对新中国教育学的发展影响至今，这一时期代表性的著作主要是刘佛年主编的《教育学》。“文化大革命”时期，教育学又沦为政策学、语录学，失去了学科独立性。改革开放让教育学也迎来学科发展的春天，教育学教材、著作大量出版，教育学分支学科不断丰富、拓展，代表性的教育学著作当属南京师范大学编著的《教育学》和“五院校”① 的《教育学》，此后的教育学教材和专著只是在不同程度上对其进行扩展和充实，基本框架和核心观点没有质的变化。

从以上分析不难看出，我国教育学学科建设面临的主要问题是：如何处理引进与创新的关系，尤其是如何立足本土，构建具有中国特色的教育学，而不是简单地受外来教育学的启发和应用；如何构建教育学学科的多元化发展，推动教育学流派、思潮的形成，避免单一教育学思想主导、垄断的僵化格局；探究教育学的独立性问题，走出意识形态决定教育学研究的先验困境。

---

① 指由华中师院（今华中师大）、河南师大（今河南大学）、甘肃师大（今西北师大）、湖南师大、武汉师院（今湖北大学）五个院校教育专家研讨，王俊道、王汉澜主编，人教社出版的《教育学》。

第二节　教育理论的类型与表现形式

在教育学形成的过程中，教育理论的认识论特征一直困扰着教育学的发展，主要表现为科学导向的教育理论和哲学导向的教育理论的主导权问题，即哪种认识论导向的教育理论能满足教育发展的需要，能代表教育学发展的趋势。这个问题既影响着教育理论的走向与建构，又关乎教育学的学科地位和学术价值。随着教育和教育学的发展，这一问题不但未得到解决，反而愈加复杂。对此，德国当代元教育学家沃尔夫冈・布列钦卡（Wolfgang Brezinka）提出了自己的观点，他认为，问题的症结在于是否只存在一种教育理论，一种教育理论的建立是否必须以牺牲另一种教育理论为代价。布列钦卡试图超越这种认识怪圈，他认为，无论是从教育的动态性还是从教育理论的复杂性分析，同时存在多种教育理论形态是可能的，不同种类的教育理论是相互独立和共生的，而不是非此即彼的零和关系。

布列钦卡将教育理论分为三种：教育科学理论、教育哲学理论和教育实践理论。这三种教育理论的认识基础、研究对象、陈述特征和逻辑论证各不相同，因此，其服务目的也不相同，但由于这三者都是为了满足教育实践的共性需要，所以它们又是内在统一的，彼此是独立而相互交融、共生的。

一、教育科学理论

教育科学理论的研究对象是“教育事实”，这是由其“科学性”所决定的。教育中的“事实”和其他科学研究中的事实一样，是客观存在的、可观察的、动态的经验世界。同样的事实会被不同的学科认知，并成为它们的研究对象，如教育实践中的儿童心理发展现象、教育活动的组织和制度等就会分别被心理学、社会学归为自己学科的研究对象。因此，如何确保“教育事实”的教育属性就成为教育科学理论认识的首要问题。布列钦卡认为，教育活动的独特性在于教育实践的目的不同于其他社会活动，教育手段和教育目的是统一的整体。教育事实特指能客观化为由“教育”的科学概念所反映的内容和特点的教育现象，只有这样才能成为教育科学理论的研究对象。这样，教育科学理论的研究对象就可以概括为作为整体的教育目的与手段的事实，而不是简单的“是什么”的教育事实，也就是说，教育事实只有纳入“目的-手段”的范畴中才能成为教育科学理论的研究对象。

教育科学理论是以“描述”为主的陈述体系，以突出其研究对象——教育事实的客观性。教育科学理论的描述包含两种情形，即现象描述和规律描述。前者是对教育事实的发生、发展状况的客观性陈述，如教育者和学习者是谁，教育情景具有什么特征，具体目的是什么，以什么方式展开，等等。后者是对教育事实背后的原因、条件和结果的解释，这在传统教育学中表现得最为突出，主要追问“为什么”，即什么原因导致了这样的结果。规律描述是教育科学理论研究中的重点、难点。布列钦卡认为，教育科学理论所探讨的规律是教育目的与教育手段之间内在本质性的联系，即在既定目标下，发现达到这一目标的必要条件。在此意义上，可以说，教育科学理论被认为是为目的构建的因果分析科学。

教育科学理论的形成和验证是通过证实与证伪的逻辑过程来实现的。证实是传统自然科学的论证方式，主要通过观察、实验、归纳例证来论证规律的科学性；证伪是当代科学哲学家波普尔（Karl Popper）提出的一项科学原则，他认为，对于科学假设的普遍性结论，再多的例证也无法予以证实，只要找到一个反例，就可以进行否定。这一方法增强了科学的严谨性，表明科学假设的普遍性结论永远是有条件的、暂时的。

对教育科学理论而言，证实或证伪的关键在于确保那些普遍性的假设或结论是建立在教育事实基础之上的。首先，教育科学理论中的假设应是与教育情景有关的教育行动假设，教育事实必须服从“教育的假设”，不然，教育科学理论就存在脱离教育本质的危险。其次，教育科学理论假设的证明介于证实与证伪之间，证实可以从逻辑上推定理论相对的科学性，证伪则可以确保教育科学理论始终充满活力，不被封闭、既定的证实所僵化。最后，教育科学理论通过逻辑演绎，在教育事实与教育规律之间建立了一种多元化的假设-演绎体系。这一体系能使理论不被某个单一的教育规律所垄断。当然，在教育科学理论的逻辑论证过程中，其陈述方式也在一定程度上起到证实或证伪的作用，如提供有关可能性信息的陈述与规范性的技术性陈述就不同，前者表明具体做什么，后者包含对活动的规定或指令。

二、教育哲学理论

教育哲学理论是以“教育价值”或“教育规范”为研究对象的，其目的是对这些价值或规范的合理性进行辩护。在此，必须区分对价值与规范的经验性研究和规范性研究。教育科学理论把价值和经验看作既定的事实和规律加以认识，教育哲学理论则是对教育的价值和规范进行规范性研究。作为研究对象，教育价值与教育规范同样存在教育目的与教育手段层面上的关系。具体而言，教育价值和教育规范包括两大类认识对象：教育目的的价值与规范、教育手段的价值与规范。教育目的的价值与规范主要包含对目的的解释、论证，侧重从人和社会的存在与意义视角来辩护。教育手段的价值与规范则包含对教育者及其行动的辩护和对教育物质手段的哲学辩护，前者包括教育者的美德和伦理学辩护，后者包括教育内容的价值论分析和教育组织的辩护。在传统的教育哲学理论中，人们往往重视教育目的的哲学辩护，忽视教育手段中所蕴含的价值与规范，割裂了教育目的与教育手段统一的整体性关系，削弱了教育哲学理论的价值。所以，研究教育价值与规范，必须将教育目的与教育手段相统一。

教育哲学理论的陈述体系是以“评价”为特征的。如果说教育科学理论对教育价值与规范保持中立的话，那么，教育哲学理论则强调对判断主体的辩护与批判，内含研究者的教育价值取向。在具体陈述时，布列钦卡采取层层推进的方式来陈述教育哲学理论。第一，区分“评价”与“规范”，“应当如何评价”属于价值的规范理论范畴，而“应当怎么办”属于教育理论的规范范畴。第二，要区分道德评价和其他评价，除了道德评价，教育哲学理论还包括知识、法律、宗教、效用、效率、审美等评价。第三，区分“理想”与“行为”规范的陈述，理想规范以“应该是什么”的方式来陈述，可细分为个人理想与社会理想，行为规范以“应该做什么”的方式来陈述。第四，行为规范可以分为“技术规范”和“道德规范”，教育哲学理论主要关注道德层面上的规范，至于技术规范主要属于教育科学理论认识的教育事实对象。从以上四种陈述可以看出，教育哲学理论是以“什么东西最有价值”为评价、辩护的基础的，这就和以描述教育事实为中心的教育科学理论有鲜明的差别。此外，教育哲学理论侧重辩护性评价，也与注重“应然”导向的教育实践理论有所区别。

教育哲学理论是通过对教育价值-规范的判断的辩护与批判来彰显其逻辑合理性的。对教育价值-规范的辩护与批判是以规范性内容的陈述和解释为前提的，任何值得辩护的规范都是基于经验性理由成立所进行的分析，也就是说，任何一种规范性论述，都必须建立在一定的客观基础之上。在具体辩护与批判过程中，研究者必须区分科学性陈述与规范性陈述，教育哲学理论不应简单地停留在逻辑演绎的层面上，它必须认识到从高级规范到具体规范的过程中增加新的情景性规范的必要性，这是由教育哲学理论规范的性质决定的。教育科学理论的规律性陈述中，个别的情景性内容已经包含在一般性规范中，而教育哲学理论则不然，它需要增加从价值评价到规范、从目的规范到手段规范、从原则性规范到操作性规范、从一般性规范到特定情景规范等内容。具体而言，完整的教育价值-规范辩护包括两个方面：理性过程和意志行为。理性过程注重教育知识的参与和判断，而意志行为强调研究者主观行为的选择和决定。在辩护过程中，知识不能取代意志，而且，规范制定的最终决定性因素往往是意志，研究者是辩护与批判的主体。所以，在规范性陈述中，逻辑推演、经验实证和主观意志是教育价值-规范辩护的三个重要因素，合理理解三者的关系是确保辩护合理性的关键。

三、教育实践理论

教育实践理论的研究对象是“教育价值观与规范”，与教育哲学理论的辩护取向不同，教育实践理论的教育价值观和规范是由“实践”所决定的一种指令性规范，其目的是积极介入未来的教育实践，以规定既定时空下教育者的行动。因此，教育实践理论研究强调研究者与实践者的统一，即通过教育行动研究，使研究者和实践者的角色相融合，以教育实践的标准来检验教育实践研究的结论，使之更好地成为实践的指导原则。教育实践理论主要研究以下四个方面的内容：为教育者提供有关社会文化情景的评价性解释，列举教育者需要行动的具体目标，为教育行为、有组织的教育机构提供切实可行的实践观点、规则、建议或指导，激发教育者的职业道德情感。在这些研究内容中，教育实践理论既提出需要实现的教育目的，又指出可行的教育手段，这有利于实现教育目的与教育手段在实践层面上的统一，从而使教育实践理论与教育科学理论、教育哲学理论有了明确的区别。所以，教育实践理论是激发教育者去行动的理论，教育实践理论的独特性是在行动中体现的。

教育实践理论以规范性为陈述特征，规定实践的行动纲领，但与教育哲学理论强调评价性辩护及道德规范不同，教育实践理论是实证性陈述与实践规范的结合，其典型的陈述方式是“应该怎么办”。教育实践理论既包括科学的实证性陈述，如对教育事实和教育规律的陈述，也包括规定性的规范性陈述，如对价值判断、道德理想、行为指南的陈述。教育实践理论的陈述与教育科学理论和教育哲学理论看似有相同之处，实际上是教育实践理论借用了其他两类教育理论的结论，它不会关注实证或辩护的过程，只是拿来直接应用于实践。在具体陈述教育实践理论时，布列钦卡认为，陈述应注意语言及其内容的清晰表达，注意陈述过程中的逻辑规则，有意识地运用情感性语言等，其目的就是要尊重教育实践理论对教育行动的直接指导。

教育实践理论是以教育行动的逻辑为中心来证明其研究的合理性的。由于教育实践理论是直接面向教育行动的研究，它就必然借鉴教育科学理论和教育哲学理论的成果，但三者又有迥异的逻辑认知理念。一般而言，教育实践理论仅仅在有限程度上运用其他两类教育理论的成果，而且不需要加以证明。同时，教育实践理论由于教育自身的复杂性，还会受到其他社会因素的影响，如文化背景、意识形态等。具体来说，教育实践理论所依赖的教育科学理论的内容主要是方法论的研究，这是因为教育科学理论为教育实践提供了规律性的教育、教学知识，可以确保教育行动的有效性。但是，丰富、动态的教育实践需要更适应特定情景下的教育行动纲领，这就需要研究者在教育行动中不断反思、重建有指导价值的实践命令，以克服教育科学理论的局限性。同样，教育哲学理论的内容也为教育实践理论所运用，尤其在目的论方面。但是，教育哲学理论仅有参照的价值，而不能直接付诸教育实践，这是因为，教育哲学理论重在自我辩护，而教育实践理论则需要教育行动的实践检验，两者的评价标准不同，其实践价值和功用自然就不一样。所以，教育实践理论总是坚持自己来自实践的固执见解，通过教育行动来说明解释的合理性并给出相应的建议。这就暗含着一种教条性的危险，即教育实践理论因其片面性、独特性“实践”，而将片面、独特的经验普遍化、绝对化。然而，如果从教育行动的视角分析，教育实践理论又内含一种自我反思、创造的变革和完善机制，也就是教育行动原理。教育实践理论只有以充满活力的教育实践为检验标准，才能走出教条主义的误区，推动教育实践积极、健康地发展。

从教育理论类型的视角分析，三种教育理论不是割裂的，而是互动、共生的。一方面，它们是基于教育目的与教育手段的“教育属性”而统一的，只是各自的视野不同。另一方面，它们是研究者个性品质的不同体现，是统一于研究者自身的，教育科学理论强调人的科学“求真”取向，教育哲学理论追求人的哲学“求善”取向，教育实践理论尊重人的“求实”取向，三种教育理论是整体的不同侧影。

第三节　教育理论的新发展

教育理论的新发展主要来源于现代思想和实践对传统教育观念中人、社会等的认识的冲击和挑战。这里以复杂性思想、现象学和校本研究为例，分析教育理论发展的趋势和特征。

一、复杂性思想与教育理论

复杂性思想是针对传统的线性论、决定论、本质论等简单性认识提出的，其认识对象不仅指向简单性思维赖以产生的客观世界，更指向人自身。“所谓复杂的东西不能用一个关键词来概括，不能归结为一条规律，也不能化归为一个复杂性的观念。复杂性是不能用简单的方式加以确定而取代简单性的东西。”① 也就是说，一旦简单化地用“复杂性”称呼“复杂性思想”，就陷入了简单性的陷阱，复杂性思想最终成为简单化认识的俘虏。从复杂性思想来看，简单性思维存在的问题主要有二：其一，简化思维，即将认识对象化简、通约，以期将复杂的世界化简，透过分析选择的、量化的现象，寻找普遍适用的本质、规律，达到以本质、规律取代对其他现象的探讨，具有典型的功利主义色彩；其二，割裂思维，即将整体、有机的对象人为地分割，以偏概全，这体现的是机械主义认识论，其症结在于将认识者和认识对象置于一种静止、封闭的世界中。但当今充满变化、多元、开放的世界已使简单性思维难以适应、引导时代的发展，更不能应对人性自身认识和发展的挑战，因此，方法论转型成为人类认识世界和自我的必然。

从方法论层面分析，复杂性思想并不产生，也不确定具体问题情景中的解决方法、方

---

① 陈一壮. 莫兰的“复杂方法”思想及其在教育领域内的体现. 教育科学，2004（2）.

式，它只是警醒、督促研究主体对认识对象的复杂性和自我认知的有限性保持一种开放、动态的认识，切不可因固有的方法而扼杀认识对象和认识主体的活力。所以，在一定意义上，复杂性思想是适合人性研究的方法论。以往决定论、因果论的方法论是建立在对客观世界的认识基础上的，将指向客观世界的方法论视角转向人时，不可避免地将人客体化，作为研究对象的人成为简单化方法的仆人。所以，面对不同于客体的人自身，传统的简单性方法论必须转型，而复杂性思想就是面对这一挑战的有益探索，它要求研究者彻底摆脱自命能解释一切事物最高概念、最佳方案的想法，而把人及人赖以生存的自然社会等看作开放的生命系统，实现认识对象、认识者自身及认识目的的统一——在复杂性中共生。

基于复杂性方法论，人性的本质不是简单的善或恶，人性的形成也不是机械的遗传决定论、环境决定论或简化的有机生成论。人性的内涵处于持续的发展中，认识人性的目的不是为了占有它、监控它，而是通过认识推动人性不断向前发展。因此，复杂性方法论视域的人性论述往往是开放的、富有弹性的，既是当前的一种有限推断，也包含了未来无限的认识。具体而言，复杂性人性论主要包括人性的多中心论、开放与封闭的统一性论以及生命的自组织论。首先，作为复合体的人，其复杂性体现为人性的多中心性，人的本质性在生物遗传、自然、社会之间多中心地相互关联、相互作用和相互干预，中心之间不是等级性的占有与利用的工具性关系，而是互为目的和手段的共生关系。其次，人性的多中心认识是通过人性的开放与封闭的矛盾来实现的，从复杂性视角分析，其开放性在于人通过敞开自我，可以获得来自外部世界的挑战和养分，不断提升自身的生命活力；其封闭性在于人通过自我保护和自卫来防止退化或抵抗来自外界的干扰。开放是为了和外界交流、互动，展示自我的魅力；封闭是为了坚守自足、自主的个人品性。在人性生成的过程中，开放与封闭始终保持着一种对立统一的状态。最后，人性之所以体现为开放与封闭的对立统一性，是因为人的生命自组织机制。自组织不仅是人之生命运行的机制，也是人之生命尊严与价值的支撑，更是人存在与发展的目的。面对无序和规律的博弈，自组织机制体现了人的伟大和神圣。

从复杂性思想的内涵及其对人性的认识不难看出，复杂性思想对教育理论的发展影响主要表现在以下几个方面：第一，教育理论研究的方法论层面。无论是对教育事实的研究，还是对教育目的-价值的辩护，都不能简单地被一种研究方法束缚，研究方法的选择和运用必须以尊重教育活动的复杂性为前提，所以，教育理论研究应该集合所有能认识、解决教育问题的方法，突破单一方法的局限，推动教育理论沿着更深刻、更丰富的方向发展。第二，人性及人是教育理论构建不可回避的话题。从复杂性视角分析，人性和人自身是不能被先验地界定，再加以终极性论证的，在认识人性和人的过程中，必须保持开放和生成的研究理念，以人性、人的复杂性研究提高教育理论的活力，以教育理论研究推进对人性、人的复杂性的认识。第三，教育理论的类型和形态方面。虽然布列钦卡将教育理论从“二分法”跨越到“三分法”，丰富和充实了教育理论研究的内涵，但相对教育实践和教育理论自身的复杂性，研究者能做的还有很多，应秉承复杂性思想的追求，不断构建多元、共生的教育理论体系，展现教育理论研究的魅力。

二、现象学与教育理论

现象学是 20 世纪欧洲大陆最重要的哲学流派之一，其代表人物主要有胡塞尔（E. G. A. Husserl）、海德格尔（M. Heidegger）、伽达默尔（Hans-Georg Gadamer）等。现象学对教育理论的影响主要基于其思想观念和研究方法。现象学的核心想象就是“回到事实本身”。海德格尔认为：“‘现象学’这个名称表达出一条原理；这条原理可以表述为，‘走向事实本身’——这个座右铭反对一切漂浮无据的虚构与偶发之见，反对貌似经过证明的概念，反对任何伪问题——虽然它们往往一代复一代地大肆渲染其为‘问题’。”① 这表明，现象学的目的是剥除附着在事实本身之上的各种屏障，回归生活本身。为此，现象学需要积极关注生活世界的本真问题，还原“现象”的真相。要想达到现象学的目的，研究方法就必须是批判性的，就是无条件地放弃各种先验的研究方法，直面事实、生活本身，用现象学的术语说，就是“加括号法”——将自己有可能影响认识生活世界的观念、方法悬置起来，让心灵直接面对事实。对此，伽达默尔总结道：“现象学想使现象得到显示，即它试图避免任何一种没有根据的理论构筑，并对以往哲学理论所具有的无可怀疑的统治地位进行批判性检查。”② 现象学的批判研究及其“加括号法”是统一的，即只有进行批判性检查，那些蒙蔽事实、生活的观念、方法才能被揭示出来，悬置才有可能。不然，所谓的“加括号法”可能是一种新的、阻碍事实真相的屏障。

现象学对教育理论的影响具体表现在对教育本质的认识和研究方法的借鉴上。现象学对生活世界的关注实际上反映了人及人的存在的关怀，而教育就是关于人和人的存在的生活问题，通过教育，人获得更美好、更幸福的生活。在传统教育理论中，教育科学化的追求往往使教育远离生活世界本身，以“科学”的名义否定真实的、具体的生活本义；而哲学取向的教育理论又以形而上学的概念、逻辑证明自己高于生活的合理性，同样使教育脱离真实的生活。因此，站在现象学生活世界理论的视角，教育理论研究必须回归生活世界，必须反思、批判教育科学对生活世界的可感性、体验性的忽视和教育哲学通过形而上学所建立的概念世界、理念王国。以教育的本真面目来认识教育，是教育理论的重心所在。

现象还原，即面对间接的知识和判断，研究者应该“存而不论”，直接指向知识自身，避免传统或习俗观念的先验性判断，从而确保知识的绝对客观性。本质还原，不是探索本

① 海德格尔．存在与时间．北京：生活·读书·新知三联书店，1987：43.
② 伽达默尔．哲学解释学．上海：上海译文出版社，1994：130.

质如何存在的问题，也不是探索认识的主体与认识的对象的关系问题，它要求把对个别事物存在的信念悬置起来，直接感受事物的本质，这里的事物就是在“现象还原”之后所体现出来的“纯粹现象”。先验还原，其任务是从现象中彻底排除事物性，把认识主体当作纯粹的先验意识，返回到先验的自我，这种先验的自我是作为意识活动的执行者而存在的，是经过现象还原和本质还原后拥有真正自我意识的主体，具有自明性的特征，不再为传统和习俗等所遮蔽。

现象学的观念和研究方法对教育理论的推动最明显的就是提出了一些不同于以往的教育理念，丰富和深化了教育理论的内涵。第一，对教育本身的认识。现象学教育学认为，教育的本质是我们与处在教育关系中的儿童、青年或长者之间的生活，教育是对生活的体验，不是机械的对科学理论或哲学理念的验证，因而必须回归生活，基于此，教育自身应不断走向教师与学生交互、共生的主体生活。第二，教育中的知识不是静止地等待学生接受的，只有以生活世界的方式理解、体验、建构才能形成知识，儿童应在个人生活体验的基础上发展生成问题的能力，批判性地认识生活和世界，生成属于自己的知识，从而促进个人的发展，这就要求学校将知识生活化，使自身成为真实生活的场景，让学生不仅能收获知识，还能提升能力、思想、态度、信仰等素养。第三，对教育理论自身的反思。现象学教育学具有规范倾向，拥有一种对社会和文化的使命感和责任感，回归生活并不是简单地“顺其自然”，而是通过清除各种陈腐、消极的观念和方法，来影响儿童对好与坏、真与假、美与丑的判断和选择，让儿童体验和追求积极、健康、幸福的生活，因此，教育理论反思应体现对人的关怀。

三、校本研究与教育理论

校本研究，顾名思义，就是立足学校、为了学校的发展而开展的一种开放性、发展性教育研究。这一研究是指研究的问题、场所是以学校为中心的，其目的是直接解决学校教育中的问题，提高学校质量，促进学校健康发展；而开放性和发展性研究定位是指校本研究的问题和结论是开放性、发展性的，这是由学校教育的动态性、复杂性等特征决定的，问题的产生与界定、结论的合理或有效因具体教育情景而不同。校本研究不仅对学校发展产生了深刻的影响，而且对教育理论研究也提出新的挑战和要求，这种影响可以从研究主体、研究内容、研究方式等方面加以分析。

在研究主体的定位上，校本研究将教师推到研究的中心，打破了专业理论工作者对教育研究的垄断。在传统教育理论研究中，“研究”是一项艰深、宏大的工作，需要严谨的逻辑思维和深刻的思想。学校教师充其量是理论研究的辅助者，帮助理论工作者搜集研究资料、调查研究对象、验证研究结论。但是，校本研究突破了传统理论对研究者素养的要求，它以解决学校具体实际问题为指向，研究的内容和方式以满足学校教育的实际需要为前提，这样，教师就自然拥有校本研究的独特话语权，成为校本研究的主体。但这并不是说校本研究排斥专业的理论工作者，相反，校本研究要求教师和理论工作者成为成长共生体，平等地参与到教育研究中，发挥各自的研究优势，推动校本研究走向深入，取得实效。同时，教师成为校本研究的主体也是教师专业化的内在要求。教师职业专业化要求教师不仅是一个教育者，还应是一个研究者，教师只有以自己个性的教育理念和人格魅力去影响学生，才能满足文明社会对新人的要求，而校本研究就为教师成为研究者提供了契机。

在研究内容上，校本研究强调以促进解决学校发展的各种问题为中心，研究对象始终是开放的、发展的，研究成果应具有可操作性特征。传统教育理论研究中，研究对象和问题是既定的、封闭的，研究者容易形成自己的研究观点和风格。校本研究则不同，它是以解决教育、教学中的实际问题为取向的，传统教育理论研究所忽视的学生研究、情景研究在这里成为重点关注的对象。之所以说校本研究的对象是开放的和发展的，是因为教育活动具有复杂性。校本研究不像理论研究那样，对象一旦被确定，就成为研究假设的固定起点。校本研究中的问题是和研究共生的，随着教育活动的开展，研究的对象也处于不断的变化之中，这就要求研究者不断调整研究问题，反思研究思路，创新研究成果。同样，不论是学校层面上的教育策略，还是课堂教学中的教学方法，校本研究都要求其成果具有可操作性，以切实解决学校发展的实际问题。

在研究方式上，校本研究推崇符合学校工作实际的行动研究、叙事研究等应用性研究方式。与传统的教育理论研究注重文献研读、概念演绎、逻辑推理、体系构建不同，校本研究强调要直接为学校发展服务。无论是校本课程研究还是其他校本研究，都主张从学校工作实际和教师工作的特点出发，选择那些能满足、尊重校本研究基本需要的研究方式，其中，行动研究和叙事研究是最常用的两种校本研究方式。行动研究的独特性在于：研究是在具体的教育、教学过程中发生的教育者和研究者的角色是统一的、共生的。叙事研究的独特性则在于：学校教育不是概念、命题编织的逻辑时空，它是教师、学生的生活写照，因此，校本研究必须尊重学校时空的独特性，这样，以访谈、日志、体验、报告等为中心的叙事研究就既有尊重学校教育的特点，又能满足学校工作的需要，同时，也符合教师自身的专业素养。但是，强调行动研究、叙事研究的重要性并不是要排斥传统教育理论研究的方法，在校本研究中，一些在行动研究和叙事研究中不能解决的疑难问题，还是要借鉴传统教育理论研究的方法。

本章小结

从教育理论形成和发展的历史看，早期的教育理论是和先哲的政治、经济、文化等思想融为一体的，教育的高度依赖性决定了教育理论及其研究者的非独立性。教育学作为学科开始独立和形成时，教育理论才真正独立出来，形成系统、严谨的教育思想体系，但这一时期的教育理论自身还没有自己学科的评价标准。到了教育学多元化发展时期，产生了实用主义教育学、批判教育学等，教育理论才开始有意识地摆脱外在目的和规范的要求，自觉地发展属于教育的思想。

从教育理论的类型分析，布列钦卡提出教育科学理论、教育哲学理论和教育实践理论。布列钦卡认为，教育实践理论借鉴了教育科学理论和教育哲学理论中的合乎实践应然的成分，又构建出符合教育实践的独立的理论。教育实践理论是以教育活动的特点和需要为宗旨的，并突出了教育实践工作者在教育实践理论中的独特贡献。

从当代教育学发展的趋势看，复杂性思想要求尊重教育实践的动态性、非线性等特征，教育理论必须尊重教育中人的复杂性和教育活动的多样性；现象学教育学则强调教育作为师生生活方式的重要性，其理论必须回归教育生活自身；校本研究更突出了教育理论与教育行动的统一性，彻底改变了理论自负、封闭的传统观念。所有这些新问题和新发展，都是以教师的积极参与（甚至成为研究主体）为前提的，因为只有教师才能体验真实、复杂的教育生活，也只有教师，才能认识到什么样的教育理论是教育实践所需要的。总之，教育生活和教师成为教育理论发展的主体是历史的必然。

思考题

1. 试述教育学学科发展过程中的关键人物与著作。
2. 教育理论可以划分为哪些类型？其类型划分的意义何在？
3. 教育理论的发展趋势是什么？
4. 教育理论对于教育工作的意义何在？

拓展阅读

1. 陈桂生. 历史的“教育学现象”透视：近代教育学史探索. 北京：人民教育出版社，1998.
2. 郑金洲，瞿葆奎. 中国教育学百年. 北京：教育科学出版社，2002.
3. 唐莹. 元教育学. 北京：人民教育出版社，2002.
4. 莫兰. 复杂性理论与教育问题. 北京：北京大学出版社，2004.
5. 布列钦卡. 教育知识的哲学. 上海：华东师范大学出版社，2006.

第二章

教育的概念

学习目标

- 了解“教育”一词的不同用法。
- 认识教育的基本要素及其关系。
- 了解对教育本质的不同认识，形成对教育本质的自我认识。

问题与思考

- 我们日常所说的“教育”都是指什么？举例说明。
- 你心目中理想的教育是什么？现实中你接受的教育又是什么？
- 教育的概念是指向“教育是什么”，还是指向“教育应该是什么”？
- 康德说，人只有受过教育才能够成为人。这里的“教育”是指学校教育吗？学校教育在人的成长和发展中有什么价值？

“教育是什么”一直是人们关注和争论的话题，它实际上是对教育本质的追问，是所有教育工作者必须面对与思考的问题。然而，对这一问题的解答却异常困难。德国元教育学家沃尔夫冈·布列钦卡在其《教育科学的基本概念：分析、批判和建议》一书中，通过比较德国、法国、美国、荷兰、英国、苏联著名教育学者对教育所下的定义，得出这样一个结论：“在‘教育’这一问题领域中，概念的混乱是国际性的，这足以表明，如何对教育这一概念做出科学的理解与规定，不仅是十分必要的，而且是非常迫切的。”① 本章试

① 布列钦卡．教育科学的基本概念：分析、批判和建议．上海：华东师范大学出版社，2001：29.

图从教育的概念、教育的基本要素、教育的本质三个方面，对“教育是什么”这一基本命题进行探讨。

第一节 “教育”一词的用法

人们对“教育”一词的理解构成了日常教育生活的基础，大家对它既熟悉又陌生。说熟悉，是因为从百姓到专业的教育学研究者都可以回答“什么是教育”；说陌生，是因为随着教育实践的发展，我们越来越难以界定教育的内涵了。正如周金浪所述：“如果不问教育是什么，人们可能还知道教育是什么，而一旦问起‘教育是什么’，并从理论上对‘教育’这个概念做出明确界定时，人们就会感觉到问题的棘手。”① 说它棘手，是因为这一术语的内涵与外延在不断发展变化，难以确定。

一、“教育”一词的由来

在我国古代典籍如《论语》《荀子》《中庸》中，“教”与“育”是分开使用的。

《论语》中多次提到“教”的问题。例如，《子路》中，子曰：“庶矣哉!”冉有曰：“既庶矣，又何加焉?”曰：“富之。”曰：“既富矣，又何加焉?”曰“教之。”《尧曰》中讲，“不教而杀谓之虐”。《论语》中的“教”有教诲、教化之意，当然也包含今天的“教育”之意，但始终没有出现“教”与“育”联用的情况。

《荀子》中，多次提到“育”的问题，但并没有“教”的出现，“故养长时，则六畜育；杀生时，则草木殖”(《荀子·王制》)；“为人下者乎？其犹土也。深扣之而得甘泉焉，树之而五谷蕃焉，草木殖焉，禽兽育焉”(《荀子·尧问》)。这些“育”的含义是生育、繁殖、生、长之意，并不含今日“教育”之意。

《中庸》中，也多处出现“育”，同样没有“教”：“致中和，天地位焉，万物育焉”(第一章)，“能尽物之性，则可以赞天地之化育。可以赞天地之化育，则可以与天地参矣”(第二十二章)，此处的“育”字，是指天地之化育、万物之化育，与今日的“教育”一词的关系并不密切。

《孟子》中，多出现的是单字“育”，如在《孟子·告子章句下》中有“尊贤育才，以彰有德”。在《孟子》中唯有一处把“教”与“育”联用：“得天下英才而教育之，三乐也。”(《孟子·尽心章句上》)

《孟子》中这一“教”与“育”的联用成为我国最早出现的“教育”一词。此后，“教

---

① 周金浪. 教育学. 上海：上海教育出版社，2009：23.

育”一词不断出现在我国古代诸多文献中，特别是隋唐以后，“教育”一词成为教育领域的通用词，但其含义仍与近代“教育”一词有区别。“及至近代，同治三年（1864 年）在两广总督毛鸿宾的奏折中，提到‘伏思学馆之设，教育人才，期于晓畅翻译，通澈中外事理，以备缓急之用，洵属及时要务’。”① 此时“教育”一词的内涵接近于现代的教育概念。所以严格地说：“‘教育’是一个近代才开始使用的词。在中国进入 20 世纪以后，‘教育’这个词才被广泛地使用；在此以前，有‘教’‘育’‘学’‘习’‘训’‘诲’‘养’之类词语，它们所表达的概念，各在某一点、某一侧面，同近代‘教育’有可比之处。”② 无论是“教”“养”还是“诲”，其基本假设是：教育应自上而下，由外向内地施加影响。显然，我国对教育的理解具有明显的“外铄论”痕迹。

在西方，无论是现代英语的“education”、德语的“Erziehung”还是意大利语的“educazione”，它们皆由拉丁文中的“educare”一词转化而来。“e”在拉丁语中有“出”的含义，“ducare”则有“引”的意思，因此，西方的“教育”一词基本都含有“引出”之意，意味着将人身上固有的德性、理性等品质通过一定的手段由内而外地引导出来。从西方“教育”一词的词源看，西方对教育和教育手段的理解，属于明显的“内发论”，由此形成了中西方在教育特别是教育教学方法方面的显著差异。

二、“教育”一词的多种用法

当代社会的发展使“教育”一词超越了单一的育人范畴，而具有多种内涵。法国学者米亚拉雷（G. Mialaret）在《“教育”一词的多种含义》中指出，“教育”一词至少有四种基本含义：（1）作为一种机构的教育，是指一种总体的组织机构；（2）作为活动的教育，表示促进儿童身体、理智和道德尽可能得到充分发展的活动；（3）作为内容的教育，一般以“课程”为核心，但又不完全局限于课程；（4）作为一种结果的教育，是指在作为机构的教育背景下，运用作为内容的教育，使作为活动的教育产生的结果。

这里，我们根据教育的指称对象，将其分为四种用法：

第一，作为家庭教育的“教育”。如一位朋友问起同事：“你家孩子怎么教育的？那么有出息。”这里主要指的是家庭教育而非学校教育，而学者们论述的教育，不特指的话，一般是指学校教育。

第二，作为一种思想、人格熏陶的“教育”。比如：“最近我看了一部电影，很受教育。”在这里，人们把这种影响自身思想品德和人格发展的活动，称为教育。

第三，作为学校或课堂教学方法的教育。这是最常见的一种用法，也常为专业学者所

① 朱有瓛．中国近代学制史料·第一辑（上册）．上海：华东师范大学出版社，1983：259.

② 陈桂生．常用教育概念辨析．上海：华东师范大学出版社，2009：10.

使用，比如，教育即对话，教育即传授、传递，教育即理解，等等。

第四，作为系统的制度化教育，或者学校教育系统。我们常说“经济要振兴，教育要先行”，这里的教育指的就是一种制度化教育，即学校教育系统。

人们可以指出各种各样的教育，内涵虽然不同，但用的却是一个相同的词语——教育。美国分析哲学家谢弗勒（I. Scheffler）在《教育学的语言》中提出了探讨定义的三种方式，即规定性定义（the stipulative definition）、描述性定义（the descriptive definition）和纲领性定义（the programmatic definition）。规定性定义是作者自己创造或设定的定义，不管其他人如何认识，作者在自己的论述中会一直使用这一定义。描述性定义是对被定义对象的适当描述，即各种场合所使用的不同定义。词典使用的多是描述性定义。纲领性定义，是一种有关定义对象应然的描述，指明事情应该怎么样。我们这里对教育内涵的描述，显然是要找一个规定性的教育定义，至少是教育学者心目中的规定性定义。

三、教育的概念

对教育概念的认识，可以说仁者见仁、智者见智。在客观上，这表明了教育具有复杂性；在主观上，这也说明了每个人心中的教育理念不同。

专栏 2-1　　外国教育家的“教育”概念

● 苏格拉底：教育“使人得到改进”。

● 柏拉图：教育是灵魂转向的技巧，即一种使灵魂尽可能容易、尽可能有效地转向的技巧。

● 亚里士多德：教育“形成人的理性”，使“天性、习惯和理性协调统一”。

● 夸美纽斯：教育“使人有效益地从事现世生活并为未来生活做准备”。

● 洛赫纳：教育是一种有意识的人类活动。它以青年或成年为对象，给个人以生活帮助，将个人引入团体生活和传播团体文化的活动中。

● 涂尔干：教育是成年一代对那些不能成熟地应付社会生活的年青一代所施加的影响，是促进年青一代社会化的活动。

● 斯宾塞：教育为人的完满生活做准备。

● 杜威：教育即生活，教育即生长，教育即经验的改组和改造。

● 怀特海：教育是使人运用知识的艺术。

● 雅斯贝尔斯：教育是主体间的灵肉交流活动。教育的原则，是通过现存世界的全部文化导向人的灵魂觉醒之本源和根基。

通常认为，教育的概念有广义与狭义之分，它们分别具有不同的内涵与外延。

（一）广义的教育

广义的教育泛指增进人们知识、技能、身心健康，促进思想品德的形成和发展的各种活动，即教育是培养人的一种社会活动，是传承社会文化、传递生产经验和社会生活经验的基本途径。从这一定义来看，教育有如下特点：第一，它指的是人类的活动，动物界相类似的活动被排除在外。教育应是人类特有的社会现象，它随着人类的产生而产生，随着社会的发展而发展。第二，它是指人类有意识的自觉活动。人和动物的一个重要区别在于人具有理性的自觉意识，教育活动充分反映了人类发展、传承的需要。第三，教育是反映一定社会道德规范要求的活动，它体现了人类的价值追求，教育的目的、内容、方式与方法等都受到一定社会道德规范的制约。

（二）狭义的教育

狭义的教育即学校教育，是教育者根据一定的社会要求，有目的、有计划、有组织地对受教育者的身心施加影响，以期他们朝着社会的要求发生某种变化的活动。狭义的教育并不是随着人类社会的产生而产生的，它经过了从非形式化教育到形式化教育再到制度化教育的过程。非形式化教育是指与生活过程、生产过程浑然一体的教育，它没有固定的教育者，也没有固定的受教育者。形式化教育的教育者和受教育者相对稳定，并且有固定的教育场所和设施，教育内容也相对规范化①。制度化教育是指教育制度比较完善的学校教育，这些制度包括学校制度、课程制度、考试制度等。

狭义的教育具有以下特点：

第一，狭义的教育是专门培养人的活动。相对于其他社会机构而言，只有学校是专门培养人的机构。尽管在不同社会的不同历史时期，教育培养的人不尽相同，但有一点是不变的，那就是以培养人为目的。

第二，狭义的教育是有目的、有计划和有组织的活动。所谓有目的，是指学校教育不是盲目的，国家有明确的教育目的，学校也有明确的培养目标；所谓有计划，是指学校教育都要遵循一定的顺序，对于先做什么、后做什么有着明确的安排；所谓有组织，是指学校教育是在一定的组织结构框架下，各机构及其人员相互协调，共同致力于教育工作。

第三，狭义的教育反映一定社会政治、经济和文化的要求，培养社会需要的人。学校教育的目的、内容、方式与方法都充分反映了一定社会的要求，反过来又制约着社会的发展，这一特征也使教育具有了相应的经济功能、政治功能与文化功能。

在日常生活中，在教科书中，在学者的论述中，有些概念同教育的意义非常相近，但有时却又表达不同的内涵，在教育实践与教育研究中，我们需要注意区别与判断。苏联学

---

① 袁振国. 当代教育学. 北京：教育科学出版社，2006：5.

者克拉耶夫斯基指出，教育学不同于数学、物理学或者逻辑学等学科，教育学使用的是自然语言，是通用词语。但自然语言用于撰写学术著作的时候，应当具有科学术语必备的属性——具有使该领域所有学者取得一致理解的单义性。

第二节 教育的基本要素

何为要素？《现代汉语词典（第7版）》中的解释为：构成事物的必要因素。从这一界定看，要素的定义较之因素更为严格，外延上也就相对较小。将这一概念运用到教育中来，我们可以这样理解：教育要素是构成教育活动必不可少的、最基本的因素，它并不包括教育活动中所涉及的所有因素，“那些没有包括在要素中的其他因素，可视为只要具备了要素就能派生出来的成分”①。

人类的所有生产劳动都应具备基本的三要素：劳动力、劳动资料和劳动对象。教育也是一种人类自身的生产劳动。参照人类生产劳动的三个基本因素，我们可以将教育的基本要素划分为：主体性要素（劳动力）、内容性要素（劳动对象）、资源性要素（劳动资料）。

一、主体性要素

主体性要素是指教育活动中的人。教育活动由“教”和“学”构成，二者相互依存。因此，教育的主体性要素也就包括了教育者和受教育者。

1. 教育者

广义的教育包括学校教育、家庭教育和社会教育。从这一层面来说，教育者是指所有向他人有目的地施加教育影响，发挥教育作用的人，主要包括教育活动中的管理人员、专职教师和校外教育机构中承担教育任务的相关人员及家长。

在学校教育中，教育者特指受过专门教育和训练的、具有资格的教师。受过专门训练是指作为教育者的教师接受专门教育机构一定年限的训练。训练的内容包括：第一，“学科知识”，如语文、数学、英语、科学、音乐、体育、美术等学科全面的知识和技能；第二，“教育理论知识”，主要包括教育学、心理学等各科教材教法知识；第三，“教育实践能力”，主要有“言语表达能力”“教学实践能力”“教育和组织管理能力”“运用教育机制的能力”；第四，“教育科研能力”，教师应善于了解、研究学生身心发展水平，同时研究自身的教学，为教育教学提供依据，使科学研究与教育教学相互促进、相得益彰。

教师作为专门的教育者在教育教学中占有重要的地位。传统教育认为教师是“闻道在

---

① 叶澜. 教育概论. 北京：人民教育出版社，2005：10.

先”“术业有专攻”的知识拥有者，在知识的数量和质量上处于优势地位，处于教学的中心地位，负责设计教学内容、安排教学进度、监督和控制学生的学习。现代教育降低了教师的权威地位，越来越强调学生的主体地位，教师作为学生的引导者、启发者，而不是知识的灌输者和权威的裁判者。

2. 受教育者

受教育者也可称为学习者。“三人行，必有我师焉”，从广义的角度为我们界定了受教育者的含义——承担学习任务、接受他人影响的人。在非正规的教育场合中，个体随时都可能向他人学习知识经验，充当“受教育者”的角色，但是，这一角色是暂时的，一旦向他人学习的活动发生转移或者消失，受教育者的角色也会相应地转移或消失。

在学校教育中，受教育者是指各级各类学校中获得入学资格的、相对固定的学生。学生具有不同于其他受教育者的特点：

第一，学生以学习为主要任务。这是学生区别于其他学习者的显著特点。学习既是学生的权利，也是学生的义务。这一特点要求学生必须认真接受教育，完成规定的教育任务，并努力拓宽自己的知识，形成技能。

第二，学生的学习是在教师指导下进行的。教师的指导使得学生的学习能够在特殊情况下产生和继续。另外，教师的指导使学生的学习具有更高的效率。教师对学习内容的提炼、概括、再设计，并对学生学习运用恰当的学习方法的指导，都在一定程度上提高了学生的学习效率。

第三，学生的学习是有目的、有组织、有计划的过程。学生学习的内容、进程是由国家以法律法规或课程计划等形式予以规范的，任何组织和个人都必须遵守。

传统教育中相对于教师的领导地位而言，学生往往处于被领导、被控制、被塑造的地位。现代教育越来越重视学生自身的主动性，把学生真正视为学习的主体。即便是教师的指导，也必须转化为学生的自我教育的要求，只有这样这种指导才能够真正实现其价值。

3. 教育者与受教育者的关系

教育者和受教育者同属于主体性要素，二者相互影响、不可分割，形成了复杂的关系。

一方面，教育者和受教育者的地位不是绝对的、固定不变的，两者在一定条件下可以互相转化。以课堂教学为例，在课堂教学中，教师从整体上对学生施加影响，因而他们是教育者，学生是受教育者。但是，真实的教学过程是一个生成的过程，学生在课堂上闪现的知识火花、提出的观点可能是教师不知道的，这时候就需要教师“不耻下问”，教师、学生的角色也就发生了一定的转化；同时，就学生的特性而言，学生是在不断成长、发展的，其知识、经验也在不断地积累、丰富，经过时间的锤炼也可能超越教师，即所谓的“青，取之于蓝，而青于蓝；冰，水为之，而寒于水”。因此，决定谁是教育者、谁是受教育者的根本在于不同主体在教育活动中各自所发挥的作用。一般而言，施加教育影响的一方被理解为教育者，接受教育影响的一方则被视为受教育者。在教育活动中，我们要树立“生不必不如师，师不必贤于弟子”的师生观，从而形成教师和学生交互学习、教学相长的风气。

另一方面，教育者和受教育者在教育活动中都属于主体性要素，处于主体地位。但是就教育过程而言，二者承担的任务却各不相同。教育活动中教师承担的是“教”的任务，是教学活动的承担者，他通过自身的教育活动引起和促进受教育者的身心发展。这一过程中教师的主要任务是引导，即给学生提供适合的教育内容、通过恰当的教育形式引起受教育者知识与技能、情感与态度、思想与行为等方面的变化。教育者的“教”能否实现预期目标，关键在于教育活动中能否发挥学生的能动性、积极性，调动学生这一内因。

受教育者在学习活动中承担的是“学”这一任务，是学习活动的承担者。学生的“主观能动性成为实施教育的基本前提”①，因此，学生在学习过程中首先要调动个体的自我认知和非认知的基础（如受教育者的需要、情感、态度、意志等），自觉、主动地参与教育活动，这样才能将外在的“教”内化为学生自我的知识。

从以上分析看，教育者和受教育者互为彼此存在的条件，是教育过程的“两极”，没有教师也就没有学生，同样，没有学生也就没有教师，二者缺一不可。

二、内容性要素

劳动对象是劳动过程中所能加工的一切对象。教育活动中的劳动对象主要是指作为教育主体的教师和学生共同认识、掌握、运用的对象，即教育的内容。教育过程从本质上看是一种特殊的交往过程，这一交往过程的主体是教师和学生，但是，仅有教师和学生并不能完成交往的过程，还需要载体与工具。交往的载体是交往活动需要传递的信息，也就是教育内容。从这一点来说，教育内容是教育活动的基本要素之一。

教育内容的组成十分丰富。从广义的范围看，任何一项人类活动的内容都可以成为教育的内容。即使从狭义的学校教育的角度看，教育的内容也是非常丰富的。总的来说，教育内容主要包括以下几个方面：

第一，以培养个体思想道德、提高个人修养为目标的教育内容。这一内容历来被置于教育的重要位置。例如，我国传统教育中的礼、乐教育，现代教育体系中的“德育”“美育”，赫尔巴特提出的根据审美的兴趣设置的文学、绘画、雕塑、音乐等课程教育。

第二，以发展个体智慧、提高个体适应基本社会生活为目标的教育内容。这主要包括

① 郑金州. 教育通论. 上海：华东师范大学出版社，2000：10.

人类社会各种领域活动的知识、经验、技术、技能。如我国教育体系中的“智育”、教育中的基本思维方法的训练等。

第三，以提高个体时代适应性为目标的教育内容。这一层面的教育内容随着时代的发展不断被注入新的内涵。现代社会科技的迅猛发展要求教育融入能够涵养个体合作、生活、学习能力、信息处理能力、开放思维、创造精神等为目标的教育内容。

学校教育内容是经过专家、教师、学生等教育主体收集、整理、加工后的系统化的知识，因此，与非学校教育内容（广义的教育内容）相比，具有鲜明的特点：

第一，学校教育内容以教育方针为指导，具有鲜明的目的性。学校教育内容表达的是社会、家庭、个人对受教育者未来发展状况的理想要求和预期状态。教育要培养怎样的人，要求学生达到怎样的水平、在哪些方面获得发展，学校就必须据此选择相应的内容。如斯宾塞提出教育为“完满生活做准备”这一教育目标，据此他提出了“直接保全自己的活动，为获得生活必需品而间接保全自己的活动，目的在于抚养子女的活动，与维持正常社会政治关系有关的活动，在生活中的闲暇时间满足爱好和感情的各种活动”这五项教育内容为“完满生活”服务①。

第二，学校教育内容广泛，具有全面的价值。按照马克思提出的“人的全面发展”的内涵和思想，我们认为学校教育内容应当最深刻地反映这一思想。因此，教育内容的选择既要考虑知识的认识价值，从人类社会活动中共有的、长期积累而成的重要知识和经验中选择“适合教育过程的文化”，形成个体的知识、经验、技能和智慧；同时，更要考虑选择有助于形成个体品德、态度、理想、信念、价值、人格等价值的内容。

第三，学校教育内容与教育主体密切联系，构成教育过程的基本矛盾。教育内容属于教育过程中物的要素，是教育活动的对象。如果教育内容未经过教育者的加工、改造而为受教育者所掌握，那么教育内容就不是真正的“教育内容”。所以，教育内容实际上是与教育者、受教育者紧密联系而产生价值的中介要素。一方面，教师从学生学习的角度出发对教育内容进行加工改造。教师已有的知识、对教学的认识能力、教学水平制约着学生对知识的理解和掌握，这就构成了教师与教学内容的矛盾，这一矛盾要求教师解决好“教什么”和“怎么教”这两个教学论永恒的主题。另一方面，教学内容也是学生的认识对象。学生依据教师的教，将知识内化为自我的认知结构，促进自己知识技能、情感态度、价值观的发展，但是学生原有的知识水平和认识能力与需要掌握的内容之间存在着一定的差距，这个差距则构成了学生与学习内容的矛盾。解决这一矛盾不仅需要教师的指导，更需要学生发挥自身的主动性和积极性，调动已有的知识经验，明确“学什么”和“怎么学”这两个问题。

---

① 斯宾塞. 教育论. 北京：人民教育出版社，1962：8.

三、资源性要素

教育的资源性要素是教育活动中人们用来影响或改变受教育者的一切物质资源。只有当作为教育主体的教师和学生与作为教育对象的教育内容发生联系时，教育活动才能实现，而这一联系需要一定的教育资源，如教育设备、场所、媒体等。这些物质资源在教育中的作用各不相同，根据它们所发挥的不同作用，我们可以将其分为教学的场所与设施、教育媒体两大类。这是教育活动中物的要素，是衡量教育发展程度的客观标志。

1. 教学的场所与设施

教学的场所与设施主要是指与学生数量相适应的教室、校舍、操场、实验室，教学仪器、图书资料，以及文娱、体育、卫生等设备装置。教学实践表明，教学的场所与设施的完善程度直接影响教学效果。好的物质条件能有效地促进教学质量的提高，反之，则会降低甚至阻碍教学活动的顺利进行。

虽然理想的教学活动要求教学的场所与设施符合一定的客观标准（这一标准随着社会的发展而变化），但在现实中，不同国家、地区的学校会存在一定的甚至是较大的差距。这既与社会的物质生产力水平相联系，又与国家对教育的重视程度成正相关。总体来说，一个国家、地区的生产力水平越发达、富裕程度越高，其对教育的投入也就越大，教学的场所与设施也就越符合教育的需要。

学校教学的场所与设施在教育活动中发挥着重要的作用。这不仅是因为环境对个体具有塑造作用，更关键的是教学的场所与设施是按照一定的教育目的和需要专门选择和设计的。比如，学校的选址要远离繁华喧嚣，要有利于学生身心健康。学校的建筑要体现教育学、卫生学、心理学、工艺学、建筑学以及传统习惯上的要求，有着特殊的理念、性质，蕴含着一定的教育价值。总体上看，教学的场所与设施的布置与安排要符合以下两条最基本的原则：一是教育性，即教学的场所与设施是为培育学生服务的，无论是场所的安排还是设施的配备都要考虑其教育意义，要具有审美价值，有利于学生陶冶性情、涵养气质，掌握知识和技能等。二是实用性，教学的场所与设施是手段，要服务于教学，其建设要以“教学”为基点，一切不符合教学要求的、形式主义的、追求豪华的校园建设都要予以摒弃。

最后，我们要注意的是教学的场所与设施不局限于学校范围之内，学校以外的教育活动同样需要一定的场所与设施。这就需要教育者充分利用各种社会机构为学生的学习和活动提供条件，如少年宫、博物馆、图书馆、科技馆、影剧院、科普机构等，丰富和补充校内场所与设施，使学校、家庭和社会共同搭建学生发展、成长的空间。

2. 教育媒体

教育媒体是教育活动中信息存储和传递的工具及设备，是师生之间沟通的桥梁。按照历史发展的顺序，教育媒体可以分为传统教育媒体与现代教育媒体两类。

（1）传统教育媒体。

传统教育媒体又叫普通教育媒体。最早的教育媒体主要是指人自身的活动，教师主要凭借语言、表情、动作等和学生发生联系。这一时期的教学基本模式是教师的口耳相传和示范练习。学生主要通过聆听、模仿、练习的方式进行学习，学习内容也以直接经验为主。这一类教育媒体自人类社会有了教育活动开始就出现了。

随着文字和书籍的出现，教育媒体发生了重大的变革。教育媒体转向更为客观的书籍和文字，教学内容开始摆脱教师的个人经验，学生学习开始转向书本知识、理论知识，突破了直接经验的局限，大大促进了教育效率的提高。同时文字和书籍媒体的出现为班级授课制的推行、教育的普及提供了可能，促进了教育的飞速发展。

传统的教育媒体除了以上论述的内容之外，还包括教育发展过程中出现的专门的教学手段。如捷克教育家夸美纽斯编写的教科书《世界图解》、德国教育家福禄贝尔的“恩物”和瑞士教育家裴斯泰洛齐的“算数箱”都是专门的教具。此外，教学活动还要借助如粉笔、黑板、模型、标本、图片等教育媒体。这些媒体大多是在班级授课制的背景下出现并发展的，它们大大调动了学生学习的积极性，为教学效率的提高提供了物质保障。

（2）现代教育媒体。

20 世纪初，随着资本主义经济和科技的发展，幻灯、电影、电视、录音、计算机等各种以现代科学技术为基础的电子技术逐渐发展并进入教学领域，使教育媒体的发展进入了全新的阶段——现代教育媒体阶段。

现代教育媒体利用现代技术存储和传递信息，一般由两个相互关联的部分构成：一是硬件即教学机器，如电视机、投影机、录音机、电子计算机、幻灯机等；二是软件即音像教材，如录音带、录像带、幻灯片、课件、光盘等。

现代教育媒体的出现，是教育媒体发展的一次革命，在教学活动中发挥着特殊的作用。

第一，现代教育媒体的使用降低了学习的难度。教学活动中的认识是一种间接的认识，学生学习以间接经验为主。这些间接经验不仅与学生的个人直接经验存在着一定的差距，而且是抽象的。现代教育媒体通过声音、图片、模拟的方式将抽象的概念具体化、形象化，从而为学生理解、掌握知识提供了感性经验，降低了学习的难度。

第二，现代教育媒体扩展了教学的时空，延伸了学习者的感官功能。现代教育媒体摆脱了时间、空间的限制，使个体的认识范围更加广阔、更加深入。比如：在自然状态下看不到的景象、听不到的声音，可以通过录音、录像、计算机模拟的方式带入课堂；通过动画可以看到宏观的宇宙天体的运行，微观的分子、原子的运动，甚至细胞的呼吸运动变化。此外，计算机技术和教学相结合促成了远程教学的实现。远程教学的出现与推广，不仅突破了教学的空间，而且节省了师资和其他教育设施，扩大了教学规模。

第三，计算机辅助教学使学生的自主化学习成为可能。作为现代教育媒体的计算机辅助教学，可以将学习内容根据教学需要划分为不同的模块编排到专门的软件中，学生通过与机器对话，逐步解决问题。在这一学习过程中，学生可以根据学习情况掌握学习进度，完成任务后可以进入下一阶段的学习，而有困难的学生需要完全巩固后才可以进入下一阶段，这样，不同学习能力和水平的学生不会互相干扰，可以最大限度地适应学生的个别差异。

传统教育媒体与现代教育媒体融合，成为当前教育媒体发展的主要趋势。在教育教学中，教师只有从教学活动的需要出发，灵活地、综合地选择和运用多种媒体进行教学，才能真正提高教学活动的效率。

第三节　教育的本质

教育的本质涉及对教育的根本认识，是教育学理论体系建构的基石。“教育的本质，应该逻辑地具有统括教育现象的一切方面、一切环节、一切要素之总和的特性。”①

专栏 2-2　　**何为本质**

“本质”的英文为“essence”，德文为“Wesen”，最早源于亚里士多德所用的希腊语“totieneinai”，有“事物在本源之所是”的意思。“本质”在哲学上与“现象”相对，组成辩证法的一对范畴。

本质由事物的内部矛盾、内部联系所构成，它所反映的内在矛盾是一贯的、稳定的、深刻的，而不是随外部条件变化的；本质是一事物之所以是该事物的最典型特征，事物本质的改变，就意味着质的规定性的改变，就是对事物的彻底否定。

一、我国学者关于教育本质的讨论

我国关于教育本质的认识与讨论自教育学传入以后就没停止过。1978 年，教育理论界关于教育本质的讨论达到了一个高潮。“参加讨论的不仅有教育理论工作者，也有教育实际工作者；不仅有教育界的同志，也有其他学术界的同志。六年（1978 年以后的六年）多来，发表了有关文章近二百篇，刊载这方面文章的各种报纸杂志达八十余种。另外，全

① 胡德海. 教育学原理. 兰州：甘肃教育出版社，2000：259.

国教育学研究会还出过两本专集。”① 从这一描述中，可以想象这一问题在当时的热度。实际上，关于它的争论最初源于对“文化大革命”期间教育的反思与批判，一开始并不是讨论“教育是什么”或“教育应该是什么”的问题，而更多的是在批判“四人帮”的种种言论及其对教育造成的巨大危害，并在此前提下，阐发对教育性质、属性的一些认识。这些认识后来就演化为对教育本质的探讨。

关于教育本质的认识，有四类观点影响较大：上层建筑说、生产力说、双重属性说与特殊范畴说。

1. 上层建筑说

教育本质的大讨论自一开始，就是围绕“教育是不是上层建筑”而展开的。相比教育本质的其他观点，上层建筑说是影响最大的一种认识。该学说认为，教育是一个复杂的社会现象，教育的基本要素如教育目的、教育制度、指导思想等，都具有鲜明的上层建筑的特点，是一定社会经济基础的反映，在阶级社会中有阶级性。因此，这些具有上层建筑特征的教育的基本因素决定了教育属于上层建筑。上层建筑说的基本观点是：教育是一种通过培养人为政治经济服务的社会上层建筑。上层建筑建立在经济基础之上，并反作用于经济基础，为经济基础服务。教育与生产关系的联系是直接的、无条件的，生产力对教育施加影响是以生产关系为中介的。

2. 生产力说

教育本质的生产力说与上层建筑说是密切相关的。教育本质的大讨论自一开始，就是围绕“教育是不是上层建筑”而展开的，也正是围绕对这一问题的回答，才有了“生产力说”与“上层建筑说”的纷争。生产力是人类改造物质世界和生产物质产品的能力，它反映了人与自然的关系。生产力说认为，作为有目的、有计划培养人的活动，教育是一种包括意识形态现象和物质现象在内的复杂的社会现象。教育过程不仅进行着精神生产，而且进行着劳动力再生产。生产力说认为：教育是劳动力再生产的手段，而劳动力是生产力的主要因素；科学实验从生产中分离出来成为独立的社会实践以后，科学技术的发现和发明往往来自科学实验，这种科技成就作为一种观念形态的生产力只有通过教育才能转化为物质力量，成为现实的生产力；教师的劳动是生产劳动，教师已成为总体工人中的一员；从战后世界各国经济发展的现实状况来看，教育已成为经济增长的有力杠杆。还有人认为教育把潜在的劳动力变成直接的劳动力，就是人类的自身生产。

3. 双重属性说

双重属性说认为，教育本来就具有上层建筑和生产力的双重性质。教育从来就有两种

---

① 杨彬，扈中华，黄欣祥. 关于教育本质讨论的综述. 教育研究与实验，1984 (3).

社会职能：一种是传授一定生产关系所要求的社会思想意识，具有明显的阶级性；另一种是传授与一定生产力发展水平相适应的劳动经验和生产知识，为发展生产力服务。所以，教育本质既不能简单地被归为生产力，也不能完全归于上层建筑，它同时具有这两种属性。

从双重属性说所持的观点来看，这一学说调和了教育的上层建筑说与生产力说，但它并未解决生产力说与上层建筑说论争中久悬的疑问，并且有把两者割裂开来的嫌疑。

4. 特殊范畴说

持这一观点的学者认为，对教育本质的研究应抓住教育内在的矛盾结构，寻找教育不同于其他社会现象的特殊性。因而，他们得出教育是独特的社会现象、是特殊的社会范畴的结论。关于教育特殊范畴的基本看法有：教育的本质是有目的地培养人的社会实践活动，教育的本质是传授知识或传递社会经验的工具，教育的本质是促进个体的社会化的活动。

专栏2-3　　教育是培养人的社会实践活动

“社会实践活动说”一开始是作为“上层建筑说”中“教育是一种社会意识形态”的悖论出现的。有人认为，不能把教育作为观念形态，唯物主义的观念形态是第二性的，而教育是由教育者、受教育者和教育内容等所组成的一种社会实践活动，与教育思想、教育观点是两码事。教育的本质是培养人的社会实践活动，是教育者有目的、有意识地对受教育者施加影响，促使其发展的专门培养人的社会实践活动。

对于长期处于“生产力说”和“上层建筑说”之争中的人们来说，“社会实践活动说”似一股清风，但它不久就遇到了“特殊范畴说”的挑战。后者认为：培养人的活动并非人类所有教育现象的本质，“社会实践活动说”不可能成为教育区别于其他一切社会现象的根本依据。把教育的本质定义为培养人的社会实践活动，很难说明教育与文学、艺术、道德等其他也具有培养功能的社会实践活动的根本差异。

总之，特殊范畴说认为，对于教育这一复杂的社会现象，我们不能简单地把它归为生产力、经济基础或上层建筑的某一方面，而只能将其独立出来，作为一个专门的、特殊的范畴加以研究。该学说力图突破人们已有的社会结构观念，不在“教育属于什么”上兜圈子，对教育本质的认识不无启示意义。

二、现阶段对教育本质的基本认识

现阶段，学术界对教育本质的基本认识达成了以下几点共识：

第一，教育是人类特有的社会现象。

教育是人类特有的社会活动，是有关教育本质的根本性问题。教育产生于社会需要，是社会继承和延续、人类生存和发展必不可少的手段。在动物界，尤其是高等动物界的代与代之间存在着和人类两代人之间类似的“教”与“学”的现象，但这种现象是动物基于亲子和本能的自发行为。法国哲学家、社会学家利托尔诺（Letourneau）在《动物界的教育》中详细列举了动物的教育、家畜的教育，认为动物的教育和人类的教育几乎没有什么区别。但实际上动物界的教育与人类的教育有着本质的区别：一是从活动发生的基础来看，动物所谓的教育是一种基于本能的生存活动，是由遗传获得的简单的行为定型，是一种无意识的活动；而人的教育是一种有意识的活动。二是从活动所依赖的条件来看，动物的教育停留在第一信号系统的水平上，不具备个体经验类化的能力，而人类借助于语言及其他物质形式，可以做到个体经验的类化。三是从活动的结果来看，人类的教育活动除了让个体更好地适应环境外，还可以赋予人类认识世界、改造世界的力量；而动物界的教育活动仅是停留在维持个体生存和种系的延续层面。此外，教育之所以是人类特有的活动，还有一个重要原因，那就是人类的教育凭借语言文字的物质外壳来实施，不因个体的死亡而消失①。

第二，教育是一种培养人的活动。

从教育活动的目标看，它不同于其他有意识的以人为直接对象的活动，它是以传递社会经验和影响人的身心发展为直接目标的。从教育心理学的角度看，教育是培养人才的经验传递系统。教育通过两种形式培养人：一种是广义上的教育，凡是增进人们的知识和技能、影响人们的思想品德的活动都是教育；另一种是狭义的教育，主要指学校教育，其含义是教育者根据一定社会（或阶级）的要求，有目的、有计划、有组织地对受教育者的身心施加影响，把他们培养成为一定社会（或阶级）所需要的人的活动。

第三，教育是以影响人的身心发展为直接目标的活动。

个体的身心发展，是作为复杂整体的个人从生命开始到生命结束这一全部人生中不断发生的身心两方面的变化过程，是个体的潜在素质变成现实特征的过程。“身”指的是人的自然有机体的构成，包括身体各部分以及整体的结构与功能；“心”指的是人的全部心理构成，包括人的认识能力、情感因素、意志品质、需要、动机、心理活动的综合外显方式——人的行为和构成个体整体特征与倾向的个体心理结构②。综上所述，教育是以影响人的身心发展为直接目标的活动，是指：其一，通过有目的的社会经验传递，使接受者身心发生传授者所预期的变化；其二，人的身心两个方面的预期变化不是受遗传规律决定的自然发育和成熟，也不是通过营养改善、身体锻炼、医疗手段的运用实现的，它是接受者

① 薛彦华．教育学．北京：科学出版社，2009：14.

② 张荣伟，任海宾，等．教育基本原理．福州：福建教育出版社，2007：72-73.

在一定背景知识下，运用自己的方式理解、解释社会经验的结果①。

三、学校教育在个体发展中的独特价值

个体发展，是个体一生随着时间的推移身心所发生的一系列变化。这一系列的变化既有正向的、积极的，也有负向的、消极的；既有连续性，也有阶段性。人的身心发展是最复杂的，是多因素共同影响的结果。就复杂性来说，这些因素不仅难以穷尽，而且有很大的偶然性，难以预测和控制。这些因素大致可以归为三类：第一类是个体自身的因素，第二类是外部的环境因素，第三类是社会实践活动。这些因素对人的影响不是孤立的，而是有机联系的，对人的发展共同发生作用。所谓的“遗传决定论”“环境决定论”“教育万能论”都是不成立的。遗传、环境、教育只是诸多因素中的一个，只有和其他因素共同配合，才能促进人的身心发展。

专栏 2-4　　对影响人的身心发展因素的不同认识

对于影响人发展的因素，20 世纪 80 年代，在我国曾有过深入的讨论，学者们提出了各种观点。主要有：

(1) 两因素论。把影响人的发展因素分为两类：一类是生物因素，包括人的遗传因素、个体先天特点及生理结构、机制等方面的总和；另一类是社会因素，包括环境和教育等方面的后天影响因素，尤其突出环境因素的影响。

(2) 三因素论。三因素论是 20 世纪 80 年代最为普遍流行的观点，它把影响人的发展的因素分为遗传、环境和教育，其中遗传是个体发展的基础，环境对人的发展起决定作用，作为特殊环境的学校教育对个体发展又起主导作用。

(3) 多因素论。多因素论和两因素论都是在批判三因素论的基础上提出的，因为三因素论存在着环境与教育因素的重叠，存在着对个体发展内部因素的忽略，所以，前者在三因素的基础上减去教育因素，就成为两因素论，后者在三因素的基础上增加影响个体发展的内部因素，就形成了多因素论，包括在三因素基础上加上一个“主观能动性因素”的四因素论，在四因素论基础上加上一个“反馈调节因素”的五因素论。

(4) 综合因素论。综合因素论认为，影响人的发展的因素是多系统、多层次的，各因素之间相互联系，共同影响人的发展。这些因素有物质的、精神的，内部的、外部的，自然的、社会的，生理的、心理的，主观的、客观的，等等。

(5)“两层次三因素论”。两层次即对个体发展的潜在可能产生影响的因素（简称为

① 薛彦华. 教育学. 北京：科学出版社，2009：15-16.

“可能性因素”）和对个体发展产生现实影响的因素（简称为“现实性因素”）。在可能性因素中，包括个体自身的条件（先天的和后天的）与环境条件两个因素；现实性因素指发展主体所进行的各种类型的实践活动（生理活动、心理活动和社会实践活动）。两个层次分别由个体自身条件、环境条件和实践活动三个因素构成。

（6）“动静因素说”。静态因素包括两大领域，即个体自身的内部领域（包括遗传、成熟、后天的知识经验与发展水平、自我发展的内驱力）和社会生活领域（包括日常生活和非日常生活），动态因素即活动因素（包括个体活动、群体活动和社会活动）。静态因素相当于一个面，动态因素相当于一根线，线面交会，动静结合，促成人的发展。

（一）学校教育的特殊性

学校教育是有目的设计的，它是特殊主体在特殊环境中所进行的特殊活动。正因为学校教育的特殊性，它能够有目的地整合、调节个体、环境与实践活动三个因素，共同促进个体的发展。

1. 学校教育主体的特殊性

学校是由教师和学生组成的。教师作为专业的教育人员，具有从事教育教学的知识、能力和道德人格，负有教育学生的责任和任务。学生是处于发展中的人，他们不仅具有可塑性，而且有接受教育的强烈愿望，发展的过程中需要得到教师的指导。学校教育是由担当教育责任的教师和具有接受教育愿望的学生共同参与的活动。

2. 学校教育环境的特殊性

学校环境与一般社会环境不同，一般的环境是自发的，而学校的环境是围绕着学生的发展需要设计的，具有极大的人为性和教育性。学校有完备的教学条件、系统的教育内容、科学的教学计划、浓郁的文化氛围，这些都是促进学生发展的有意义的教育资源。

3. 学校活动的特殊性

学校教育是通过教育教学活动影响学生发展的。教育教学活动具有明确的目的性、计划性、组织性，它是在教师指导下，通过选择合适的教学内容，实施有效的教学活动和教学方法，利用专门的时间对学生施加系统的影响，促进学生的有效发展。

（二）学校教育在个体发展中的独特价值

虽然康德说“人是唯一必须受教育的被造物”①，人只有受过教育才能够成为人。但这里的教育并非狭义的学校教育，而是广义的社会生活影响。学校教育并非人的发展所必需的，不仅古代社会没有学校，即便是今天，世界上的贫困地区也还有不少人没有受到学校教育。不受学校教育，人也能够得到一定程度的发展。但我们之所以需要学校教育，是

---

① 康德. 论教育学. 上海：上海人民出版社，2005：3.

因为学校教育在人的发展中具有独特的价值，具体表现在如下几个方面：

1. 学校教育引导个体发展的方向，为个体发展做出社会性规范

学校教育与一般的环境影响相比，其独特的价值在于为个体的发展做出定向。因为一般环境对个体发展的影响是自发的，但教育是有目的的活动，它围绕个体的发展，有目的、有计划地组织教育活动，引导个体朝着预定的方向发展。同样是作为教育活动，学校教育与家庭教育相比，学校教育更代表社会为学生的发展提供社会性规范要求，个体必须按照社会的规范性要求，形成社会所要求的品质。

2. 学校教育加速个体的发展，促进个体又好又快地发展

人作为个体，在社会生活中，同样能够得到成长，但这种成长可能更多的是一种自然成长、一种率性成长、一种自发成长。学校教育的价值在于为人的发展提供适宜的资源，以一种科学有效的方式，提升个体发展的速度，缩短实现发展目标的时间，使个体能够在有限的时间又好又快地发展，为生命的发展赢得时间和速度。

3. 学校教育能够开发个体的特殊才能和发展个性

教育面对具体的人，而人是有差异的，这种差异代表的是个体的特殊才能和个性。真正的教育是适合每个人的独特教育，是一种因人而异的个性化教育。我们之所以需要学校教育，就是希望学校教育能够根据每个学生不同的发展需要，为他们提供最适合的教育内容、教育方式，开发他们的特殊才能，促进他们的个性发展。

4. 学校教育唤醒生命的自觉意识，为个体生命发展奠基

人不可能一辈子接受学校教育，即便是终身教育时代也是如此。学校教育只是人生旅程中的一段。但学校教育不能只为这一段负责，而要为学生的一生负责。这就要求学校教育必须为个体生命发展奠基，即便是离开了学校，个体依然能够自觉地发展。学校教育传授的是基础性知识，基础性知识具有普遍性和迁移性，因而对个体的进一步发展具有基础性价值。此外，个体通过学校教育不仅要获取知识，发展能力，而且要唤醒生命发展自觉，提高自我意识、自我教育的能力，使自身发展的过程成为生命自觉行为。

本章小结

尽管人们对“教育”一词有着不同的认识，但把教育活动作为培养人的社会实践活动，已经成为基本共识。就培养人的活动而言，教育还有广义和狭义之分。广义的教育泛指增进人们知识、技能、身心健康，促进思想品德的形成和发展的各种活动，包括学校教育、家庭教育和社会教育；狭义的教育特指学校教育，是教育者根据一定的社会要求，有目的、有计划、有组织地对受教育者的身心施加影响，以期他们朝着社会的要求发生某种变化的活动。

教育是一个复杂的、多层次系统，其最基本的构成是简单教育活动。简单教育活动又由教育要素构成。参照马克思关于人类生产劳动三个基本因素的划分，我们将教育的基本

要素划分为：主体性要素（劳动力）、内容性要素（劳动对象）、资源性要素（劳动资料）。

教育本质是对教育最核心的认识，它决定着教育的理念和发展方向。20 世纪 70 年代末 80 年代初，我国学者对教育本质进行了一次大规模的讨论，先后出现了“上层建筑说”“生产力说”“双重属性说”“特殊范畴说”。20 世纪 80 年代中后期以来，“教育是培养人的社会实践活动”成为对教育最基本的认识。学校教育是在教师指导下，通过选择合适的教学内容，实施有效的教学活动和教学方法，利用专门的时间对学生施加系统的影响，因此，在促进学生的有效发展上具有特殊的价值。

思考题

1. 试列举日常生活中“教育”一词的不同用法，收集普通民众对教育的认识并对它们进行比较分析。
2. 试分析历史上有关教育本质的几种学说的合理性与不合理性。
3. 试说明当代教育的基本内涵和学校教育在促进个体发展中的独特价值。
4. 分析教育要素的内涵、特点以及诸要素之间的相互关系。

拓展阅读

1. 瞿葆奎. 教育基本理论之研究. 福州：福建教育出版社，1998.
2. 冯建军. 教育基本理论研究 20 年（1990—2010）. 福州：福建教育出版社，2012.
3. 叶澜. 教育概论. 北京：人民教育出版社，2005.
4. 瞿葆奎. 教育学文集·教育与人的发展. 北京：人民教育出版社，1989.

第三章

教育的历史

学习目标

- 了解关于教育起源的几种主要观点。
- 认识学校产生与发展的过程。
- 了解学校系统的发生过程。
- 理解制度化教育面临的问题及其改革趋势。

问题与思考

- 动物界存在教育吗?
- 学校与教育是同时出现的吗? 学校会消亡吗?
- 现代学校教育制度有什么问题?
- 未来的学校会怎么样?

教育是永恒的存在，自从有了人类社会，就有了教育。但教育的形态不是固定不变的，它随着历史的发展而变化。本章试图通过回溯历史，探究教育是如何起源的，学校是怎样产生的，现代的学校教育制度是如何形成的，又将向何处发展。

第一节　教育的起源与原始教育

一、教育的起源

关于教育如何起源，有不同的看法，主要的观点有三种：

1. 教育的生物起源论

教育的生物起源论认为，教育是一个生物学的过程，人类的教育起源于动物生存本能的满足。因此，教育的生物起源论又称为教育的本能起源论。生物起源论的代表人物有法国的社会学家、哲学家利托尔诺和英国的科学家、教育家托马斯·沛西·能（Thomas Percy Nunn）。

利托尔诺认为，动物尤其是略为高等的动物，完全同人一样，生来就有一种因遗传而得到的潜在的教育，这种教育的效果使个体得到了发展。所以，动物的教育源于后天生存的需要。在《人类不同人种中的教育演化》中，利托尔诺指出，“兽类教育和人类教育在根本上具有同样的基础。由人强加的人为的教育，可以动摇甚至改变动物的被称为本能的倾向，并反复教他们具有一些新的倾向”。利托尔诺不仅肯定了动物界存在着教育，而且认为“人类教育的进行与动物的教育差别不大，在低等人种中进行的教育与许多动物对其孩子进行的教育甚至相差无几”①。利托尔诺对动物教育的肯定，说明教育起源于动物的生存需要，人类的教育只不过是动物教育的延续、继承和改进。

沛西·能认为教育是一种生物现象，生物的冲动是教育的主要动力。他指出：“教育从它的起源来说，是一个生物学的过程。不仅一切人类社会有教育，不管这个社会如何原始，甚至在高等动物中也有低级形式的教育。我之所以把教育称为生物学的过程，意思就是说，教育是与种族需要相应的、种族生活天生的，而不是获得的表现形式；教育既无待周密的考虑使它产生，也无须科学予以指导，它是扎根于本能的不可避免的行为。”② 在沛西·能看来，教育起源于动物本能和种族生活的需要，因此，它不只为人类所有，动物界也同样存在教育。

生物起源论把教育看作一个生物的过程，教育起源于生物发展的需要。这抹杀了人的生命与其他动物生命的根本区别。

2. 教育的心理起源论

教育的心理起源论也称为模仿起源论，其代表人物是美国教育史学家孟禄（P. Monroe）。孟禄在1905年出版的《教育史教科书》中指出，原始社会由于“教育系统还没有建立，间接地用作生活指导基础的大量知识或学习科目尚未组织起来，使用的方法从头到尾都是简单的、无意识的模仿”③。原始人很少有个体的意识，个体都是根据社会习俗、规定的行为方式行事的。所以，原始人的教育基本上是非理性的，绝大部分都是无意识的模仿，即便是对种族中的后代进行的训练，至多指明要后代们做的事情和做事情的

---

① 勒图尔诺．教育的源起//瞿葆奎．教育学文集·教育与教育学．北京：人民教育出版社，1993：177．

② 能．教育原理．北京：人民教育出版社，2005：36．

③ 孟禄．原始教育：一种非进取性的适应的教育//瞿葆奎．教育学文集·教育与教育学．北京：人民教育出版社，1993：179．

过程，而没有试图解释或阐明为什么这么做。

教育的心理起源论不同于生物起源论，心理起源论只在人类的范围内讨论教育，认为教育是一种无意识的模仿。其实，就人的教育而言，无意识的模仿也是基于人的生物本能的需要。所以，生物起源论者沛西·能认为“模仿的一般趋势”（模仿趋势）和本能是人类天性的两个根深蒂固的趋势[①]。模仿趋势广泛地存在于人与动物界，甚至在低等动物中都存在，它的影响和特殊遗传的影响微妙地交织在一起，很难分开。人类有意识的模仿是由模仿趋势发展而来的。

孟禄把原始人的无意识模仿看作教育，这就意味着教育源于一种无意识模仿。它从根本上遮蔽了人与动物的另一重区别：人的意识性。马克思指出：“动物和它的生命活动是直接同一的。动物不把自己同自己的生命活动区别开来。它就是**这种生命活动**。人则使自己的生命活动本身变成自己的意志和意识的对象。”[②] 人能够有意识地支配自己的生命活动。这说明，人是有意识的，而动物是无意识的。动物的生存依靠的是本能和无意识模仿，但人的生活依靠的是后天的自我创生。动物是本能地生存，而人是有意义地生活。

3. 教育的劳动起源论

教育的劳动起源论最早见于苏联学者米定斯基所著的《世界教育史》。米定斯基在该书中提出：“只有从恩格斯的‘劳动创造了人本身’这个著名的原则出发，才能了解教育的起源。教育也是在劳动过程中产生出来的。”[③] 随后康斯坦丁诺夫等人在《教育史》中也表述了相近的观点。劳动起源论于 20 世纪 50 年代初传入我国，到 20 世纪 80 年代中后期一直是我国教育起源论的主导观点。

按照恩格斯的观点，“劳动创造了人本身”。人与动物的根本区别在于劳动（制造、使用工具）。在自觉劳动之前，人类主要依靠附在身体上的天然器官获取生存资料，并用自己的身体被动地适应环境，这与动物的生存几乎是相同的，表现为一些无意识的本能满足，是一种生物对环境的适应，也就不需要教育。所以，真正的劳动产生之前，人类的祖先是没有教育的。人类的劳动产生了教育的可能性：自觉劳动使人的脑器官和认知能力得到了发展，劳动中的交往产生了语言，劳动产生了人类的意识。劳动使教育成为必要的活动：劳动积累的知识经验需要传递，需要教后一代制造和使用劳动工具，集体的劳动需要使人掌握劳动规则、社会习俗等。所以，劳动起源论者认为，“教育在自觉劳动形成时，即在人类产生时，就开始出现了”[④]。

---

① 能．教育原理．北京：人民教育出版社，2005：156.
② 马克思，恩格斯．马克思恩格斯全集：第 42 卷．北京：人民出版社，1979：96.
③ 米定斯基．世界教育史．北京：生活·读书·新知三联书店，1950：5.
④ 陈震东．对教育起源的探索//瞿葆奎．教育学文集·教育与教育学．北京：人民教育出版社，1993：208.

有学者认为，生产劳动是人类最基本的实践活动。但这毕竟不是唯一的活动，人类除了生产劳动还有政治、文化活动。教育是在生产劳动和宗教、文化、政治活动中进行的。教育不仅传递劳动经验，同样传递社会习俗、做人之道，是社会人的再生产活动。因此，持此观点的学者认为，“教育起源于原始社会人的社会实践或社会实际生活的需要”①。

二、原始教育

原始教育，也称史前教育，是人类教育发展的第一种形态，它主要发生在原始社会。从形式上说，原始教育是一种非形式化教育。没有专门的教育者、受教育者，也没有专门的教育机构，教育完全是在生活中进行的。《学会生存：教育世界的今天和明天》描述了这种情景：家庭生活或氏族生活、工作或游戏、仪式和典礼等都是每天遇到的学习机会，从观察一年四季的变化到照顾家畜或聆听长者讲故事和氏族巫士唱赞美诗，到处都是学习的机会②。原始社会，人们的生产生活经验相对匮乏，个人的生产生活更多的是一种探索，加之没有专门的教育机构，所以，相对于近代教育，原始教育更偏重于“学”。

“原始人的生活在于能获得满足机体需要的手段——食物、衣着和住所，另一方面，也在于能通过崇拜的方式来安抚、控制或回避灵魂世界的敌对性”③。因此，原始人的活动主要有两类：一类是生产劳动，一类是宗教活动。生产劳动也是一种最简单的手工劳动，主要是满足自我肌体的需要。宗教活动是原始人最重要的活动之一，因为原始人无法解释自然界的一些现象，就认为是神灵在支配，所以，他们的生活具有明显的“泛灵论”特征。原始人活动的两大类型决定了原始教育也主要是生产劳动教育和宗教教育。生产劳动教育，就是在生产劳动中传授生产劳动的经验，进行必要的劳动训练，包括打猎、捕鱼、使用武器和保卫住所等。宗教教育，主要是通过一些宗教活动、宗教仪式等学习社会生活的规范、禁忌、图腾和神灵崇拜等。原始社会的后期，随着部落战争的出现，军事训练、军事体育也成为其重要的教育内容。

原始教育的内容较为简单，而且教育主要是在生活中通过参加生产劳动和宗教活动而进行的。就年青一代而言，其学习和所受的教育，不是长辈有意识教的，也不是他们自我探索和创造的，更多的是对年长一代生产和生活方式的模仿。孟禄把原始教育定位

---

① 毛礼锐. 中国原始社会的教育起源与教育性质问题//瞿葆奎. 教育学文集·教育与教育学. 北京：人民教育出版社，1993：235.

② 联合国教科文组织国际教育发展委员会. 学会生存：教育世界的今天和明天. 北京：教育科学出版社，1996：27.

③ 孟禄. 原始教育：一种非进取性的适应的教育//瞿葆奎. 教育学文集·教育与教育学. 北京：人民教育出版社，1993：181.

为一种“非进取性的适应的教育”（education as non-progressive adjustment），旨在说明，原始教育是一种对社会生活的简单适应，这种适应是非进取性的、无意识的。所以，孟禄指出，“除了在偶尔的情况下和在最高阶段，原始人从来没有达到有意识的教育过程。儿童仅仅是通过观察和使用‘尝试-成功’的方法学习如何射击，如何加工被杀死的动物，如何烹饪，如何编织，如何制作陶器”。重复地模仿，这是原始人在技艺训练方面的全部①。

随着原始生产劳动和生活经验的积累，原始教育的内容开始丰富，儿童的教育开始受到重视，特别是男孩的教育。原始社会后期出现的“成年礼”可以看作有意识的教育的产物，它为学校的出现奠定了基础。

“成年礼”，也称为“青年礼”“成丁礼”“加入式”“入社仪式”等。成年礼是人步入成年、社会性发展成熟的重要标志。成年礼是一系列仪式，“通常包括一段时间的严格训练和考验。这段时间可由几天到长达几年。在典礼仪式的壮观场面下，青年被打上成年人的标记，并且被强调必须学习”②。成年礼是年长者对年青一代有意识的教育，它有一定的要求，如适合的年龄、身心发育成熟等；成年礼中有特定的教育者，称为导师，通常是接受成年礼的孩子中年龄较大者的父亲；成年礼是在一个特定的教育场所进行的，这个场所相对固定，有的还与部落隔离，建立在一个隐蔽的地方。成年礼的内容也是特定的：男孩学习勤勉、信赖、服从、尊敬老人、利他主义、乐于助人、喜爱交际和学做一个忠实的丈夫；女孩学习处事接物，做一个贤惠的妻子。成年礼的学习中还伴有严酷的训练和考验，包括毒打、服药、割礼、斋戒等③。成年礼可以看作一种有意识的专门教育形式，它使教育脱离了日常生活，在一个相对独立的场所，有相对固定的教育者和受教育者进行特定内容的传授与学习。它使得教育与日常生活出现了初步的分化，为学校的形成奠定了基础。

第二节　学校的产生与古代教育

尽管原始教育后期出现了成年礼等有意识的相对专门的教育，但这只是为学校的出现提供了基础。学校产生需要一定的条件，这种条件到了奴隶社会才基本具备，学校是奴隶社会的产物。学校的产生使人类的教育进入了一个独立的阶段。

---

① 孟禄．原始教育：一种非进取性的适应的教育//瞿葆奎．教育学文集·教育与教育学．北京：人民教育出版社，1993：187-188.

② 佛罗斯特．西方教育的历史和哲学基础．北京：华夏出版社，1987：11.

③ 张斌贤，王晨．外国教育史．北京：教育科学出版社，2008：27-28.

一、学校产生的条件

1. 生产力的发展是学校产生的物质基础

原始社会，生产力极度低下，每个人必须参加生产劳动，人们的物质生产只能满足当时的需要，社会没有剩余产品，不可能有“闲人”从事专门的教育活动。随着生产力的发展，当社会出现剩余产品的时候，一部分人就可以不直接参加生产劳动，而专门从事教育活动。所以，生产力的发展为教师和学生的出现提供了可能。没有专门的教师和学生，就没有学校出现的可能。同时，生产力的发展，也使脑力劳动和体力劳动出现分化，教师和学生成为专门的脑力劳动者。

2. 奴隶制国家巩固政权的需要是学校产生的政治基础

剩余产品的出现必然导致私有制和阶级的产生，一部分人利用剩余产品去奴役他人，占有别人的劳动，于是逐渐产生奴隶主和奴隶两大对立的阶级。处于优势地位的奴隶主阶级为了维护自己的利益，就建立了奴隶制国家。奴隶制国家出现后，为了维护统治阶级的利益和奴隶制国家的管理，就需要掌握一定政治、文化和宗教方面知识的政治人才和管理人才，他们需要接受专门的教育，考古学的发现也证明，学校最早出现在奴隶制国家中。

3. 文字的出现和生产经验的积累是学校产生的文化基础

语言的形成是教育产生的文化基础，但语言不能脱离个体，在经验传递中有局限性，个体的经验常常伴随着个体的死亡而消失。文字出现之后，经验的传递可以脱离个体而被保存下来，使人类经验的累积成为可能。凭借文字，人类的经验可以被记载，并加以累积，形成丰富的教育内容，这为学校教育内容奠定了重要的基础。“学校的出现是同文字和科学一道，同社会需要新生一代掌握精神文化这些新因素的要求的出现一道产生的。”① 社会的发展、生产经验的累积、科学知识的日益丰富，为学校教育提供了丰富的内容，客观上也为学校的发展提供了重要的文化基础。

因此可以说，学校是奴隶社会政治、经济、文化等多因素综合发展的结果。

二、学校的萌芽与最早的学校

原始社会后期出现的“青年之家”对学校的产生具有重要的影响，可以看作学校的萌芽。“青年之家”在母系氏族后期出现，在父系氏族时期得到发展。父系氏族时期，“青年之家”主要以男性青年为主，因此也称为“男子之家”。“青年之家”是一个公共教育机

① 沙巴也娃．论教育的起源与学校产生的问题//瞿葆奎．教育学文集·教育与教育学．北京：人民教育出版社，1993：148.

构，是由成年男子特别是老年男子对男孩、男青年进行有意识的教育的场所，而女孩和女青年的教育则是在父权家族公社中进行的。

奴隶社会初期出现了学校，这个结论得到考古学的证实。但最早的学校出现在什么地方，是什么样的？这个问题，尚没有结论。

有人推断最早的学校出现在两河流域的巴比伦。两河流域关于学校考古的发现有：其一，乌鲁克（Uruk）古城遗址。在该遗址中，发现了一些泥板文书，其中有关于神庙经济的文书，也有用作学生学习的课本。据此考古发现，人们推算，至少在 5 500 年前，两河流域就已经出现了学校。其二，苏路帕克（Shuruppark）古城遗址。苏路帕克古城是苏美尔的重要城市，该遗址出土了大量的泥板，泥板上用楔形文字刻有词语和作业。据此考古发现判断，公元前 2500 年，就有了专门对学生进行读写训练的学校。美国学者克雷默认为，苏美尔学校（Sumerian School）就是最早的学校①。其三，马里（Mari）古城遗址。该遗址发现了大量的泥板书，还发现了一条通道和两间大的房间。大间房屋长 44 英尺（1 英尺＝0.304 8 米）、宽 25 英尺，小间面积为大间的 1/3；大间排列着 4 排石凳，可坐 45 人左右；小间排列着 3 排石凳，可坐 20 人左右，该遗址很像一所学校的教室。据推算，这是公元前 2100 年左右（也有人推断是公元前 3500 年）建立在马里古城中一所使用楔形文字进行教学的学校。学界也有人认为马里古城的学校是最早的学校。

专栏 3－1

苏美尔学校

苏美尔学校是楔形文字产生与发展的直接结果。楔形文字是苏美尔人对文明最有意义的贡献。苏美尔人称学校为“埃杜巴”（edubba），意即“泥板书屋”。泥板是早期学校使用的教学用具。学校主要培养寺院和宫廷里的缮写员。学校的校长叫“尤米亚”（ummia），是一个“专家”或“教授”，校长也被称为“学校之父”；学生被叫作“学校之子”，都是男生，父亲都是比较富有的城市居民；助教叫作“老大哥”，他的任务是书写新的泥板，以供学生摹写，并检查学生的抄写作业，以及听学生背诵功课。苏美尔学校的课程主要包括两个部分：一部分是半科学性的、学术性的课程，另一部分是文学和创作的课程。半科学性的课程是教授学生怎么书写苏美尔语。文学、创作方面的课程，主要是学习、抄写和模仿创作于公元前 2500—前 2000 年的大量的、各式各样的文学作品。

资料来源：克雷默．最早的学校//瞿葆奎．教育学文集・教育与教育学．北京：人民教育出版社，1993：256-262.

① 克雷默．最早的学校//瞿葆奎．教育学文集・教育与教育学．北京：人民教育出版社，1993：260.

原始社会末期，我国也出现了萌芽的学校形态——“庠”。“庠”本是饲养家畜的地方，后来又变成存放谷物的“米廪”。原始社会末期出现了剩余产品，由老人专司此项工作，同时兼管照顾儿童。后来“庠”发展为养老之所，由具有经验的老人照料和教育儿童，这就是学校的萌芽。

夏朝是我国历史上第一个奴隶制王朝。关于学校在夏朝的出现，是有历史记载的。《礼记・王制》中有：“夏后氏养国老于东序，养庶老于西序。殷人养国老于右学，养庶老于左学。周人养国老于东胶，养庶老于虞庠：虞庠在国之西郊。”按照原始社会遗留的惯例，养老之所，也承担着教育的职能。《孟子・滕文公章句上》记载：“设为庠序学校以教之：庠者，养也；校者，教也；序者，射也。夏曰校，殷曰序，周曰庠，学则三代共之，皆所以明人伦也。”关于夏朝学校的名称，存在着不同的说法，有的记载是“庠”，有的记载是“序”（《礼记・明堂位》讲，“序，夏后氏之序也”），有的是“校”（《汉书・儒林传》记载，“夏曰校，殷曰庠，周曰序”）。但不管称谓如何，一般都认为，夏朝有了具备教育职能的机构，这些机构还兼具养老、习射、比武、军事等职能。尽管学校的教育职能并不单一，但这一时期教育已经从生产生活中分离出来，形成了独立于生产生活的教育机构，即学校的雏形。

商朝的奴隶制社会得到进一步发展，出现了甲骨文，有了学习的工具（笔、典册）。商朝的学校在夏朝的基础上得到进一步的发展和丰富。除了庠、序、学、校外，又出现了瞽宗。庠、序、学、校也不同于夏朝，其教育职能更加突出，教育内容更加丰富。瞽宗是乐师主持祭祀的地方，同时，也是年青一代进行乐教、学习礼乐的机构。《礼记・明堂位》记载：“瞽宗，殷学也。”殷墟考古发现的甲骨文的“卜辞”中，有关于“教”、“学”、“师”以及“大学”的记载，有关于庠教、练射箭的记载，这说明商朝的学校已经基础的教育①。

三、古代学校的发展

古代学校在发展的过程中，先后出现了宗教教育的学校和世俗教育的学校。宗教教育的学校主要传播宗教教义，培养神职人员和虔诚的宗教信仰者。世俗教育的学校教育内容世俗化，培养官吏、文士和初步掌握读、写、算知识的市民。古代学校类型多样，但学校之间尚不构成系统。

1. 西方宗教教育的学校

最早实施宗教教育的学校是寺庙学校（temple school），它附设在神庙中。教师由神

---

① 王炳照. 简明中国教育史. 北京：北京师范大学出版社，2007：6-7；俞启定，施克灿. 中国教育制度通史：第1卷. 济南：山东教育出版社，2000：47-52.

庙中的祭司担任，学生都是富裕家庭的子弟，并且要经过一个基础阶段的预备学习才可进入。学习内容主要是宗教知识，此外，还有天文、建筑、医学、法律、绘画、雕刻等。学校以培养高级僧侣为目标，学生学习年限不定，直到可以为僧方能毕业。因此，寺庙学校又称为僧侣学校。寺庙学校不仅以寺庙为教育场所，由祭司担任教师，培养僧侣，而且教育生活本身是寺庙生活的一部分。因此，有学者认为，寺庙学校只是寺庙生活的组成部分，尚不是真正意义上的学校。

中世纪是宗教鼎盛的时期，宗教教育几乎是中世纪教育的全部，因此，宗教教育的学校在中世纪表现得最为突出和典型，主要有三类：初等教义学校、教理学校和教会学校①。

（1）初等教义学校（也译为慕道学校）。初等教义学校针对那些慕名而来的异教徒和犹太人中的年轻人而设，在他们成为教徒之前对其进行一定的预备性的基督教教育。学生在此接受的教育，主要是聆听宗教教诲和道德教诲，唱《赞美诗》，记住圣经的一些内容，祈祷和沉思，教育的目的是使异教徒对基督教有所了解，为接受洗礼做准备。

（2）教理学校。面对异教中有学问的人对基督教的攻击和质疑，为捍卫基督教的教义，巩固基督教的地位，教理学校应运而生。教理学校并不是为了培养教士或基督徒，而是为了应对挑战，满足那些年轻好问者了解基督教的需要，提供一种在基督教环境中获得知识以及用基督教的眼光看待世俗知识的机会。教理学校教授世俗知识，但它对这些知识的阐释采用的是基督教视角，课程最后自然落到基督教神学和对《圣经》的注释。

（3）教会学校。教会学校以培养神职人员为目的。教会学校主要有修道院学校、主教学校和教区学校。修道院学校是在修道院中对一般儿童和孤儿进行教育的学校。修道院学校的教育秉承修道院的宗旨，进入修道院学校学习的人都必须绝色（禁欲）、绝意（听命）、绝财（安贫），终身不得反悔。最初修道院只接受信服“三绝”的人，后来也接受了世俗之人，不过它区分为内学和外学，内学是为立志做神职，准备终身过修道生活的人设立的；外学是为不准备过修道生活，只是想取得教士资格的人设立的。主教学校是主教在其辖区内创办的学校。主教委派自由艺术和神学学科的教师给儿童传授教会的生活要求。主教学校多是大教堂的附设学校，主要培养神职人员，招收富家子弟。教区学校，也称堂区学校，通常设在堂区教士所在的村落，是由教会创办的面向一般世俗群众的普通学校，它主要普及基督教教义。教区学校是西欧中世纪最普遍的学校。

2. 西方世俗教育的学校

西方世俗教育的学校的主要类型有：宫廷学校、文士学校、城市学校、中世纪大学。

（1）宫廷学校。宫廷学校是世俗学校中最早的一种。公元前 2500 年左右，埃及就出

① 张斌贤，王晨. 外国教育史. 北京：教育科学出版社，2008：128-140.

现了宫廷学校。宫廷学校主要设置在王宫里，教师由宫廷中的高级官吏、法老担任，招收皇家贵族、高级官吏的子女学习管理国家的政治、法律、道德知识，宫廷礼仪和习俗等，使他们具备管理国家的能力。

（2）文士学校，也称为书吏学校。它主要培养能够进行计算和书写的书吏。书吏有三类：高级的书吏供职于国家管理部门；普通的书吏一般担任财产登记员、公证人、情报收集员等；私人书吏受雇于从事商业贸易的人，做文书和文牍员。一般家庭的子女都可以进入文士学校。

（3）城市学校。城市学校是在城市为新兴市民阶层的子女开办的、教授世俗知识的学校。城市学校有手工业行会办的行会学校，有商人联合会设立的基尔特学校、拉丁语学校、写作和算学学校、歌祷堂学校。城市学校多是初等学校，教授读、写、算的基本知识，与商业、手工业活动有关的实用知识以及一定的基督教知识，以满足社会生产和生活的基本需要。城市学校的出现，体现了新兴工商业阶级的要求，打破了教会对学校的控制，使教育走向了一般民众，进而使西欧的教育走上了世俗化的道路。

（4）中世纪大学。中世纪大学起源于 11 世纪，是由一名或数名在某一领域有声望的学者和他的追随者自行组织起来的以研究和教学为目的的精神实体。最早的中世纪大学有意大利的萨莱诺大学和波隆那大学、法国的巴黎大学、英国的牛津大学和剑桥大学。中世纪大学主要设有文、法、医和神学四科，对学习者进行职业训练，培养社会所需要的高级专门人才。中世纪大学有内部的自治权，师生还可免除赋税，不必履行服兵役的义务，大学还有颁发任教特许证的权利和授予学位的权利等，这些做法为现代大学的形成奠定了基础。

3. 我国古代的学校

我国的学校，自夏朝萌芽，商朝奠基，到西周已经发展得较为完备，形成了国学和乡学并存的学校体系，正如《学记》记载，“古之教者：家有塾，党有庠，术有序，国有学”。

国学是专为奴隶主贵族子弟设立的，分为小学和大学。《礼记·王制》记载：“小学在公宫南之左，大学在郊。天子曰辟痈，诸侯曰頖宫。”《汉书·志·食货志上》记载：“八岁入小学，学六甲、五方、书计之事，始知室家长幼之节。十五入大学，学先圣礼乐，而知朝廷君臣之礼。其有秀异者，移乡学于庠序。庠序之异者，移国学于少学。诸侯岁贡小学之异者于天子，学于大学，命曰造士。”

乡学是指设在王都郊外乡一级行政区中的官学，主要为一般奴隶主和庶民子弟设立，规模简单，只有小学。乡学的名称，记载不一。清人毛奇龄在《学校问》中指出，西周的乡学有四类，“一曰乡校”“一曰州序”“一曰党庠”“一曰家塾”①。

---

① 孟宪承，陈学恂，张瑞璠，周子美. 中国古代教育史资料. 北京：人民教育出版社，1961：21.

四、古代教育

古代教育与原始教育相比，最重要的变化就在于古代学校的出现。学校的出现改变了教育的性质，使教育脱离日常生活走向独立，教育成为一种特殊的活动。这是人类教育文明发展史上一次质的飞跃。

无论是西方的宗教学校、世俗学校，还是我国西周的国学和乡学，学校教育都与政治、宗教紧密结合。“学在官府”“政教合一”“以吏为师”“以僧为师”是其突出的表现。政治性是古代学校教育的本质特征，教育成为统治阶级维护统治的工具。在教育对象上，古代学校都面向贵族阶层、权力阶层，在学校接受教育是统治阶级的特权，劳动人民一般无权在学校接受教育。教育目的一方面是培养统治阶级需要的政治管理人才，如官吏、书吏、武士、僧侣等；另一方面，也对劳动人民进行政治、道德教化，使他们服从统治阶级。教育内容主要是政治、道德、宗教等人文学科的知识，教学方法主要强调记诵，盛行体罚，教学组织形式以个别教学为主，师生关系是一种等级依附关系。

古代学校教育是统治阶级的特权，具有鲜明的阶级性。学校为奴隶主阶级所霸占，接受学校教育是奴隶主阶级的特权。古希腊斯巴达和雅典的学校专为贵族阶层而设，古代埃及的宫廷学校也只招收王子、王孙和贵族的子女，教会学校中的主教学校也只招收富贵人家的子弟。我国西周的学校，不仅教师是官吏，国学也只限定招收王室和皇亲贵族的子女，乡学也只招收奴隶主子弟。封建社会，学校教育在阶级性的基础上，又凸显其等级性，即在统治阶级内部，父辈的官职大小、官位等级决定其子弟进入相应等级的学校。

学校教育以政治为核心，排斥生产劳动的内容。古代学校教育突出的是政治、伦理、道德、军事等内容，目的是使他们掌握统治之术、治人之术，鲜有生产劳动方面的知识。不仅如此，学校教育还使统治阶级子女轻视劳动，鄙视劳动人民。古代学校教育崇尚的是“学而优则仕”，笃信的是“劳心者治人，劳力者治于人”。古代学校教育以政治为业，脱离生产劳动，不传授生产劳动的内容，培养轻视劳动人民之人。

第三节　教育系统的产生与近代教育

一、两种教育系统的产生

古代社会虽然有了学校，但学校没有严格的程度划分，没有学习年限的规定，学校之间缺乏联系，即便我国西周时期有了“小学”与“大学”，它们之间也没有递升关系。因此，古代学校教育尚没有形成系统。

随着近代大工业的发展，大量不同层次的掌握技术的产业工人成为大工业的需要，这必然要求扩大教育对象的范围，大力发展学校教育，并使学校形成层次分工。不同性质、不同类型的学校构成一个系统，以满足社会对教育对象多元化、多层次的发展要求。因此，教育系统的产生以及由此形成的现代学校教育制度，是随着大工业的发展，首先在欧洲资本主义国家出现的。18 世纪中期，欧洲各国先后开始了工业革命。工业革命的发展，要求扩大教育的范围，由此促进了各类学校的发展，学校之间出现了分工，并逐渐形成了一个分工明确、相互联系的系统。

古代学校是为了满足统治阶级培养政治人才的需要而产生的，它面向的是统治阶级和贵族阶层的子女。伴随着大工业革命而出现的近代教育，主要是满足大工业对产业工人的需要，它面向的是劳动人民的子女。但古代学校在近代社会中并没有消失，而是和近代学校一起构成了学校教育的两个系统：下延型系统和上伸型系统。

下延型系统是一种贵族化的教育系统，它反映了统治阶级和贵族阶层的教育需求。它自上而下发生，最初是中世纪大学，依次向下发展出大学预备性质的中学（古典文科中学）、家庭指导教师教育或作为中学预备性质的小学。对统治阶级和贵族阶层而言，他们接受的是大学教育，至于启蒙性质的小学教育，则由家庭教育、家庭教师完成。中学是大学的预备学校，具有古典人文教育的特征。

上伸型系统是一种平民化教育系统，它反映了广大劳动人民要求教育普及的需求。它自下而上发生。最初应大工业革命的需要，普及小学，然后随着生产力的发展，对劳动技术要求程度的提高，又出现了实科中学、职业学校，最后发展为短期的职业学院、职业大学。在上伸型系统中，劳动人民子女接受教育，是生产力不断发展的要求，其目的是使他们能够更好地从事社会生产。

正是由于存在着下延型和上伸型两种不同的学校系统，18、19 世纪的西欧发达资本主义国家形成了双轨学制，这是近代最早的学制，也是西欧发达国家最初的学制。双轨制中的一轨为贵族阶层设置，从文科中学到大学（小学教育主要由家庭指导），学生毕业后可以从事国家的政治管理等；另一轨为劳动人民子女设置，从公立小学到职业学校（先是初等职业教育，后发展为中等职业教育）、职业学院，学生毕业后从事技术生产。双轨是两个平行系列，两轨互不相通，各自完成各自的任务。双轨制具有明显的等级性，它以身份规定受教育者进入哪一轨，这就意味着劳动人民的子女从此失去了进入社会高层的机会。

随着工业技术革命的发展对劳动者技术要求的提高和社会民主化的发展，双轨制因其等级性而受到质疑，由此出现了美国的单轨学制和苏联的分支型学制。

北美地区最早采用的也是双轨制，但 18 世纪末 19 世纪初，美国的产业革命和电气化推动了美国小学和中学的迅速发展。18 世纪末美国各州都颁布了在城镇设立初等学校的法令。1830 年后，小学得到了蓬勃发展，1870 年起，中学也得到了迅速的发展。所以，美国双轨制中没有得到充分发育的、为贵族阶层所设置的文科中学一轨，就被迅速发展起来的普及化的小学和中学所掩盖，从而形成了美国的单轨制。单轨制自下而上，有小学、中学、大学多个学段，每个人都有平等接受每一阶段的教育的机会。

沙俄时代的学制是双轨制。“十月革命”后苏联建立了单轨的社会主义统一的教育系统，后来在发展过程中又吸收了双轨制的一些积极因素，就发展成为既不同于单轨制，也不同于双轨制的分支型学制。分支型学制中，最初是单轨，学生接受统一的小学和初中阶段的教育，到了高中阶段开始分轨，一轨是普通中学，另一轨是职业中学，但它不同于西欧的双轨制，因为职业中学的毕业生也可以升入对口的高等学校学习。分支型学制既保持了单轨制的平等性，又保留了双轨制的差异性，是介于单轨与双轨之间的一种学制。

二、各类学校的形成

下延型和上伸型学校系统说明了不同学校出现的时间先后，大致说来，大学先于中学，中学先于小学和幼儿园，普通学校先于职业学校、成人学校。

1. 大学

中世纪大学是大学的源头，但中世纪大学，其入学年龄和修业年限都没有明确规定，因此，中世纪大学不能纳入学校系统。从中世纪到 19 世纪之前的大学为传统大学。现代意义上的大学是 19 世纪以后随着市场经济、机器大工业生产和科学技术的发展而出现的。传统大学以古典人文教育为主，现代大学以科学技术教育为主。现代大学是通过两种途径发展起来的：一是通过增强人文学科和自然学科，把中世纪的大学改造为现代大学，如英国的牛津大学、剑桥大学和法国的巴黎大学；二是创办新的大学和新的高等学校，如英国的伦敦大学、德国的洪堡大学、法国的巴黎高等师范学院、美国的约翰-霍普金斯大学等。下延型系统中的大学主要是中世纪大学和传统大学，现代大学则是现代社会的产物。

2. 中学

教育的下延型系统的产生使得最早的中学成为中世纪大学的预备学校。中世纪大学的性质决定了作为预备学校的中学都是文科中学（在英国称为文法中学和公学，在德国和美国称为文科中学），以“七艺”和拉丁语、希腊语为主要学习内容，其毕业生大多进入大学或成为官吏、医师、法官、僧侣等。文科中学与中世纪大学紧密相连，中世纪大学有文学、神学、法学、医学四个学科，学生要修完文学学科才能选择修习其他学科，而文学学科的内容与文科中学基本相通，因此，有的文科中学就是由中世纪大学的文学学科演变而来的。这时的文科中学具有浓厚的古典主义色彩，因此又称为古典文科中学。

18 世纪初，随着商业和大工业的发展，社会需要更多的技术人才和管理人才，他们必须具有科学技术知识，古典文科中学显然无法适应社会的需要。于是，欧洲就产生了以学习自然科学和工业技术为主的实科中学。第一所实科学校是德国人泽姆勒（Zemmler）于 1708 年开办的“数学和机械实科学校”实科班，由于资金匮乏，开设两年半后停办。1737 年，他又开办了“数学、机械和经济实科学校”。1747 年，赫克（J. J. Hecker）创办了德国第一所真正意义上的实科学校——“经济、数学实科学校”。18 世纪后期，德国许多城市都建立了实科中学，到 19 世纪中期，实科中学推广到欧洲许多国家。实科中学的出现，改变了古典文科中学的性质，使教育对象和培养目标都发生了改变，它更多地面向广大劳动人民，使他们成为社会的生产者，更好地反映了科学技术发展的要求，适应了社会生产和经济发展的需要，使教育更接近社会生活和生产发展的实际。实科中学的出现是中等教育发展史上的一个重要事件，意味着中等学校向现代学校迈出了决定性的一步。

实科中学的出现并不意味着文科中学就此退出，在二者斗争的过程中，又出现了文实中学。1751 年富兰克林在美国费城创办了第一所文实中学。1800 年，全美有 100 所文实中学。文实中学是私立收费学校，一般包含文、实两科。文科侧重英语和现代外语的教学，实科侧重算数、代数、几何、天文、地理等自然科学和应用科学的教学。文实中学有力地兼顾了古典教育和实际教育、升学和就业等方面的需要。

从总体上看，在保持古典文科中学的同时，中学的发展不断增加自然科学的课程，以适应社会生产和科学技术的发展。实科中学大众化，随后又出现了以培养职业技术工人为主的中等职业学校。

3. 小学

一般把中世纪后期西欧兴起的行会学校和城市学校作为小学的发端。行会学校和城市学校为手工业者和商贩子女提供初步读、写、算的教育，使他们掌握手工业和商业的基本技能，以便从事生产和经营。

现代小学是工业革命的产物。第一次工业革命要求劳动者必须具有初等文化程度，以适应以蒸汽机为核心的工业生产。正是第一次工业革命，使劳动人民子女具有普遍接受教育的机会，推动了初等教育的广泛发展。19 世纪后半叶，英国、德国、法国、美国、日本等都通过了普及初等教育的法律，西欧发达国家开始普及义务教育。小学的出现，客观上是第一次工业革命的要求，主观上是工人阶级和劳动人民为争取受教育权斗争的结果。

4. 幼儿园

1837 年，德国教育家福禄贝尔在自己的家乡图林根州的勃兰根堡创办了一所“发展幼儿活动本能和自发活动的机构”（儿童游戏活动机构），招收 3～7 岁幼儿，并为儿童设计了 6 套玩具，称为“恩物”。1840 年，他把这一机构命名为幼儿园（德语为 Kindergarten，意为“孩子的乐园”），这是世界上第一所幼儿园。19 世纪后半期，幼儿园逐步推广到欧洲各国，各国纷纷以立法的形式确立了幼儿教育在整个教育体系中的地位和作用。

5. 职业学校

古代的职业教育最初是通过模仿，后来是通过学徒制的方式进行的。现代职业学校出现在实科中学之后。1747 年由赫克在德国柏林创办的“经济、数学实科学校”是职业学校的先例。1817 年，德国在各地区城市中设立了手工业者学校。1821 年，以这些学校为基础形成了地方工业学校网。19 世纪，德国按照不同的产业部门的要求，建立了农业、渔业、矿石工业、商业交通、家政、军事等各种专门的学校。法国在 18 世纪也出现了一些职业学校，如土木学校、矿山学校、船舶学校等。19 世纪，职业教育在各国得到了普遍的发展。职业学校的出现是工业革命的产物，随着工业革命的发展，它的数量不断增多、层次不断提高。

6. 成人学校

成人学校的出现，一是与宗教普及有关，二是与工业革命有关。1711 年，英国基督教知识促进会设立了成人夜校，教贫困的人读书、写字，目的是使一般的穷人也能够阅读《圣经》，接受上帝的福音，使他们成为基督教的信徒，这是英国成人教育的发端。但现代意义上的成人教育，是 18 世纪工业革命的产物。工业革命初期，劳动力的主体是贫民、妇女和童工，他们缺乏教育，在工人运动的强大压力下，一些宗教团体、社会人士和工厂主不得不为工人提供受教育的机会，扫除文盲，使工人接受基本的知识、技能教育，满足生产的基本需要，如英国的《工厂法》规定工厂主必须为 14 岁以下的工人开办夜校，美国出现了导生制学校和主日学校，法国创办了工人文化夜校和星期日学校。从 19 世纪初开始，成人教育逐步与技术教育结合，开始为培养熟练工人服务。

三、现代学制与我国学制的确立

现代学校教育制度，简称学制，是一个国家各级各类学校的系统及其规范化的管理规则，它规定了各级各类学校的性质、任务、入学条件、修业年限以及它们之间的关系。学制系统中的每个学校都有特定的级别和类别，行使特定的职能，它们又共同构成一个完整的教育系统，行使一个国家整体的教育职能。

19 世纪末 20 世纪初，现代学校教育制度首先在西方得以确立。学制的确立，使古代处于游离状态的学校形成了职责分明、分工明确的国家教育系统，这是教育发展史上的第二次飞跃。

中国现代学校教育制度的确立是从改革和废除科举制度开始。1905 年，清政府下令废除实行了 1 300 多年的科举制。科举制的废除，“标志着长期封建时代的旧教育在形式上宣告结束，一个新的半殖民地半封建的教育制度在逐步确立”①。20 世纪初，中国开始引

---

① 王炳照，郭齐家，刘德华，等. 简明中国教育史. 北京：北京师范大学出版社，2007：298.

入西方现代学校教育制度，进行现代学校教育制度的探索。中国最早制定的学校教育制度是光绪二十八年（1902 年）由官学大臣张百熙主持拟订的《学堂章程折》。后来，由朝廷以《钦定学堂章程》为名颁布，1902 年是壬寅年，这个章程又称为“壬寅学制”。壬寅学制虽经颁布，但未执行。光绪二十九年（1903 年）又由张百熙、张之洞、荣庆共同拟订了《奏定学堂章程》，1904 年 1 月颁布执行。1903 年是癸卯年，这个学制又称为“癸卯学制”。这是我国第一个颁布并执行的现代学制。“新教育制度的建立，标志着中国几千年封建传统教育的瓦解，也标志着中国封建教育制度向资本主义教育制度转化，在形式上正式确立了资产阶级教育制度。”①

专栏 3-2　　癸卯学制

癸卯学制是以日本学制为蓝本建立起来的，它分为三段七级。初等教育段包括 4 年蒙养院、5 年初等小学、4 年高等小学，共 13 年；中等教育阶段仅设中学堂一级，5 年；高等教育阶段分为高等学堂 3 年，分科大学堂 3～4 年，通儒院 5 年，共 11～12 年。这个学制的指导思想是“中学为体，西学为用”，它保持封建社会“忠君、尊孔”的传统，还设置实业学堂，学习西方的技术，以期改变中国的落后面貌。

癸卯学制一直沿用到清政府灭亡。1912 年，孙中山领导建立了中华民国。时任教育总长的蔡元培主持对旧教育制度的改革，1912 年颁布了《学校系统令》，称为“壬子学制”。随后又陆续颁布了各种学校规程，对新学制进行补充。1913 年，这些学校规程形成了一个较为完整的系统，称为“壬子癸丑学制”。壬子癸丑学制废除了“忠君、尊孔”的封建教育宗旨，取消了读经、讲经的内容，设置自然科学和实用技术的课程，反映了资产阶级的民主主义思想。壬子癸丑学制是我国“第一个具有资本主义性质的学制”②。至此，我国的现代教育制度正式确立。

四、近代教育

以机器大工业生产为主体的工业社会以及独立自由平等的商品经济，对近代教育提出了新的要求，也促进了近代教育的形成和发展。

1. 学校体系形成，制度化教育出现

学校体系是学校教育系统各个层次之间的关系和相互作用的形式。学校体系是 18 世

① 王炳照，郭齐家，刘德华，等. 简明中国教育史. 北京：北京师范大学出版社，2007：305.
② 同①351.

纪晚期工业革命的产物。工业革命使劳动者教育得到了极大的发展，劳动者教育成为近代教育的重要组成部分。劳动者教育的出现，使教育不再是私人、家庭和教会、行会的事情，而被纳入国家系统，国家开始面向劳动者普及小学教育，这不仅极大地推动了学校的发展，而且也意味着学校体系的正式形成。第一次工业革命对劳动者提出了初等文化程度的要求，给劳动人民子女提供了接受初等教育的机会。第二次工业革命要求教育延长到初等教育以后，这推动了中等教育的发展，改变了中等教育只属于下延型系统的状况，使上伸型系统中的初等教育与中等教育衔接起来，而且使中等教育由高等教育的预备学校转变为一个相对独立的系统。初等教育与中等教育相衔接的同时，又向下延伸与学前教育衔接起来。于是，学前教育、初等教育、中等教育和高等教育形成了一个有层级关系的系统。

制度化教育是近代教育的典型表征。学校之间形成了明确的衔接关系，构成了一个层级系统，而且学校有统一的制度规范，进行统一化管理。与古代教育相比，近代教育的对象范围和学校规模不断扩大，学校类型更加多样，体系更加完备，教育内容更加丰富，科学技术的比重日益加大，教学方法也摈弃了“呆读死记”，注重培养学生的智力和能力。教学组织形式由班级授课制的集体教学代替了古代的个别教学，师生之间也由不平等的依附关系逐渐走向了平等。

2. 劳动人民获得了受教育权利，教育的阶级性变得隐蔽

与古代社会把劳动人民子女排斥在学校之外不同，近代资本主义社会为劳动人民子女打开了学校大门，这是历史的巨大进步。尽管劳动人民子女就读的公立学校的教育质量比较差，但毕竟为劳动人民子女接受教育提供了机会，同时也承认了劳动人民的受教育权利。资产阶级为劳动人民开办学校，既是为了满足大工业生产的要求，也是为了维护资产阶级的利益。随着无产阶级斗争的深入，无产阶级还自己开办了为劳动人民利益服务的学校。

虽然资本主义社会为劳动人民子女打开了学校大门，但是，无产阶级子女和资产阶级子女获得的教育是不同的，它表现为教育的双轨制：一轨是为资产阶级子女设置的学校，条件优良，收费昂贵，主要学习人文社会科学，目的是把他们培养成为工商业和国家机关的管理者；另一轨是为劳动人民子女设置的，起点是公立初等教育，终点是职业技术学校、职业学院，目的是把劳动人民子女培养成为有一定知识和技术的劳动者。虽然劳动人民获得了受教育权，但所受的教育是不同的，这掩盖了实质的教育不平等。虽然法律规定每个人都有平等的教育权利，但接受优良的教育需要高额的学费，劳动人民因交不起昂贵的学费，只能接受免费的公立教育。双轨制掩盖了教育的等级性，实际上依然体现着教育的不平等，只不过以学费（金钱）的标准代替了身份的标准而已。

3. 教育与生产劳动相结合，培养劳动者成为学校教育的主要任务

工业革命客观上要求劳动者必须掌握一定的科学技术，人们只有懂得生产的流程与操作，才能从事生产。它不仅要求劳动者进入学校，接受学校教育，而且要求教育的内容紧

密结合生产实际，学习与大机器生产密切相关的文化知识和科学技术。

古代学校与近代学校在教育内容和职能上的差别就在于古代学校教育的主体是统治阶级的政治教育，其政治职能突出，学校教育培养的是政治人才；伴随着工业革命发展起来的近代学校教育，其主体是劳动者教育，其生产职能比较突出，培养的是大工业需要的生产劳动技术人才。但是，还应该看到，资本主义初期，双轨制的学校系统中，为资产阶级子女设置的一轨，其教育内容主要还是政治、经济、管理等人文社会知识，与生产劳动存在着一定的分离。随着工业革命的发展和教育民主化的深入，双轨制不断改进，在义务教育阶段建立起单一的学校系统，向着单轨制和分支制发展。

4. 教育进入国家的视野，公益性增强

19 世纪以前，西方的学校教育主要由教会和行会主持，国家不重视教育。19 世纪以后，大工业革命使生产劳动中的技术含量不断提高，它要求每一个劳动者只有具备一定的科学技术，才能够适应工业生产的要求。于是，政府认识到了教育的重要性，学校开始由教会、行会主持转变为国家控制，形成了公共教育系统。19 世纪末，公立学校系统已经在资本主义国家占据了主导地位。公共教育系统的建立，意味着国家使教育面向每一个社会成员，发挥了教育的公益性。

近代学校教育的公益性突出表现在义务教育的普及。义务教育是国家通过一定的法律规定每个人必须接受的一定程度的教育。义务教育面向每一个人，具有公益性和普惠性。义务教育的产生是出于传教的需要，但义务教育的真正普及，则源于工业革命的需要。工业革命开始后，“工业上的进步和教育的普及开始发生极为密切的直接关系”①。18、19 世纪，发达资本主义国家相继实施了义务教育。义务教育使教育对象由少数人转向全体，使受教育从特权变为义务，使教育从家庭和教会的事情转变为国家的公共事业，教育真正成为社会公益事业。

第四节 制度化教育的改革与当代教育的发展

一、制度化教育的改革

近代以来，学校教育不断系统化、制度化，最终“建立了一种具有普遍使命的、结构坚固而权力集中的学校体系”②，即制度化教育。制度化教育具有正规化、封闭化和划一

---

① 联合国教科文组织国际教育发展委员会. 学会生存：教育世界的今天和明天. 北京：教育科学出版社，1996：32.

② 同①199.

性的特征①。它把教育等同于学校教育，把非学校教育排除在教育之外，学校教育成为一个孤立的封闭系统。学校系统内部按照既定的标准和规范进行科学管理，保持学校教育的统一性和有序性。

制度化的学校教育是一个由低到高的层级宝塔系统，从幼儿教育、初等教育、中等教育到高等教育，教育层次之间的递升通过筛选来进行，因此，制度化教育是一种筛选系统。筛选秉持的是一种“杰出人才论”的观念，制度化教育是一种不断挑选杰出人才的精英教育系统。它不断地通过竞争性考试和筛选，把一些求学者“赶出”学校，使他们远离教育，他们想受教育但却得不到教育。在这个意义上，制度化教育是不民主的教育，它无法面向每一个教育需求者。虽然有幸取得继续受教育资格的人，凭借其成绩问心无愧，但他们受教育是以其他人无法受教育为代价的，这种教育体系难以适应大众需要教育的时代。

“教育，如果像过去一样，局限于按照某些预定的组织规划、需要和见解去训练未来社会的领袖，或想一劳永逸地培养一定规格的青年，这是不可能的了。教育已不再是某些杰出人才的特权或某一特定年龄的规定性活动：教育正在日益向着包括整个社会和个人终身的方向发展。”②

这预示了当代教育的发展方向：终身教育和学习化社会。虽然如伊利奇等人提出取消学校教育体系的主张，但审慎的态度是以终身教育和学习化社会为指导思想，改进封闭的学校教育体系，使之朝着开放的方向发展。

概括起来，当今制度化教育的改革主要体现在四个方面。

1. 学制结构从双轨制向分支制和单轨制发展

双轨制是一种隐蔽的等级学制，它出现在工业革命初期，既照应了工业革命对劳动人民子女学习的需要，又保持了统治阶级的特权和利益。但随着教育民主化的深入，无产阶级不断地争取受教育的权利，更随着工业革命的发展，从第一次工业革命到第二次工业革命、第三次工业革命，对劳动者素质和普及教育程度的要求越来越高，原本两轨的学校教育开始并轨，形成了一个统一的、单一的学校系统。一般来说，学校教育普及到什么程度，这一轨就并到什么程度，如英国在《1944 年教育法》公布后，在公立学校系统内建立了单一的学校教育制度；德国在第一次世界大战后也在小学设立了统一学校，称基础学校；法国在 1947 年郎之万-华伦教育改革计划实施后，提出建立单一的前后连贯的学校制度，统一招收适龄儿童。20 世纪后期，英、德、法等国又采用综合中学的形式把初中的两轨并在了一起。80 年代初，英国综合中学的学生数已经超过了学生总数的 90%。由于小学和初中的并轨，原先的双轨制就形成了分支制，即先是单轨，接受一定阶段的普及教

① 冯建军. 当代教育原理. 南京：南京师范大学出版社，2009：164.

② 联合国教科文组织国际教育发展委员会. 学会生存：教育世界的今天和明天. 北京：教育科学出版社，1996：200.

育或义务教育后，根据情况适当选择分轨。分支制既体现了教育的民主平等，也照顾了不同学生的发展需要，是一种比较合理的学制结构类型。

2. 学校教育系统日益开放

制度化的学校教育以学龄儿童为对象，以从小学到大学的正规学校为唯一的教育系统。现代教育正逐渐地突破学校教育系统，在时间上和空间上扩展到整个人生的各个阶段、各个方面，把教育的起点从学龄阶段提前到学前阶段，把教育的终点从职前延长到职后，把教育的空间从学校扩大到生活的各个方面，扩大到社会的每一个机构。

制度化教育系统是一个单独的、垂直的、分层的封闭系统。这一系统只能保持少数精英的教育，而且局限于人生某一阶段，不适合大众的、终身的教育。当代教育需要的不是一个封闭的系统，“相反，所有的集体、协会、工联、地方团体和中间组织都必须共同承担教育责任”①。“从这个意义讲来，未来的教育必须成为一个协调的整体，在这个整体内，社会的一切部门都从结构上统一起来。这种教育将是普遍的和继续的。”②

3. 非制度化的、非正规的教育得到发展

现代社会，一方面学校教育日益开放，另一方面各种非学校教育机构越来越承担教育的责任，成为学校之外教育的一支“生力军”。“从现在起，所有这些途径，不论是正规的还是非正规的，不论是制度化的还是非制度化的，原则上，我们认为它们是同样有效的”③。

非制度化、非正规教育的发展，打破了制度化、正规教育对教育系统的垄断，成为正规教育系统的重要补充，而且非正规教育可以随时随地满足人们的需要，加之新的科技革命，尤其是网络的运用，为人们在学校之外学习提供了便利，学校教育与非学校教育之间的界限将变得模糊。“一些专门人员以外的人们从事教育活动是可能的了；垂直的区划正在消失；学校的领域和所谓平行学校的分界关系，国家与私人事业之间，官方的或正式订有契约的教学专业人员和那些临时担任教学任务的人员之间的区别等也都已经不再有任何意义了。”④ 因此，可以相信，未来正规学校教育的地位将逐步下降，非正规、非正式教育的地位将逐步上升。

4. 学制系统内各级各类教育发生变化

在科技革命和终身教育思想的冲击下，当代学校教育系统内部发生着变化。表现在：(1) 重视学前教育，将学前教育纳入学校教育系统，发达国家普及一年的学前教育。(2) 义务教育的范围逐渐扩展，年限不断延长。大多数国家把小学和初中列为义务教育，发达国家开始向学前延伸一年，同时向初中后的教育延伸，有的已经普及高中和职业教

---

① 联合国教科文组织国际教育发展委员会. 学会生存：教育世界的今天和明天. 北京：教育科学出版社，1996：202.

② 同①203.

③ 同①228.

④ 同①.

育。（3）中等教育阶段，职业教育和普通教育相互渗透、相互结合，综合中学得到较快发展，成为中学的主导类型。（4）在完成单一的义务教育后，分支型学制根据学生的能力和兴趣，引导他们合理分流。分流的阶段，各国不完全一致，大多数在高中。分流后学生可以选择接受普通教育或职业教育，并且可以选择不同类型的学校。（5）中学学校类型发展多样化。从办学主体看，有公立学校、私立学校以及介于公立和私立之间的转制学校，如美国的特许学校、契约学校，英国的“直接拨款学校”，加拿大的特许学校，俄罗斯的“非国立学校”等。还有一些针对某类教育对象的特色学校，如美国的磁石学校、蓝带学校、微型学校，英国的特色学校、灯塔学校等。（6）高等教育类型、层次多样化，并朝着大众化、普及化方向发展。（7）成人教育、继续教育受到重视，成为终身教育的重要组成部分。

二、当代教育的发展

当代教育正在超出制度化教育所规定的界限，逐渐在时间和空间上扩展到它的真正领域——整个人生的各个方面，不仅包括纵向的人生各个阶段，而且包括横向的各种受教育影响的方面。前者的着眼点是个人的终身教育，后者的着眼点是学习化社会。终身教育和学习化社会相互联系，互为因果。没有终身教育，就不可能出现学习化社会；没有学习化社会，终身教育也不可能形成。

1. 终身教育

在制度化教育看来，人的一生被分为几个不同的时期——接受教育的儿童和青年时期、职业工作的成年期和退休的老年期。学习活动在儿童和青年期进行，年轻人在学校里学习足够的知识，为之后的生活做好准备。制度化教育的理念适合于一个发展缓慢、知识有限的社会，但在一个飞速发展、知识爆炸的时代，这一理念“不再符合现代生活的实际情况，更不符合未来的要求。今天，谁都不能再希望在自己的青年时代就形成足够其一生享用的原始知识宝库，因为社会的迅速发展要求不断地更新知识；同时，青年的启蒙教育也有延长的趋势。此外，职业活动的时期缩短、带薪工时总数减少和退休后的寿命延长，均增加了从事其他活动的时间。……今后，整个一生都是学习时间，而每一类知识都能影响和丰富其他知识”。现代社会的变化，动摇了制度化教育的理念，“委员会决定把与生命有共同外延并已扩大到社会各个方面的这种连续性教育称为‘终身教育’”①。因此，适应现代社会的变化，教育必须从制度化教育走向终身教育。“教育必须按照每一个人的需要和方便在他的一生中进行”②。

① 联合国教科文组织国际21世纪教育委员会. 教育：财富蕴藏其中. 北京：教育科学出版社，1996：89-90.

② 联合国教科文组织国际教育发展委员会. 学会生存：教育世界的今天和明天. 北京：教育科学出版社，1996：224.

终身教育是一种新的教育理念，它不等同于成人教育、继续教育，也不是学校教育加成人教育。终身教育的根基在于人的未完成性，所以，每个人必须不断地学习。终身教育在纵向上贯穿人的一生，开始于人的生命之初，终止于人的生命之末，包括一个人发展的各个阶段及各个方面的教育活动。在横向上，终身教育是指人们在一生各阶段所受不同类型教育的统一综合，包括教育体系的各个阶段和各种方式，既有学校教育，又有家庭教育、社会教育；既有正规教育，也有非正规教育、非正式教育。终身教育虽然不排斥学校教育的主导地位，但学校教育不是唯一的，它只是终身教育的一部分。与制度化教育的阶段性、精英性、封闭性不同，终身教育具有终身性、全民性、开放性、广泛性、灵活性等特点。

终身教育理论自创立以来，受到国际组织和各国的普遍重视。国际 21 世纪教育委员会认为，“终身教育是进入 21 世纪的关键所在”。许多国家也把终身教育作为本国教育改革的总目标和制定教育政策的指导思想，以终身教育的原则改组、设计自己的国民教育体系，建立终身教育体系，如日本于 1990 年颁布并实施《终身学习振兴整备法》；美国于 1976 年制定并颁布了《终身学习法》；法国国民议会于 1971 年制定并通过了《终身职业教育法》；韩国于 20 世纪 80 年代初把终身教育写进了宪法，并开始实施终身教育政策；我国政府在《国家中长期教育改革和发展规划纲要（2010—2020 年）》中提出，到 2020 年要构建完备的终身教育体系，基本形成学习型社会，促进全体人民学有所教、学有所成、学有所用。

2. 学习化社会

终身教育理论主张，人的一生都处在不断学习之中。无论是在学校，还是走出学校，都是如此。那么，整个社会将成为学习化社会，社会的各个机构、各个场所、各个方面都发挥着教育的作用。所以，建立终身教育体系，必然走向学习化社会。终身教育是学习化社会的基石，学习化社会是终身教育的载体。

所谓学习化社会，就是充满学习的气氛，通过某种机制保证每个社会成员终身不断地学习的社会。学习化社会，“只能把它理解为一个教育与社会、政治与经济组织（包括家庭单位与公民生活）密切交织的过程。这就是说，每一个公民享有在任何情况下都可以自由取得学习、训练和培养自己的权利。因此，从他自己的教育而言，它基本上处于一个完全不同的地位。教育不再是一种义务，而是一种责任”①。

今天倡导学习化社会并非否定学校的作用，更非废除学校，走向伊利奇所说的“非学校化社会”。联合国教科文组织对学习化社会的认识是，扩大教育范围，使之不局限于学校之内，而是从学校走向整个社会。“社会不能通过一个单独的机构对它的所有一切组织部分（无论在什么领域内）发挥其广泛而有效的作用，不管这个机构多么广大。如果我们

---

① 联合国教科文组织国际教育发展委员会. 学会生存：教育世界的今天和明天. 北京：教育科学出版社，1996：203.

承认，教育现在是，而且将来也越来越是每一个人的需要，那么我们不仅必须发展、丰富、增加中小学和大学，而且还必须超越学校教育的范围，把教育的功能扩充到整个社会的各个方面。学校有它本身的作用，而且将有进一步的发展。但是我们越来越不能说，社会的教育功能乃是学校的特权，所有的部门——政府机关 、工业交通、运输——都必须参与教育工作。"[①] 社会的各个部门都要承担教育责任，履行教育职能。

在学习化社会中，学习的场所包括家庭、学校、单位、社区，学习的内容包括社会的、文化的、专业的、生活的、闲暇的各个方面，学习的形式包括正规的、非正规的、非正式的一切形式。在这里，教育与社会、与生活融为一体，社会以及社会中的各个组织和机构，在行使自己专业职能的同时，也要担负起教育的职能。

本章小结

关于教育是如何起源的，至今仍存在着争论，主要的观点有生物起源论、心理起源论和劳动起源论。马克思主义批判生物起源论和心理起源论，认为教育是人类特有的现象，动物界不存在教育。原始教育与生活浑然一体，教育在生活中进行，也只能是简单的生产劳动和社会习俗的教育。模仿是原始教育的主要方式。

学校的产生开辟了人类教育的新阶段，使教育与生活分离，形成了独立形态。学校产生于奴隶社会初期，是奴隶社会生产力、政治和文化发展综合作用的结果。已有考古发现，最早的学校出现在两河流域的巴比伦，有的在王宫附近，有的在神庙附近，还有的靠近书吏的居住地。我国也是世界上最早产生学校的国家之一，在夏朝就出现了学校的萌芽。学校的出现，使古代教育分为两大阵营：学校教育和学校外的生产生活教育。古代的学校教育是统治阶级和贵族阶层的特权，劳动人民子女被排斥在学校之外，学校教育具有鲜明的阶级性。学校教育的目的主要是培养统治阶级需要的政治、管理人才，教育内容以政治、管理、宗教等为核心，少有生产劳动的内容，教育与生产劳动相脱离。

古代有学校，但学校相互之间缺少联系，缺少分工合作。近代教育对象的扩大、规模的扩展，使学校逐渐形成了严密的系统。学校系统的发展有两条线路：自上而下的"下延型系统"和自下而上的"上伸型系统"，这两个不同的学校系统促使了西欧发达国家最早的双轨学制的形成。在后来的发展过程中，又出现了单轨制和分支制。现代学校教育制度于 19 世纪末 20 世纪初在西方得以确立，它使分离的学校教育转变为制度化教育，近代的学校教育是一种制度化教育。

制度化教育是一个以培养杰出人才为指导思想、以筛选为功能的宝塔形体系，从低到

---

① 联合国教科文组织国际教育发展委员会. 学会生存：教育世界的今天和明天. 北京：教育科学出版社，1996：201.

高不断地执行筛选的功能，使一部分人渐渐远离学校，教育始终是面向少数精英的。这样的教育难以适应当代社会的发展变化。当今时代，不仅大众需要教育，而且由于社会发展迅速、知识陈旧化速度加快，学校教育也已经难以满足一个人工作的需要，因此，20 世纪 60 年代以来出现了终身教育和学习化社会的趋势。进入 21 世纪，终身教育与学习化社会已经从思潮转化为世界各国的教育改革实践。

思考题

1. 试绘制从教育起源到终身教育产生的教育发展路线图，说明每个阶段教育的标志性变化。

2. 描述学校产生、发展的过程及未来的走向。

3. 分析制度化教育在当代的困境以及当代教育发展的路向。

4. 比较古代教育、近代教育和当代教育的特点，从中寻找教育发展变化的规律。

拓展阅读

1. 瞿葆奎. 教育学文集·教育与教育学. 北京：人民教育出版社，1993.

2. 张斌贤. 外国教育史. 北京：教育科学出版社，2008.

3. 俞启定，施克灿. 中国教育制度通史：第 1 卷. 济南：山东教育出版社，2000.

4. 联合国教科文组织国际教育发展委员会. 学会生存：教育世界的今天和明天. 北京：教育科学出版社，1996.

5. 朗格朗. 终身教育引论. 北京：中国对外翻译出版公司，1985.

第四章

教育目的

学习目标

● 正确表述教育目的的内涵，分析教育目的的结构。

● 理解教育目的的几种价值取向及其对制定教育目的的影响。

● 准确表述我国新时期的教育目的及基本精神，并能据此对我国学校教育实际中存在的问题进行分析。

问题与思考

● 教育目的的制定主体是否只有国家或政府？

● 人们所宣称的教育目的与他们实际所秉持的教育目的是否总是一致？

● 教育目的中“全面发展”是不是要求样样都行、平均发展？“全面发展”与“个性化发展”是否矛盾？

● 我国在实现“全面发展”的教育目的中遇到哪些困难？从“全面发展”的要求分析“应试教育”的问题。

目的性、意识性是人类实践活动的根本特征之一。教育是人类社会一种重要的社会实践活动，人类实践活动的意识性、目的性决定了教育活动的目的性。任何国家和社会的教育活动，都是依据确定的教育目的进行的。

第一节　教育目的的内涵、结构与功能

一、教育目的的内涵

所谓教育目的，是指人们对教育所要造就的社会个体的质量规格的预想或要求，它以观念或思想的形式存在并发挥作用。教育目的体现了社会对人的发展的基本要求和人自身发展的需要，它标示着教育活动的方向和目标，是教育活动的出发点。

从内涵上看，教育目的有广义和狭义之分。广义的教育目的，是指存在于人的思想意识中的对受教育者的期望和要求。这种教育目的可以存在于与教育有关的任何人的头脑中，包括教师、学生、家长、教育行政管理人员和有关社会人士，它与教育活动的关系更密切，因此对教育活动的影响也更直接、更具体。狭义的教育目的，是指由国家提出的各级各类学校必须遵循的总体要求，以及在课程与教学方面对所培养的人的特殊要求。它由政府提出，反映社会发展的根本需求，对各级各类学校的教育工作具有重要的指导和规范作用。在教育工作中，通常所说的教育目的指狭义的教育目的。

教育目的与教育方针既有联系又有区别。教育方针是国家或政党根据政治、经济的条件，为实现一定时期的教育目的所规定的教育工作的总方向。它是教育政策的总概括，内容包括教育指导思想、培养人才的总体规划以及实现教育目的的基本途径和原则等。从教育目的与教育方针的联系看，它们在对教育的社会性质的规定性上具有内在的一致性，都含有“为谁（哪个阶级、哪个社会）培养人”的规定性，都是一定社会（国家或地区）各级各类教育在其方向和性质上不得违背的根本指导原则。从二者的区别来看，一方面，教育方针所含的内容比教育目的更广泛些。教育目的一般只包含“为谁培养人”“培养什么样的人”的问题，而教育方针除此之外，还含有“怎样培养人”的问题以及教育事业发展的基本原则。另一方面，教育目的在培养质量方面要求较为明确，而教育方针则在“办什么样的教育”“怎样办教育”方面显得更为突出。有学者还指出二者在约束力上的区别：“教育目的有时是由社会团体或个人提出的，对教育实践可以不具有约束力；教育方针则是政府或政党提出的，对教育实践具有强制性。”[①] 换言之，只有政府或政党才能有教育方针，而普通的个人或社会团体只能有教育目的。

二、教育目的的结构

教育目的内部还有更为具体的层次和内容，是一个相对完整的目标体系结构。

---

① 郑金洲. 教育通论. 上海：华东师范大学出版社，2000：185.

教育目的的结构可以分为四层：教育总目的、培养目标、课程目标、教学目标。教育总目的是国家或社会提出的总要求，是各级各类学校人才培养最根本的质量规格。在总目的的指导下，依据各级各类学校的层次、性质、人才培养的具体质量规格，形成的不同培养目标，如我国的小学、中学、中职、高职、大学等都有不同的培养目标，是教育总目的在不同层次、类别学校的反映。课程目标，即课程方案设置的各个教学科目，如语文、数学、英语、历史、地理、生物、化学、物理、音乐、体育、美术等课程所规定的教学应达到的要求或标准，这个层次的目标是各级各类学校培养目标的具体化，通过它的实现来完成培养目标。教学目标，是指教师在实施课程计划过程中，在完成某一阶段（如一节课、一个单元或一个学期）的教学工作时所期望达到的要求或结果，这个层次的目标是课程目标在教学过程中的具体体现，实现教学目标是实现课程目标的保障。

教育目的的内容结构是指教育目的的组成部分及其相互关系。教育目的一般由两部分组成：一是对教育要培养出的人的身心素质做出规定，即指明受教育者在知识、智力、品德、审美、体质等方面的发展，以期受教育者形成某种个性结构；二是对教育要培养出的人的社会价值做出规定，即指明这种人符合什么社会的需要或为什么阶级的利益服务。其中关于身心素质的规定是教育目的结构的核心部分。例如，1995 年起实施的《中华人民共和国教育法》规定了“培养德、智、体、美等方面全面发展的社会主义事业的建设者和接班人”的教育目的，其中“德、智、体、美等方面全面发展”指的是受教育者所要形成的身心素质，而“社会主义事业的建设者和接班人”指的是受教育者所要承担和发挥的社会职能。

三、教育目的的功能

教育目的的功能是指教育目的对实际教育活动发挥的作用。教育目的是教育活动的出发点和归宿，它具有如下功能：

1. 定向功能

定向即规定方向。任何社会的教育活动，都需要教育目的来规定其发展的方向，以便从根本上确保教育的社会性质和人才培养的社会倾向性，不管这种目的本身的科学性、合理性如何。教育目的及其内部具体的层次结构，不仅包括对整体教育活动的指向性和结果要求，而且包括对具体教育活动的规定性。换言之，人们在教育活动中的任何教育行为，包括制定教育制度、确定教育内容、选择教育方法和手段等，都必须按照教育目的去进行，如果教育工作偏离了教育目的，那么就达不到应有的教育效果。

2. 调控功能

实际的教育活动，可能受多种因素的影响或干扰而出现偏离，此时，教育目的就要发挥其调节、控制的功能，以使教育走上正轨。就调控的对象而言，教育目的的调控功能主要体现在两方面：一是调控教育工作者的教育观念和行为，二是调控受教育者的观念和行为。教育工作者和受教育者根据既定的教育目的，进一步明确自己的使命与职责，不断纠正或改造那些不符合教育目的的观念和行为。

3. 激励功能

教育目的是对受教育者未来发展结果的一种设想，具有理想性的特点，这就决定了它具有激励教育行为的作用。它不仅激励教育者通过一定的方式，把教育目的和培养目标转化为学生的学习目的，也激励受教育者自觉地、积极地参与教育活动。在教育活动中，只有当受教育者意识到教育目的对自身未来成长的要求或意义时，才能把它作为努力方向，不断地按照教育目的的要求发展和提高自己。

4. 评价功能

教育目的既为教育活动指明了价值方向，又为检查和评价教育活动的质量、效果提供了衡量尺度和根本标准。在现实社会中，人们由于经济、社会地位的差异，或者受多种价值观、意识形态的影响，教育目的经常发生价值偏离，原有的被正式确立的教育目的在现实利益的冲击下逐渐被别的教育目的取代，此时就需要发挥教育目的的评价功能，以纠正教育目的的偏离，防止教育目的发生根本变异。教育目的还体现在学校教育的各个评价体系之中，它们详细规定了教育应达到的效果或目标，而要确保这些教育目的的实现，就要注意依据教育目的不断分析、评价教育过程的发展状况和结果，适时做出判断。无论是过程评价，还是结果评价，都必须以教育目的为根本依据。

第二节　教育目的的不同价值取向

价值取向是一定的利益主体在实践活动中根据自身的利益和需要进行价值选择时所表现出来的倾向性。或者说，它是指同时存在若干种可供选择的方案或意向时，一定的利益主体从其个人特定的背景和立场出发，对某一方案或意向的倾向性。不同的人会站在各自不同的利益和需要的立场上来选择和确立教育目的。

由于教育需要和教育利益的差异，中外历史上曾出现过多种旨趣相异的教育目的价值取向，主要有以下几种类型：

一、个人本位论

个人本位论的教育目的观主张教育目的应当由人的本性、本能的需要来决定，教育的根本目的就是使人的本性、本能得到自然的发展。它反对不顾儿童特点而强迫儿童接受违背其天性的教育，把促进人的个性发展和完善作为教育的最终目的。个人本位的价值取向主要反映在自然主义和人本主义的教育思想中，主要代表人物是法国的卢梭、瑞士的裴斯泰洛齐、德国的福禄贝尔和第斯多惠等。

卢梭是18世纪法国启蒙思想家，他力倡人性，呼吁关注和尊重人。在对教育目的的认识上，他把个人与社会对立起来，以培养“自然人”作为教育目的。他认为，不能同时把人培养成“人”与“公民”，并对此做了区分：“自然人完全是为他自己而生活的；他是（整）数的单位，是绝对的统一体，只同他自己和他的同胞才有关系。公民只不过是一个分数的单位，是依赖于分母的，它的价值在于他同总体，即同社会的关系。”① 他激进地认为，“出自造物主之手的东西，都是好的，而一到了人的手里，就全变坏了”②。他据此提出，在人的心灵中根本没有什么生来就有的邪恶。因此，教育的目的就是要顺从儿童的自然本性，使人的天赋才能得到和谐发展。在他看来，尊重自然的教育必然是自由的教育，自然的教育必然保护儿童善良的天性，使人的身心得到自由的发展。

卢梭的自然主义教育目的观对后世的影响是巨大的，裴斯泰洛齐、福禄贝尔、第斯多惠等人都深受卢梭思想的影响。裴斯泰洛齐站在自然主义教育观的立场上，认为教育应适应人的自然本性，发展人的一切天赋和力量，使每个人的各种内在力量和能力得到最大限度的发展。他说：“为人在世，可贵者在于发展，在于发展每个人天赋的内在力量，使其经过锻炼，使人能尽其才，能在社会上达到他应有的地位。这就是教育的最终目的。”③ 福禄贝尔认为，在每个儿童的身上潜伏着“自动”的本能，教育的目的就在于为儿童这种“自动”的本能提供流露的、自由的、自动的和自觉的条件。他提出，教育是一种内在本性向外展开的活动。它必须顺应儿童本性，适应儿童的性格、能力和生活的情景，保护和引导儿童柔弱的力量。在他看来，除了自然赋予人的那些本能外，教育是不可能再有什么新东西的。所以，教育只能以个人的天赋力量和能力为目的，以游戏、作业等方法促进儿童自由发展。第斯多惠认为，教育的任务在于发展人的自动性，使每个人都能成为自己生活的主人和指导者。教育的任务不是使人去适应现存的状况，而是激起人们去改革现存的状况。

综上所述，个人本位论的教育目的观的基本特点是：

（1）教育目的是根据个人的发展需要而不是社会的需要制定的。教育的真谛在于使人的本性得到完善和发展。

（2）个人价值高于社会价值。作为个人主义者，持个人本位论教育目的论者普遍重视个人的价值地位，认为个人价值高于社会价值，评价教育的价值也应当以其对个人的发展所起的作用来衡量。他们认为，社会价值只有在有助于个人发展时才有价值，否则，单纯

---

① 卢梭．爱弥儿：上卷．北京：商务印书馆，1978：9.

② 同①5.

③ 张焕庭．西方资产阶级教育论著选．北京：人民教育出版社，1979：173.

地关注社会价值的实现就会压抑和排斥个人价值。

（3）人生来就有健全的自然本性。个人本位论的教育目的观以尊重人的自然本性为主要旨趣，认为教育目的不能指向个人之外的某个因素，而要关注人的自然本性的发展。在这个过程中，要努力地使它不受后天因素的干扰和影响。

个人本位论的教育目的观具有强烈的人道主义色彩和人本主义精神，突出了个人的独立性与能动性，倡导个性解放、尊重人的价值、给人以发展的自由等，这对于正确地认识教育在培养人这一方面的功能是有积极意义的。然而，个人本位的教育目的观将个人价值与社会价值截然对立，忽视人的发展的社会制约性，很可能使人的个性自由发展成为空中楼阁。个人本位的教育目的观的最大缺陷或许也在于此。

二、社会本位论

社会本位论的教育目的观主张，教育目的是由社会的需要所决定的，培养社会所需要的人就是教育要追求的根本目的，教育应该按照社会对个人的要求来设计。这种观点认为，个人的发展依赖于社会，受社会制约。人是社会的产物，真正的个人是不存在的，教育的目的就是要使受教育者成为社会需要的人，为此，要通过教育使受教育者掌握社会规范和已有的人类文化遗产。除此之外，教育不再有别的目的。这一观点的鼎盛时期主要是在 19 世纪到 20 世纪初期，代表人物主要有德国的纳托尔普、凯兴斯泰纳，法国的孔德、涂尔干等。

凯兴斯泰纳对培养个人主义，使学生发展缺乏社会性的教育进行了批判。他主张："我以为国家公立学校的目的——也就是一切教育的目的——是教育有用的国家公民。"① 他认为，个人是绝对属于国家的，每一个人都要作为国家的公民而存在，无论其政治信念、宗教信仰和道德观念如何。"国家的教育制度只有一个目标，就是造就公民"。② 纳托尔普、孔德和涂尔干等持与凯兴斯泰纳一样或相近的观点，也强调社会本位论。纳托尔普就坚定地认为："在教育目的的决定方面，个人不具任何价值，个人不过是教育的原料，个人不可能成为教育的目的。""教育的目的只是社会化，因为社会化而使一个民族的整个生活道德化。"③ 涂尔干则指出："教育对社会而言只是一种工具，只是社会为了在儿童内心形成自身存在所必需的基本条件而准备的工具。""教育在于使年青一代系统地社会化"。他认为，在我们每个人身上，都存在双重人格，一种是个体我，另一种是社会我。"在我们每个人身上塑造社会我，这就是教育的目的"④。他认为，追求个体的和谐发展在一定

---

① 瞿葆奎．教育学文集·教育目的．北京：人民教育出版社，1989：462.
② 同①462.
③ 吴俊升．教育哲学大纲．北京：商务印书馆，1943：149.
④ 张人杰．国外教育社会学基本文选（修订版）．上海：华东师范大学出版社，2009：8.

程度上是令人向往的，但却是无法实现的，因为它与人的一生必须献身于某一项特定而有限的任务的行动准则相矛盾。

社会本位论的教育目的观是一种“外铄”观，主张人的价值通过后天的社会和教育获得，而且是在社会中展现的。它的基本特点是：

（1）重视教育的社会价值。站在社会的立场，社会本位论强调社会价值与利益的至高无上，重视每个人所承担的社会角色和义务，并以此来规定教育的目的和教育的功能，因此，在它的视野中，教育承担着重大社会职责，适应现实社会的需要是教育得以存在的重要前提。

（2）重视培养公民及其所承担的社会责任。持社会本位论的教育目的观者多是国家主义者，重视公民教育，他们一般都认为，作为国家公民，个体必须承担社会责任，扮演不同的社会角色，服务于国家利益。

社会本位的教育目的论重视教育的社会价值，强调教育目的要指向国家利益和公民培养，并据此来满足社会需要，无疑有一定的历史合理性。但是，它的不足也是明显的，主要在于它过分夸大了社会的地位和作用，并把教育的社会目的、社会功能绝对化，完全割裂了人与社会的关系，使人工具化，这是不足取的。

三、文化本位论

文化本位论的教育目的观强调教育目的要围绕文化来展开，用“文化”来整合教育、社会和人三者之间的关系，最终目的在于唤醒人们的意识，使其能够自动、自觉地追求理想价值，创造新文化。

文化本位的教育目的观产生于20世纪20年代，是德国文化教育学（又称精神科学的教育学）的主张。它的代表人物有李特、斯普朗格等。文化教育学力图从文化和精神科学的角度探讨人和人的教育问题。在他们看来，只要是文化就必然有价值，而与价值相关联的事实，就是被称为“文化”的那种东西。文化是历史创造的各种遗产之总和，文化的价值实现于文化遗产之中。文化教育学中的“文化”概念统合了个人与社会、自我与历史、主观精神（人）与客观精神（世界）的多重关系。斯普朗格认为，个人是文化生命的关键，文化是通过个人的创造活动来发展的。教育也是一种文化活动，这种文化活动从社会中选择有价值的文化来供学生学习，指向不断发展着的主体的个性生命生成，把人的创造力量诱发、引导出来，将潜伏于人的生命感、价值感“唤醒”，使教育还原到它真正的本意上去。他们认为，教育绝非单纯的文化传递，教育之为教育，正在于它是一个人格心灵的“唤醒”，这是教育的核心所在。在这个意义上，教育是一种从客观文化价值向个人的主观精神生活转化的过程。这一过程中，个体接触、体验具有陶冶价值的文化，将其作为个体心灵转化的质料，进而产生参与文化创造的欲望，并由此达到陶冶人格的目的。

文化教育学试图从人文科学和文化哲学的高度，综合教育思想中的形式训练与实质陶冶、强制与自由、训练与放任、努力与兴趣、教师传授与儿童活动等因素，以文化去陶冶学生，从而培养完整的人。它的教育目的论的主要特点是：

（1）崇尚精神，关注生命价值。文化教育学派在讨论教育目的的过程中，对工业社会如何使人异化为没有精神和情感的“机器”的现象予以深刻的批判，主张文化教育是从危机中自我拯救的手段，通过精神的“唤醒”，使人成长为具有内在精神价值的、真正的人。

（2）强调文化，倡导人与精神文化的融合。文化教育学在论述教育目的时，希望通过文化陶冶和文化理解来达到人的和谐发展，即通过文化来说明人，通过人去界定文化。他们认为，只有通过文化的体验、理解、解释和人的自我陶冶、唤醒等文化教育活动，才能把人塑造为“文化的人”。文化教育学的这些观点凸显了文化在人成长过程中，特别是在人的精神培育方面的独特价值，强调了教育与文化的密切关系。

四、生活本位论

生活本位论把教育目的与受教育者的生活紧密联系在一起，他们或认为教育要为未来的生活做准备，或认为教育就是生活本身，注重的是使受教育者怎样生活。斯宾塞和杜威是持这种观点的代表学者。

斯宾塞是英国哲学家和教育思想家。他在西方教育史上第一次明确提出“教育生活准备说”，对教育培养个人和发展社会的作用提出了自己的见解。他指出，教育的目的是为“完满生活”做准备，是教会人们怎样生活。他说：“怎样生活？这是我们的最重要问题。怎样生活，非仅限于物质方面，而且有很广泛的意义。……这是我们需要学习的一件大事，亦就是教育所应教导的一件大事。为我们的完满生活做好准备，乃是教育所应完成的功能；一种教育课程是否合理的判断，就要看这种功能的完成程度如何为准。”①

杜威的教育目的观也可归为生活本位说，但是，他在价值取向、内容以及思考问题的方法方面与斯宾塞却大相径庭。杜威反对教育为未来生活做准备的观点。在他看来，如果教育是为未来的生活做准备，就势必将外在于儿童之物如成人的经验、责任、权利等强加给他们而置儿童的兴趣与爱好于不顾。杜威主张教育应“使个人特性与社会目的和价值协调起来”，把教育理解为生活。他说，“生活就是发展，而不断发展，不断生长，就是生活”，“没有教育即不能生活。所以我们可以说，教育即生活”②。在他看来，最好的教育就是“从生活中学习”，“从经验中学习”。

在以往对教育目的观的分析中，有论者根据杜威的“儿童中心论”思想将其教育目的观视为“个人本位论”，这是对杜威思想的误解。综观杜威对教育作用的分析，对教育与

① 张焕庭. 西方资产阶级教育论著选. 北京：人民教育出版社，1979：419.

② 杜威. 民主主义与教育. 北京：人民教育出版社，1990：58.

社会、教育与人的关系的全面分析，可以发现杜威其实是十分强调教育为民主社会培养人这一功能的，他也始终是在现代民主社会、民主生活的基础上谈教育。在谈及自己的芝加哥实验学校的经历时，他说："尽管没有成功，在意图上，实验学校是'社会中心'的。我们认为，心理发展的过程主要是一个社会的过程，一个参与的过程；传统的心理学受到批评，因为它把心理发展看作是个人和单纯事物的自然环境的接触中发生的。正如刚才指出的，目的在于培养个人和别人共同生活和合作共事的能力。"[①] 所以与其说杜威的教育目的观是"个人本位"的，倒不如说它是"社会本位"的。杜威站在经验主义的立场上，试图调和个人与社会之间的矛盾，而将教育指向生活，这显示出杜威分析、解决教育问题的一种独特的思维方式。"除非个人在和别人不断的、自由的经验交往中紧密地生活在一块，并在共同分享的过程中得到幸福和成长，否则个人和社会的一体化是不可能的。"[②]

第三节 我国的教育目的

一、我国教育目的的理论基础

教育目的是一种与社会理想相联系的教育理想，它自然受到社会理想的制约。一个国家在确定教育目的时，除了要考虑生产力和科技发展水平、现有政治经济的需要及年青一代的身心发展规律外，还必须以其政治观点、政治理想为指导。不同的主义有不同的教育目的。我国的教育目的是以马克思主义关于人的全面发展学说为理论基础的。

1. 马克思主义关于人的全面发展学说的思想渊源

在马克思主义关于人的全面发展学说提出以前，历史上就曾有一些思想家和教育家提出过关于人的全面发展的思想。可以说，人的全面、和谐发展是人类千百年来的理想和追求。

希腊哲学家亚里士多德早在两千多年前就提出了身体、德行、智慧和谐发展的思想。17世纪意大利人文主义教育家维多利诺主张通过智、德、体、美诸育的普遍实施使儿童的身心得到和谐的发展。法国启蒙思想家卢梭、狄德罗和爱尔维修都主张要注重儿童的智力和道德的发展，以期通过"健全的教育"，培养"健全的人格"。瑞士教育家裴斯泰洛齐，基于他适应自然的原则，主张教育的目的在于发展人的天性和形成完善的人，在于使人的天赋才能得到充分的、和谐的发展，使之成为有智慧、有德行、身体强健、能劳动的人。

在19世纪，空想社会主义者莫尔、康帕内拉、欧文、傅立叶等人也都提出了人的全面发展思想。莫尔在《乌托邦》里，设想在新乌托邦岛上实行公共教育制度，所有儿童入校接受智育、体育、道德教育和劳动教育，实行教育与生产劳动相结合，借以消灭体力、

① 赵祥麟，王承绪. 杜威教育论著选. 上海：华东师范大学出版社，1981：321-322.

② 同①320-321.

智力的差别。傅立叶把人的智力和体力的全面发展作为他理想社会中协作教育的主要目的。欧文在设想未来理想社会的儿童教育时，则明确要求培养他们的智、德、体、行方面的品质，把他们教育成全面发展的人。在欧文看来，未来社会的新人，从出生到成熟，都应生活在优良的美德环境之中，接受合理的教育，并一直参加劳动，成长为理性与道德力量充分发展的人。马克思主义批判地吸取了历史先哲们关于人的全面与和谐发展的思想，尤其是直接吸收了欧文关于教育与生产劳动相结合的思想精华，使人的全面发展由空想变成科学，从而创立了马克思主义关于人的全面发展的学说。

以往关于人的全面发展的学说，其“全面发展”基本上局限于人的精神生活或文化生活，而忽视人的物质生活，特别是在生产劳动领域中人的能力的全面发展；其“全面发展”实质上只涉及极少数人，特别是极少数“精神贵族”的自我发展问题，而没有像马克思主义那样涉及的是绝大多数人的全面发展问题。以往一切有关人的全面发展的学说，或者是在脑力劳动与体力劳动相对立的社会基础上解决人的发展问题，或者是把人看作抽象的脱离具体历史条件、脱离其所处经济地位的个体。马克思则从分析现实的人和现实的生产关系入手，指出人的全面发展的根本途径和社会条件，从而使人类千百年来的一个浪漫主义理想成为一个比较完整，也具现实意义的科学理论体系。因此，马克思主义关于人的全面发展学说是确定社会主义教育目的必须遵循的科学理论基础。

2. 马克思主义关于人的全面发展学说的科学含义

在《1844年经济学哲学手稿》中，马克思提出了异化劳动理论，其精神实质就是人的发展问题。他指出，资本主义私有制和分工使劳动成了异化劳动，造成了人的片面、畸形发展。只有克服异化，才能实现人的解放和发展。他认为，“共产主义是私有财产即人的自我异化的积极的扬弃”①，“也就是说，为了人并且通过人对人的本质和人的生命、对象性的人和人的产品的感性的占有，不应当仅仅被理解为直接的、片面的享受，不应当仅仅被理解为占有、拥有。人以一种全面的方式，也就是说，作为一个完整的人，占有自己的全面的本质”②。马克思这里所说的“完整的人”就是全面发展的人。在1846年的《德意志意识形态》中，马克思恩格斯对社会与个人的发展进行了考察，揭示了制约人的发展的客观历史规律，描绘了共产主义社会个人全面发展的前景，指出：“个人的全面发展……这也正是共产主义者所向往的。”③ 共产主义所建立的制度以个人自由而全面的发展为基本原则，“它排除一切不依赖于个人而存在的东西”④。为了达到这样一种境界，就要经历一个迄今尚未结束的漫长历史过程，只有在私有制、阶级和旧式分工被完全消灭的时候，

① 马克思，恩格斯．马克思恩格斯全集：第42卷．北京：人民出版社，1979：120.
② 同①123.
③ 马克思，恩格斯．马克思恩格斯全集：第3卷．北京：人民出版社，1965：330.
④ 同③79.

每个人的自由、全面发展的状况才会到来。这在恩格斯给意大利社会民主党人的回信中可以深切地感受到。恩格斯说：描述马克思主义的基本特征，“除了从《共产党宣言》（意大利刊物《社会评论》第35页）中摘出下列一段话外，我再也找不出合适的了：‘代替那存在着阶级和阶级对立的资产阶级旧社会的，将是这样一个联合体，在那里，每个人的自由发展是一切人的自由发展的条件。’”① 马克思对资本主义的深入分析以及对人类社会发展趋势的合乎逻辑的构想，尤其是对共产主义代替资本主义的必然性的预见和渴望，都是以实现人的全面发展为动力和最终价值目标的。

马克思认为，人的发展主要包括人的劳动能力的发展、人的社会关系的发展、人的自由个性的发展等。因为人的本质、力量表现于劳动之中，因此人的发展首先是人的劳动能力的发展。在谈到劳动过程时，马克思指出，人通过劳动改变身外的自然，“也就同时改变他自身的自然。他使自身的自然中沉睡着的潜力发挥出来，并且使这种力的活动受他自己控制”②。潜力的发展是人的能力发展的一个重要方面。其次是人的社会关系的发展。这主要是指社会关系的丰富性和自主性，也就是使人摆脱个体的、地域的和民族的狭隘性，开阔视野，更新观念，全面地塑造自己，发展丰富多彩的个性，充分显示自己的才智，服务于他人和社会。马克思认为，个人发展的程度与个人的现实素质相联系，同时又离不开社会的发展，这些社会关系实际上决定着一个人的发展程度。马克思根据社会关系的历史发展，把人的发展过程概括为三个基本历史阶段：自然经济条件下“人的依赖性阶段”，商品经济条件下“以物的依赖性为基础的人的独立性阶段”，共产主义社会的“人的全面而自由发展阶段”。人的能力的发展、社会关系的发展，都是与人的个性发展分不开的，在一定意义上甚至可以说能力和社会关系的发展都是为人的“自由个性”发展服务的。

从马克思对三种社会形态下人的历史发展的科学考察中不难看出，人的社会实践的历史，是在生产力发展的基础上不断走向解放的历史。只有到了第三阶段或者在第三种社会形态下，真正意义上的人的全面发展才能成为现实。马克思从构成劳动能力的角度来谈人的全面发展，也正是在这一点上，马克思恩格斯才认为，现代机器大工业的出现对人的全面发展提出了客观要求。然而，具有丰富社会关系的现实个人绝不仅仅是作为谋生的手段和工具而存在着的，而是在满足基本生存需要的基础上，不断向着满足自身发展需要和享受需要的目标前进。人不是抽象的纯生物的个体，而是处于一定社会关系中的人。人有多种需要，既有物质的，也有精神的。为了满足这些需要，人必须从事劳动和社会交往活动。在满足需要的活动中，人的各种能力得到发展。人的能力（包括体力、智力、知识、才能、兴趣等）由社会关系决定，“这些社会关系实际上决定着一个人能够发展到什么程度”③。

---

① 马克思，恩格斯．马克思恩格斯全集：第39卷．北京：人民出版社，1974：189．
② 马克思，恩格斯．马克思恩格斯全集：第23卷．北京：人民出版社，1972：202．
③ 马克思，恩格斯．马克思恩格斯全集：第3卷．北京：人民出版社，1957：295．

马克思恩格斯所讲的人的发展或人的能力发展，实际上是指在人的劳动能力全面发展的基础上包括人的社会关系、精神面貌、道德、意志、情感、个性及审美意识和能力的和谐统一发展。

专栏 4-1 “人的全面发展”的内涵

根据对马克思关于人的全面发展学说的理解，笔者认为，“全面发展”应包含四个层面的内涵，即完整发展、和谐发展、多方面发展和自由发展。

“人的全面发展”首先是指人的“完整发展”，即人的各种最基本的素质必须得到完整的发展，各个方面可以有发展程度上的差异，但缺一不可，否则就是片面发展。

“人的全面发展”同时也指人的“和谐发展”，即人的各种基本素质必须获得协调的发展，否则就是畸形发展。“和谐发展”强调的是人的各基本素质之间关系的适当和协调，是人的发展上所体现出的一种美。

“人的全面发展”还指人的“多方面发展”，即人的各种基本素质和具体能力在主客观条件允许的范围内应尽可能多方面地发展。“多方面发展”只是一个尽可能完善的追求，因为“多方面”是没有界限的，具有很大的个别差异性，与主客观条件直接相关。

“人的全面发展”还意味着人的“自由发展”，即人自主的、具有独特性和富有个性的发展。“自由发展”的本质就是“个性发展”，“个性发展”的核心就是人的素质构造的独特性。正因为如此，马克思才把“每个人的自由而全面的发展”作为未来社会的基本原则，特别强调“个人独创的和自由的发展”，极力提倡人的“自由个性”。

“人的全面发展”在不同的历史时期和不同的社会条件下有着不尽相同的内涵和层次，然而，无论对“全面发展”的理解和追求有多么不同，其实质却是相同的，即不断地追求自身的完善。所谓“全面”，只是相对的，不是绝对的，它主要是指人的发展的自主性、多方面性和“每一个有拉斐尔才能的人都应有不受阻碍地发展的可能性”。

资料来源：扈中平.“人的全面发展”内涵新析. 教育研究，2005（5）.

二、我国教育目的的历史回顾

教育目的不是固定不变的。在不同的社会形态中，教育目的是不同的。每个时期的教育目的都具有时代特征，反映着当时的社会经济政治面貌。新中国成立以来我国对教育目的主要有以下一些表述：

1949年12月，第一次全国教育工作会议的召开，确定了全国教育工作的总方针：“中华人民共和国的教育是新民主主义的教育，它的主要任务是提高人民文化水平，培养国家建设人才，肃清封建的、买办的、法西斯的思想，发展为人民服务的思想。这种新教育是民族的、科学的、大众的教育，其方法是理论与实际一致，其目的是为人民服务，首先为工农兵服务，为当前的革命斗争与建设服务。”这个方针后来被称为新民主主义文化教育方针。

1957 年，毛泽东同志在最高国务会议上提出：“我们的教育方针，应该使受教育者在德育、智育、体育几方面都得到发展，成为有社会主义觉悟的有文化的劳动者。”毛泽东同志提出的这个教育方针，反映了社会主义发展对人才的要求，对我国教育工作产生了重大影响，一直是我国教育发展的重要方针。1958 年，中共中央、国务院在《关于教育工作的指示》中正式确认了这一教育目的，并提出了“教育为无产阶级政治服务，教育与生产劳动相结合”的教育方针。据此，我国教育在 50—60 年代为社会主义建设培养了一大批人才，有力地促进了社会主义的发展。然而，在“文化大革命”时期，毛泽东同志提出的教育目的被“四人帮”篡改了，如他们提出所谓“宁要社会主义觉悟的劳动者，也不要有文化的资产阶级精神贵族”等，将掌握文化科学知识与培养劳动者极端对立起来，这种极左思维方式对我国教育产生了很大的伤害。

改革开放以后，我党根据不同阶段社会主义建设和发展的需要，对我国的教育目的的表述进行了一些调整，有代表性的表述如下：

1981 年，《中国共产党中央委员会关于建国以来党的若干历史问题的决议》提出：“加强和改善思想政治工作，用马克思主义世界观和共产主义道德教育人民和青年，坚持德智体全面发展、又红又专、知识分子与工人农民相结合、脑力劳动与体力劳动相结合的教育方针。”同年 11 月，第五届全国人大政府工作报告，把教育目的表述为“使受教育者在德育、智育、体育几方面都得到发展，成为有社会主义觉悟的、有文化的劳动者和又红又专的人才，坚持脑力劳动与体力劳动相结合”。

1982 年，《中华人民共和国宪法》规定我国现阶段的教育目的是：“国家培养青年、少年、儿童在品德、智力、体质等方面全面发展。”这是中国当代历史上第一个以法律形式出现的教育目的。

1983 年 9 月，邓小平为北京景山学校题词：“教育要面向现代化，面向世界，面向未来。”1985 年，《中共中央关于教育体制改革的决定》再次对教育方针进行了明确规定，指出：“教育体制改革的根本目的是提高民族素质，多出人才，出好人才。”“所有这些人才都应该有理想、有道德、有文化、有纪律，热爱社会主义祖国和社会主义事业，具有为国家富强和人民富裕而艰苦奋斗的献身精神，都应该不断追求新知，具有实事求是、独立思考、勇于创造的科学精神。”这个教育方针，既体现了德、智、体全面发展的一贯思想，又融入了时代发展对人才的新要求。

1986 年，第六次全国人民代表大会通过的《中华人民共和国义务教育法》提出：“义务教育必须贯彻国家的教育方针，努力提高教育质量，使儿童、少年在品德、智力、体质等方面全面发展，为提高民族的素质，培养有理想、有道德、有文化、有纪律的社会主义建设人才奠定基础。”

1990 年 12 月，党的十三届七中全会通过的《中共中央关于制定国民经济和社会发展十年规划和“八五”计划的建议》中提出，“继续贯彻教育必须为社会主义现代化服务，必须同生产劳动相结合，培养德、智、体全面发展的建设者和接班人的方针”。

1993 年 2 月，中共中央和国务院印发的《中国教育改革和发展纲要》指出：“教育改革和发展的根本目的是提高民族素质，多出人才，出好人才。各级各类学校要认真贯彻‘教育必须为社会主义现代化建设服务，必须与生产劳动相结合，培养德、智、体全面发展的建设者和接班人’的方针，努力使教育质量在九十年代上一个新台阶。”

1995 年颁布的《中华人民共和国教育法》规定：“教育必须为社会主义现代化建设服务，必须与生产劳动相结合，培养德、智、体等方面全面发展的社会主义事业的建设者和接班人。”在新提法中，对人才素质的培养规格仍然是德、智、体等方面全面发展；对人才培养的方向强调的是“社会主义事业的建设者和接班人”。这个教育目的已经成为全国必须遵行的法律要求。

1999 年 6 月，《中共中央国务院关于深化教育改革全面推进素质教育的决定》把教育目的表述为：“以提高国民素质为根本宗旨，以培养学生的创新精神和实践能力为重点，造就‘有理想、有道德、有文化、有纪律’的、德智体美等全面发展的社会主义事业建设者和接班人。”

2001 年，国务院颁布了《关于基础教育改革与发展的决定》，指出：“坚持教育必须为社会主义现代化建设服务，为人民服务，必须与生产劳动与社会实践相结合，培养德智体美等全面发展的社会主义事业的建设者和接班人”。第一次出现了教育“为人民服务”，教育“与社会实践相结合”的基础上。2002 年，党的十六大报告也采用了这一新的表述。

2006 年，新的《中华人民共和国义务教育法》颁布，其中第三条规定：“义务教育必须贯穿国家的教育方针，实施素质教育，提高教育质量，使适龄儿童、少年在品德、智力、体质等方面全面发展，为培养有理想、有道德、有文化、有纪律的社会主义建设者和接班人奠定基础”。

2007 年，党的十七大报告指出，全面贯彻党的教育方针，坚持育人为本、德育为先，实施素质教育，提高教育现代化水平，培养德智体美全面发展的社会主义建设者和接班人，办好人民满意的教育。十七大报告提出的“育人为本、德育为先”，作为教育发展的重要组成部分，体现了科学发展观和以人为本的核心思想。

2010 年，《国家中长期教育改革和发展规划纲要（2010—2020 年）》颁布，重申“坚持教育为社会主义现代化建设服务，为人民服务，与生产劳动和社会实践相结合，培养德智体美全面发展的社会主义事业的建设者和接班人”的教育方针，同时，结合现阶段社会发展的要求和教育中存在的问题，提出“要促进学生全面发展，着力提高学生服务国家服务人民的社会责任感、勇于探索的创新精神和善于解决问题的实践能力”，坚持“德育为先”“能力为重”“全面发展”。这一表述，不仅重申了我国新时期的教育方针和教育目的，而且提出了现阶段教育目的需要强调的“社会责任感”“创新精神”“实践能力”。

2012 年，党的十八大报告指出：全面贯彻党的教育方针，坚持教育为社会主义现代化建设服务、为人民服务，把立德树人作为教育的根本任务，培养德智体美全面发展的社会主义建设者和接班人。全面实施素质教育，深化教育领域综合改革，着力提高教育质量，培养学生社会责任感、创新精神、实践能力。十八大报告，把“立德树人”写入党的教育方针，培育和践行社会主义核心价值观，强调培养学生的社会责任感、创新精神、实践能力。

2017 年，党的十九大报告指出：要全面贯彻党的教育方针，落实立德树人根本任务，发展素质教育，推进教育公平，培养德智体美全面发展的社会主义建设者和接班人。

三、我国教育目的的基本精神

我国教育目的在基本内容表述上虽不尽相同，但基本精神是一致的，概括地说，包括这样几个基本点：

1. 培养劳动者是我国教育目的的总要求

教育目的的这一规定，明确了我国教育的社会主义方向，也指出了我国教育培养出来的人的社会地位和社会价值，他们是国家的主人，是社会主义的劳动者、建设者。社会主义社会只存在分工的不同，但人人都应该是劳动者，劳动是每一个有劳动能力的公民的光荣职责，把每个人都培养成为劳动者，是社会主义教育目的的根本标志和总要求。

社会主义教育要培养的劳动者，既包括体力劳动者，也包括脑力劳动者。在社会主义条件下，体力劳动者和脑力劳动者都是劳动者。但社会主义的劳动者应该是一种新型的劳动者，是脑力劳动与体力劳动相结合的劳动者，造就这种新型劳动者是社会主义教育的理想要求。我国现行的教育目的提出的是培养社会主义建设者和接班人，这是对劳动者的具体提法，它将劳动者的两种职能统一了起来。

专栏 4-2　　教育：培养“人”，还是培养“公民”？

关于当前我国的教育目的的定位主要有两种基本观点：一种主张定位于培养“人”，另一种主张定位于培养“公民”或“现代公民”。

培养人

将教育的目的定位于培养“人”，并不是在片面地宣扬教育目的的抽象性，更不是要鼓吹教育目的要超脱现实和远离实际，而是为了坚持教育固有的质的规定性和教育本质中的永恒性。

教育的对象是十分广泛的，尤其在现代社会，教育面向的几乎是所有的社会成员，因此，教育总目的应该具有最广泛的概括性和普适性。显然，“劳动者”、“人才”、“建设者和接班人”以及“公民”等都不具有这种概括性和普适性，这些都只是“人”当中的一种，而且主要是作为工具的人。

作为各级各类教育的总目的，所要培养的对象应该具有极大的丰富性，但无论是“劳动者”与“建设者和接班人”还是“人才”与“公民”，都不具有这样的丰富性。“人”不仅具有最广阔的外延，也具有最丰富的内涵。因此，把培养人作为教育的总目的，不仅能够面对所有的受教育者，也有助于最大限度地追求教育的全面性和丰富性。

资料来源：扈中平．教育的目的应定位于培养“人”．北京大学教育评论，2004（3）．

培养公民

从幼儿园到大学，教育界一直强调教育的目的就是教学生“做人”。简单地讲“做人”是不够的，关键是做什么样的人。在迈向民主化和法治化的今日中国，所谓“做人”，应该是做一个现代化国家的合格公民，教育的目的是培养学生成为一个合格的现代公民。

“做人”口号本身具有极大的模糊性和泛道德化倾向，而且往往和封建道德要求相联系，极易产生误导作用。

资料来源：许江桥．从“做人”到“做公民”：论教育的目的是培养现代公民．江苏大学学报（高教研究版），2004（3）．

2．德、智、体等方面全面发展是培养人才的素质要求

从1957年毛泽东提出的“应该使受教育者在德育、智育、体育几方面都得到发展”，到1982年《中华人民共和国宪法》规定的“国家培养青年、少年、儿童在品德、智力、体质等方面全面发展”，再到党的十九大提出的“培养德智体美全面发展的社会主义建设者和接班人”，虽说在用词上出现一些变化，但是教育目的的基本精神却是一致的，那就是对未来人才素质所做的规定或要求。

3．坚持社会主义方向是我国教育目的的根本性质

教育目的的方向性是教育性质的根本体现。新中国成立以来的教育一直坚持社会主义方向，它不同于以往历史上任何社会的教育目的，它是为巩固和发展社会主义服务的。阶级社会的教育从来都具有阶级性，但一切剥削阶级的教育目的，从来都极力掩饰其阶级实

质，表述上一贯笼统抽象，尽量把它们的教育目的说成为整个社会利益服务。我国社会主义的教育目的不同于一切剥削阶级，毫不掩饰自己的真实意图，明确提出我们培养的是社会主义建设者和接班人，是新型的劳动者。这种新型劳动者既能从事脑力劳动，又能从事体力劳动；既懂政治，又懂业务，德才兼备；既有科学的世界观，又有高尚的道德品质；既有坚定的社会主义立场，又有远大的共产主义思想。这些都反映出我国教育目的的社会主义方向。

4. 教育与生产劳动相结合是实现教育目的的有效途径

教育与生产劳动相结合，是教育为社会主义现代化建设服务的前提保证，同时也是实现教育目的的有效途径。马克思在《资本论》中指出："从工厂制度中萌发出了未来教育的幼芽，未来教育对所有已满一定年龄的儿童来说，就是生产劳动同智育和体育相结合，它不仅是提高社会生产的一种方法，而且是造就全面发展的人的唯一方法。"① 教育与生产劳动相结合是我们一贯强调的，只不过不同时期对其有不同的理解，而且它曾经被片面、孤立地理解。如今，随着科学技术和社会的进步，学校与社会生产、生活的关系更加密切，让学生参加生产劳动和社会实践，不仅是学生学习必要的生产实践知识和技能，成为社会主义建设者和接班人的需要，而且是促进学生身心全面协调发展的重要途径。

四、当前我国教育目的实践中需要处理的问题

1. "全面发展"与"个性发展"的关系问题

"全面发展"并不是"平均发展"，更不是全面平庸，真正的"全面发展"所追求的恰恰是个性和卓越。

首先，"全面发展"是"个性发展"的基础。没有人的基本素质的相对完整、和谐的发展，个性及特长的发展就会失衡，这样的人的发展实际上是片面和畸形的。按照马克思的观点，"要使这种个性成为可能，能力的发展就要达到一定的程度和全面性"②，即人的全面发展是人的"自由个性"形成的基本条件。事实上，一个人的基本素质如果没有一定的全面性，那么他也就在发展上失去了选择个性和形成特长的条件，就失去了自由发展的前提，就只能被迫在一个狭窄的范围内片面发展、畸形发展，很可能使个性扭曲。

其次，"个性发展"又是"全面发展"的动力。人的发展要想真正形成自己突出的个性特点并具有较强的可持续性，就必须使自己的素质达到一定的全面性，特别是那些最基本的素质。这样，"个性发展"就向"全面发展"提出了要求，从而成为人追求全面发展的动力。

---

① 马克思，恩格斯. 马克思恩格斯全集：第23卷. 北京：人民出版社，1975：530.

② 马克思，恩格斯. 马克思恩格斯全集：第46卷（上册）. 北京：人民出版社，1979：108.

最后，人的素质全面发展的过程也就是人的素质个性化的过程，二者是一个基本一致的过程。事实上，全面发展在不同的受教育者身上必然会呈现出不同的个人特点，因此，全面发展就不能不是个人的全面发展，全面发展的过程就不能不是人的个性形成的过程。每个人的条件不同，在社会生活中又扮演不同的社会角色，担当不同的社会职责，他不可能也没有必要在所有方面都获得发展。如果教育无视人的个别差异，强求一律化和平均化的发展，造就的就只能是碌碌无为、毫无个性特点和创造性的庸才。人的精力是有限的，要想在某一方面有突出的发展，就必须使自己的力量有适当的偏移和侧重。

2.“应试教育”与素质教育的关系问题

在我国教育目的的实践中，多年来一直存在着中小学片面和单纯追求升学率的应试倾向，严重背离了教育目的的基本精神。

“应试教育”给我国教育造成了很大的伤害，这主要表现在以下几个方面：一是只注重少数学生的发展而忽视全体学生的发展。二是注重学生的个别方面（主要是知识方面）的发展而忽视学生素质的其他方面。三是“应试教育”给受教育者的身心发展造成了明显的消极影响，学生出现身体素质下降、心理问题增多、品德修养滑坡等问题；在知识掌握方面，也常常是过多地停留于机械记忆和重复训练，难以达到理解、贯通、灵活运用和创新的层次。因此，努力克服中小学存在的应试倾向，是当前全面贯彻党的教育方针、落实立德树人根本任务的重大问题。

我国中小学之所以存在着“应试教育”现象，有社会历史的原因，也有教育自身的原因。这一现象是我国现阶段存在的诸多社会问题和社会矛盾的综合反映。在这一现象的背后，既隐藏着人民日益增长的对优质教育的需要和不平衡不充分的发展之间的矛盾，又隐藏着社会的选拔竞争与利益分配机制之间的矛盾。在社会主义初级阶段，受社会发展总体水平的局限，社会提供的教育机会尤其是优质的教育机会远远不能满足人们接受教育的需要，同时，接受更好的教育往往是从事比较理想的社会职业和进行纵向社会流动的基础条件，这些必然加剧人们对教育机会的竞争。此外，还有传统文化和观念的问题、传统教育的问题、社会用人制度的问题、教育结构的问题、高考制度的问题、教育评价的问题等等。学校面临着客观存在的外在压力和诸多难以控制的因素，出于自身生存发展的考虑，往往会迎合“应试教育”的要求。从这种意义上说，片面追求升学率现象和“应试教育”倾向的出现，是一个社会问题，其根本责任并不只在学校和广大教师身上。

要转变“应试教育”是一个长期而艰巨的任务。首先，这有赖于整个社会生产力的发展。只有生产力得到大发展，教育大发展才具有坚实的物质基础，教育资源上的供需矛盾才能从根本上得到解决。其次，要深化教育体制机制改革。努力建立更加灵活和开放的教育体制，加大教育发展力度，多渠道办学，充分挖掘教育资源潜力，加速非义务教育的发展进程，扩大教育机会；积极推进高考制度的改革，为中小学教育树立正确导向；合理配置教育资源，加强中小学薄弱学校建设。最后，中小学本身也应积极进行改革，端正办学思想，认真落实党的教育方针，落实立德树人根本任务，以新一轮基础教育课程改革为契机发展素质教育，深化教育教学改革，提高教育教学的质量和效益，促进学生身心全面发展。

3. 全面发展的理想与现实的关系问题

人的全面发展在其阶段上是历史的、具体的，在其过程上是永恒的、无止境的。“全面”的内涵是随着时代的进步、人的发展和人的发展意识的觉醒而不断扩展和丰富的。人的全面发展在每一个特定的历史阶段都有其特定的内涵和具体的内容以及相关的表述。新的历史实践的发展总是赋予“全面”新的内容，如同真理的绝对性和相对性运动一样，人的发展也是一个由“片面”到“全面”，从有限到无限，不断运动、不断扩展的永无止境的过程。只有从实践的、现实的原则出发，我们才能真正认识到马克思关于人的全面发展的思想不仅仅是一个有待实现的理想目标，它更是一个实实在在的历史过程。正确把握实现人的全面发展的理想与现实的内在统一，确立社会主义初级阶段的人的全面发展的目标，脚踏实地地促进和实现现阶段人的全面发展，实际上就是一个向真正的人的全面发展努力迈进的过程。

我国的教育目的是培养德、智、体、美全面发展的社会主义建设者和接班人，它对我们今天的教育实践发挥着明确的价值引导作用。全面发展作为教育目的，本身就具有理想性，但它又是根据我国现阶段的历史条件和历史任务确定的，可以细分为很多更为具体的目标，体现了现代社会对人的素质的要求，因而又具有现实性。

本章小结

教育目的是人们对教育所要造就的社会个体的质量规格的预想或要求，它以观念或思想的形式存在并发挥作用。教育目的体现了社会对人的发展的基本要求和人自身发展的需要，标示着教育活动的方向和目标，是教育活动的出发点。

中外历史上主要出现过以下几种教育目的观：个人本位论、社会本位论、文化本位论和生活本位论。

马克思主义关于人的全面发展的学说是我国社会主义教育目的的理论基础。我国的教育目的以促进人的全面发展为核心，基本精神包括：培养劳动者是我国教育目的的总要求，德、智、体等方面全面发展是培养人才的素质要求，坚持社会主义方向是我国教育目的的根本性质，教育与生产劳动相结合是实现教育目的的有效途径。为更好地实现教育目的，我们应处理好当前我国教育目的实践中的几个问题：“全面发展”与“个性发展”的关系问题，“应试教育”与素质教育的关系问题，全面发展的理想与现实的关系问题。

思考题

1. 说明教育目的的内涵及教育目的对教育活动质的规定性。

2. 阐述个人本位倾向与社会本位倾向的教育目的论，并予以分析和评价。

3. 试分析我国新一轮基础教育课程改革的教育目的取向，阐述确定教育目的时应注意的问题。

4. 分析说明我国教育目的的基本精神，并结合马克思主义关于人的全面发展学说的基本观点，分析如何处理好各育之间的关系。

5. 试说明教育目的实践过程中如何处理“全面发展”与“个性发展”的关系。

拓展阅读

1. 瞿葆奎. 教育文学集·教育目的. 北京：人民教育出版社，1989.

2. 怀特. 再论教育目的. 北京：教育科学出版社，1997.

3. 扈中平，刘朝晖. 挑战与应答：20 世纪的教育目的观. 济南：山东教育出版社，1995.

4. 叶澜. 试论当代中国教育价值取向之偏差. 教育研究，1989 (8).

5. 陈桂生. 人的全面发展理论与现时代. 上海：华东师范大学出版社，2012.

第五章

教育功能

学习目标

- 识记教育功能的内涵，掌握教育个体功能和社会功能的所指。
- 理解教育个体功能和社会功能之间的关系。
- 了解教育功能形成和释放的基本过程。
- 运用教育个体功能和社会功能的理论分析现实中的教育问题。

问题与思考

- 教育功能是应然的价值期待，还是实然的教育作用？它与教育价值有什么不同？
- 教育功能是否只指积极的作用？消极的作用是否属于教育的功能？教育负功能是不是教育功能？
- 教育的社会功能是根本，还是个体功能是根本？
- 教育功能的释放是必然的，还是需要条件的？

“教育本质”回答了“教育是什么”的问题，“教育目的”回答了“教育为了什么”的问题。在明了“是什么”和“为什么”的基础上，我们需要考察“教育做了什么”“教育有什么用”的问题，这就是本章所要论述的“教育功能”。

第一节 教育功能概述

一、功能与教育功能

在一般意义上，功能就是事物所发生的作用或效能。在哲学上，功能是指由事物的内部要素及其结构所决定的该事物的特性和能力。在社会学上，功能是指一种社会现象对于它所属的更为广大的体系来说所具有的被断定的客观结果①。综合哲学和社会学关于功能的理解，我们可以说，功能就是某事物由于其内在各种因素的组合与互动而对其关联事物所发生的影响与作用，以及该事物发生作用的能力。这包括两层含义：一是表现为影响的结果，即事物对其内外部各种相关事物所产生的影响；二是表现为影响的能力，指该事物对其他相关因素产生影响的能力。

教育作为一种培养人的活动，必然具有区别于其他活动的特有功能。一方面，教育通过其内部各种要素的组合与互动而对系统内部的教育者和受教育者起到一定的影响和作用；另一方面，教育作为社会大系统中的一个子系统，能够凭借其与各种社会子系统之间发生的联系和互动而对外部社会发生一定的影响与作用。所以，教育功能就是教育活动对个体发展和社会发展所产生的各种影响与作用。

二、教育功能的类型

1. 从教育作用的对象看，教育功能可以分为个体功能与社会功能

教育是一种培养人的社会实践活动。“培养人”这一核心本质就意味着教育具有影响个体发展方面的功能，这是教育的本体功能；作为一种社会实践活动，教育也具有影响社会发展的功能，这是教育的衍生功能。

教育的本体功能表现在影响个体的发展方面。对个体发展产生影响的因素有很多，教育（尤其是学校教育）作为一种由教育者精心设计的有组织、有目的、有计划的活动，对个体的发展有着特殊的作用。教育能为个体的生存和生活提供知识和能力，唤醒个体发展的意识，引导个体发展的方向，发展个体的个性，提升个体的个人尊严和精神品质，促进个体的全面发展。

教育的社会功能表现在影响社会发展方面。教育作为社会大系统中的一个子系统，通过为社会提供大量“受过教育的人才”这一途径推动社会发展。通过培养社会所需要的各

① 鲁洁. 教育社会学. 北京：人民教育出版社，1990：611.

类人才，教育能够起到维护政治制度、传承历史文化、推动科技发展和经济进步的作用。教育在发挥着社会功能的同时，反过来也受到社会结构、社会发展规律和社会性质的制约。

2. 从教育发生作用的方向看，教育功能可以分为正功能和负功能

美国社会学家默顿（Merton）认为，功能作为“我们所观察的后果”这种客观存在，如果从多种后果的视角来看待的话，事物所发挥的功能就不仅有正面的贡献，还有许多负面的后果，前者被称为“正功能”，后者被称为“负功能”①。正功能有助于一个系统的适应或者顺应，而负功能会削弱系统的适应或顺应。在默顿看来，社会系统的运行中普遍存在着负功能，这种普遍性既见之于一般状况，又见之于相对状况。所谓一般状况是指一个事项在具有某种正功能的同时，通常也就存在着发生负功能的可能性；所谓相对状况是指一个事项对某些个人或群体可能具有正功能，而对另一些个人或群体则可能会产生负功能。

作为一种社会实践活动，教育并非每时每刻都在发生着对个体或者社会正向的促进功能，有时候也会发生反面的阻碍个体或社会发展的作用。对个体或社会发展的促进作用就是教育的正功能，对个体或社会发展的阻碍作用就是教育的负功能。按照默顿的理解，在一般状况下，教育在发生正功能的同时也存在发生负功能的能力或特性，如对学生的纪律教育可以让学生养成良好的服从习惯，但是也可能规训了学生的心智以致其缺乏自主性。再如，高等教育的大规模发展在促进整体受教育水平提高的同时也会导致结构性失业的危机。在相对状况下，教育在促进一部分人或者社会中的某一方面发展的同时也可能阻碍了另一部分人或者社会其他方面的发展，如教育中的升学考试作为一种筛选机制使一部分人能够继续接受更高层次的教育，而将另一部分人淘汰出教育系统。再如，教育在大力促进经济发展的同时，更多地重视培养受教育者作为人力资源的工具性能力，而忽视人在审美、民主意识等方面的发展，从而会阻碍社会文化、政治的整体发展。

3. 从教育功能发生的时间维度看，可以分为实然层面的教育功能和应然层面的教育功能

如前所述，教育功能可能意味着现实的教育已经发生了作用，也可能是指在理论上教育所具有的发生作用的能力。前者是实然层面的教育功能，即教育已经产生的效果；后者是应然层面的教育功能，即人们对教育应该发生何种功能的期待。这种期待之所以能够成立，是因为教育本应具有发生特定作用的能力，但是内外部的原因导致其并没有合适的时机或条件发挥作用。显而易见，已经发生的实然的教育功能与应然的教育功能不一定相符合。应然的教育功能是人们对好的教育作用的期待。此处应然层面的教育功能与教育目的

---

① 关于功能问题的论述，详见：默顿．论理论社会学．北京：华夏出版社，1990.

的概念有所不同，教育目的是国家对受教育者培养出什么样的人的期待，应然的教育功能是对好的教育作用的期待。

4. 多维度的教育功能分类

如果将教育功能作用的对象（人与社会）和教育发生作用的方向（正面促进和反面阻碍）结合起来的话，我们会得到具有四种组合的教育功能分析框架。如表 5－1 所示，A 表示教育对个体发展起到正面促进作用的正功能，如教育促进个体知识水平的提高；B 表示的是教育对社会发展起正面促进作用的正功能，如教育促进先进文化的传播；C 表示的是教育对个体发展起到阻碍作用的负功能，如专制的学校教育对个体精神的规训使个体丧失主体性和个性；D 表示的是教育对社会发展起到阻碍作用的负功能，如教育成为法西斯主义等专制意识形态传播的工具，从而使得社会成员处于臣服的地位，阻碍社会民主的进步。

表 5－1　　学校教育功能分析框架

产生的客观结果	功能作用的对象	
	个体	社会
正向	A	B
负向	C	D

第二节　教育的本体功能

教育最初源于人们要向下一代人传递生产、生活的经验，这就决定了教育对于每一个个体最本体的价值和作用，也就是使个体发展适应社会生活的基本能力。古代社会的教育主要是为了维护政治和宗教的统治，个体需要通过接受教育熟悉社会运行的规范，从而参与社会生活；近代社会，随着机器大工业的兴起，教育成为开发人力资源的重要途径，教育尤其强调个体参与现代化生产的知识和能力。现代社会，伴随着主体意识、民主平等意识的兴起，教育需要更多地强调培养受教育者的个性和批判性精神。教育在促进个体发展方面有以下几种主要的正功能：教育为个体提供生活能力的功能，教育促进个体社会化的功能，教育促进个体个性化的功能。

一、教育为个体提供生活能力的功能

教育通过上一代人向下一代人系统地传播知识，促进人们认识自然、改造自然的能力不断提高，人们借助知识把自然资源转变为可供生活使用的物质财富，为自己的生活提供便利。在古代，由于生产比较简单，生产的发展不需要劳动者有复杂的技能和科学技术的支撑，教育所传授的知识也更多地来自日常的生产和生活经验。此时，教育发挥着为个体提供谋生能力的功能。

工业革命兴起后，机器大工业的生产需要更多的高素质的劳动者，正如马克思所言，“要改变一般的人的本性，使它获得一定劳动部门的技能和技巧，成为发达的和专门的劳动力，就要有一定的教育或训练”①。教育成为现代社会生产劳动力的必要条件，而且随着科学技术和生产工具的发展，个体谋生所需要的受教育程度越来越高。在工业社会，无论人们从事物质生产还是日常生活，都需要一定的专门知识和技能，而赋予个体专门知识和技能正是现代教育所承担的使命。为此，各个国家都在大力普及义务教育，发展全民教育，为每一个公民提供有质量的基础教育，为人们生产和生活提供基本的技能；提倡终身教育，建设学习型社会，为每一个个体的终身幸福生活提供知识动力。

当然，在满足基本的物质需要的基础上，个体还有更高层次的文化和精神需要，会追求一种完满的生活。英国教育家斯宾塞曾经将“为完满生活做准备”作为教育的目的，他认为“为我们的生活做准备是教育应尽的职责”。为了让受教育者过完满生活，教育需要赋予个体获得信息的能力、阅读和理解语言文字的能力、审美的能力以及在此基础上形成的智慧和德性等。个体利用这些能力和智慧，发展自己的情感、态度和生活情趣，丰富自己对世界的理解，促进身心健康、和谐地发展。受过教育的人有了谋生的能力和享受生活的能力，因此成为一个拥有一定的物质和精神财富的人，这些财富给个体带来幸福的生活。好的教育能够赋予个体一种营造幸福生活的能力，这是教育的基本功能。

二、教育促进个体社会化的功能

人是群居动物，一个人生活在社会上，过一种完满的生活不仅需要个体具有谋生的技能和生活的能力，还需要有与社会其他成员相处的能力，这就需要人的社会化。通过社会化，个体学会遵守社会的各种规则，内化社会所倡导的价值观，扮演特定的社会角色，并能够参与社会的公共事务。

个体的一生要经历多次社会化。幼儿时期的社会化主要在家庭中进行，通过获得思维、情感、语言和最初的行为方式等，掌握一些基本的生存能力，这个阶段称为第一次社会化。儿童、青少年时期，个体逐步从家庭走向社会，逐渐面临独立生活，学习以社会行为规范约束自己来适应社会的要求，为进一步深入社会，参与社会生活打下基础，这个阶段称为第二次社会化，其主要发生在学校。步入成年后，由于开始独立承担社会角色，独立进行社会生活和创造，所以，要适应工作和生活中不断变化的社会性要求，就要不断进行生活的调适，这被称为第三次社会化。退休以后，适应退休生活，愉悦身心，还要再经历一次社会化。

对于个体的成长而言，学校在儿童、青少年时期对个体的第二次社会化具有最重要的

---

① 马克思，恩格斯. 马克思恩格斯全集：第23卷. 北京：人民出版社，1972：195.

意义。一方面，儿童、青少年从家庭走向学校这个小社会，开始告别“小孩子”的身份而真正作为一个“社会人”去参与社会生活。另一方面，儿童、青少年在社会化的过程中发生变化的剧烈程度也是幼儿的第一次社会化和成人的第三次社会化所不可比拟的。可以说，儿童、青少年在学校中所发生的第二次社会化决定了个体人生发展的方向，也为个体的终身发展奠定了知识和能力乃至性格的基础。

学校教育对个体社会化的作用主要表现在以下方面：

1. 促进个体思想意识和价值观念的社会化

人与动物的区别在于人有思想意识，思想意识是内在地支配人的行为的观念性力量。思想意识虽然属于个体，但它是由社会所塑造的。人从自然人向社会人成长的过程就是不断内化社会所塑造的思想意识的过程。在这一过程中，教育扮演着主要作用。这是因为，一方面，教育作为国家和社会有计划、有目的、有组织地传播主流思想意识和社会价值观的重要途径，代表着国家和社会对受教育者在思想方面的要求；另一方面，儿童、青少年学生由于思想观念尚未成熟，具有较强的可塑性，因此容易接受教育所传播的主流思想意识和社会价值观。通过思想意识和价值观念的社会化，个体在观念层面上与社会主流思想保持一致并进一步认可和维持现存社会的种种关系，成为合格的社会成员。

2. 促进个体行为的社会化

个体的行为要符合世代传递、积淀下来的各种社会文化的规范和约束。在一种文化中，什么是社会能够接受的行为，什么是社会不能接受的行为，什么是好的行为，什么是坏的行为，都由道德、法律、习俗等做了规定，遵循这些规定的个体就会被公认为合格的社会成员，被社会所接纳；反之，则会被社会所排斥。通过教育，个体掌握了特定文化中的行为规范，形成了特定文化所需要的社会性，在行为层面上成为合格的社会成员。

3. 培养个体角色的社会化

人的重要特点就是在一生中扮演着多样化的角色，在家庭生活中、在职业场合以及日常的人际交往中分别扮演不同角色并且在不同的角色之间不断转换。对于个体而言，扮演每一种角色都需要遵守特定角色的规范。教育培养个体角色的社会化就是赋予个体特定的知识和能力，使其在扮演不同的角色时做出符合该角色要求的行为举止。如通过学习家庭教育的相关知识以便在未来能够做优秀的家长，学习相应的职业道德规范来帮助扮演特定的职业角色，学习人际交往的技能来帮助个体建立良好的人际关系。

4. 培养个体参与社会公共事务的能力

作为一个现代社会中的人，个体还需要超越自身利益，关怀更为宏观的社会所发生的各种公共事务。因为这些看上去与日常的私人生活没有实质性联系的事情，其实极有可能在某些时候影响个体的命运。在美国著名现代化理论家英格尔斯（Alex Inkeles）看来，是否关注社会公共事务是现代人与传统人区别的重要标志之一。对环境危机、人口问题、世界和平和政治选举等宏观问题的关切并努力参与对这些问题的探讨甚至是谋求改进，都是现代人社会化的重要内容。这在网络时代的今天尤为必要，并且比以往任何一个时代都更具有可行性。教育赋予个体获取社会信息和其他资源、理解社会并参与改造社会的能力，是教育促进个体社会化功能的重要方面。

专栏 5-1　　教育在于使年青一代系统地社会化

教育的功能在于使儿童产生：(1) 他所属的社会认为其每个成员都不应该不具备的某些身心状况；(2) 他所属的特定社群（社会等级、社会阶级、家庭、职业）认为其全体成员必须具备的某些身心状况。因此，决定教育要实现这种理想的，正是整个社会以及每个特定的社会环境。社会只有在其成员中间存在足够的同质性时，才能继续存在下去；教育要使这种同质性世代相传，并且得到加强，其途径是从一开始就在儿童的内心确立为集体生活所必需的基本相似性。……于是，我们得出这样一个定义：教育是年长的几代人对社会生活方面尚未成熟的几代人所施加的影响。其目的在于使儿童的身体、智力和道德状况都得到某些激励与发展，以适应整个社会在总体上对儿童的要求，并适应儿童将来所处的特定环境的要求。

资料来源：涂尔干．教育及其性质与作用//张人杰．国外教育社会学基本文选（修订版）．上海：华东师范大学出版社，2009：7-8.

三、教育促进个体个性化的功能

个体作为社会成员，需要遵循社会的各种规范。但是作为个体，每一个人又是独特的，这种独特性就是人的个性。教育在促进个体社会化的同时，还应该尊重个体的独特性，发展受教育者的主体意识和创新能力，鼓励个体的自由发展，实现个体的独特价值，促进个体的个性化。

具体来说，教育促进个体个性化的功能表现在以下几个方面：

1. 促进个体的主体性

人的主体性是人面对客观世界时的主观能动性和积极态势，它表现为人的主体意识和主体能力。主体意识是人对自我主观能动性的认识。主体能力是人认识和改造客观世界的能力。教育通过知识、能力和智慧的传授，提高人对自我的认识水平，唤醒人的主体意识，使人具有参与实践、改造世界的能力，从而发展个体的主体性。

2. 促进个体的差异发展，形成个体的独特性

正如世界上没有两片相同的树叶一样，世界上也没有两个完全相同的人。每个人都是

一个独特的生命体，具有与其他人不同的诸多特征。在学校教育中，每个人由于先天遗传条件和后天生活环境的不同，在气质、性格、能力等方面都与其他人表现出不同的特征。了解个体的身心发展特点，因材施教，为每个独特的个体提供不同的教育素材，有利于促进个体的差异化发展，形成个体的独特性。

3. 促进个体的自由发展

人的独特性不仅表现在个性心理的独特性上，更表现在每个个体都有一个独立的精神世界上。教育对于个体而言，有超越工具性的精神价值，它能够丰富人的精神世界，使人感到充实和幸福。人是有独特个性的个体，每个人的精神世界都应该是自由的、独立的，不受任何外在力量的控制。每个人通过其所受的个性教育，获得真理和探索真理的方法，获得对美好事物的体验，获得对至善的认同，并在此基础上形成独特的、完善的精神世界，自由地思考和表达自己对世界的理解。

4. 发展个体的创新精神和创新能力

创造性是人的个性的核心品质，是个体主体性的突出表现。它是个体在创造性活动中所表现出的自主、独特的心理倾向。创新精神和创新能力对于社会发展也具有重要意义，因此，它是素质教育的重点。素质教育通过教育教学模式和人才培养模式的改革，激发受教育者的创新意识，培养主体的创新精神；通过系统知识和科学知识探索方法的传授，培养受教育者的创新能力。此外，教育还强调培养受教育者的实践能力并通过实践将创新成果转化为社会所需要的物质和精神财富，为社会发展做出贡献。

5. 促进个体独特价值的实现

不论从事何种职业，也不论个人能力的强弱、社会地位的高低，每个个体在生命的意义和人性的意义上都具有独一无二的价值。这种价值潜藏在每一个个体身心发展的过程中。教育通过唤起个体的主体意识，发展其主体能力，促进其创造性的增长，从而最大限度地开发个体的独特价值。

四、教育对个体发展的负功能

教育在促进个体发展的同时也可能在某些时候或者对某些人的发展起着负面作用，这就是教育的负功能。正如联合国教科文组织国际教育发展委员会所指出的，“教育既有培养创造精神的力量，也有压抑创造精神的力量”①。好的教育，能够促进个体的主体性、独特性、个性的发展，促进个体社会化水平的提高；反之，可能蒙蔽人的心灵，压制个体的主动性和创造性，把人培养成没有独特个性的、仅作为一种工具存在的“机器人”。

---

① 联合国教科文组织国际教育发展委员会. 学会生存：教育世界的今天和明天. 北京：教育科学出版社，1996：188.

在现代社会发展的过程中，教育作为每个人向上流动的阶梯，发挥着筛选和淘汰的作用。由于人民日益增长的美好生活需要和不平衡不充分的发展之间的矛盾，社会中充满着竞争，这种竞争也会反映在教育中。当教育成为个体追求社会地位上升的主要途径时，学校教育就会迎合受教育者的需要，其手段就是通过数量化的考试来筛选人，为此只能是更多地强调灌输式的知识教育，忽视了培养全面和谐发展的人这一应然的教育功能。

在工业化的背景下，现代教育强调标准化的人才培养模式，对本具有不同个性特点的所有学生采用同样的教育方式，提供同样的教育内容，用标准化的考试来衡量全体学生的水平，而对那些有着自己的想象力、创造力的答案则加以排斥、否定。最后，标准化的教育培养的受教育者就呈现同一种“面相”，说同一种话语，成为标准化的社会大生产的一颗“螺丝钉”，失去了超越精神而仅剩下对现实社会的病态适应，丧失了自己的独特个性。

专栏5—2 **教育的病态适应**

教育的一切行为都只在使人相信：不论现存体制合理与否，一个人只有成为现存体制所接纳的人，就范于它，才能作为体制中有价值的商品兜售出去，他才能向上爬。教育促使人在现存体制的利益驱动下，在各种被社会化了的欲望（这种欲望本来可能是没有意义的，也不是人本身所有的）支配下，在体制为他所规定的轨道上不停地走，它只是在使人变成一头被蒙上眼的推磨驴子。

资料来源：鲁洁．超越性的存在：兼析病态适应的教育．华东师范大学学报（教育科学版），2007（4）．

现实的学校教育强调灌输，强调教师的权威以及其在课堂教学中和其他教育环节中的主导权，而较少采用真正的师生之间平等对话的教育教学形式。因为忽视学生的主体地位，这样的教育方式很难培养出学生的主体意识和主体能力。学校教育还强调规训，不能容忍学生有独特个性的行为，用纪律和惩罚来约束学生。在这样的教育中，学生被塑造成为只会顺从、服从他人意志的“单向度的人”，丧失了批判精神和反思意识。正如陈桂生先生所指出的，“当受教育者成为人（表现为自主性），会受到非人的待遇（体罚或心理折磨）；反之，受教育者成为‘非人’（丧失自主意识），才能受到人的待遇（如鼓励和尊重）”①，这种情况就是对某些现代学校教育中受教育者地位的真实写照。

同时，竞争社会中的教育培养以自我为中心的单子式的个人，每个人只关注自身的利益，无视他人和社会的需要，不能以平等、宽容的心态看待自己和他人的差别。这些受教育者不能以公共理性和沟通能力与他人和外部世界交往，不会关心和参与公共事务。

① 陈桂生．教育原理．上海：华东师范大学出版社，2000：14．

在实然层面上，这些负面功能已经发生，需要我们正视问题并且通过更好的教育来弥补和矫正。学校教育需要确立“以人为本”的教育理念，坚持素质教育的方向，培养有社会责任感、实践能力、创新精神、独立思想和自由精神的学生。

第三节　教育的社会功能

教育的社会功能是指教育对其他社会子系统所发生的作用以及可能发生的作用。按照内容和对象来分，教育的社会功能可以分为教育的政治功能、文化功能、经济功能以及促进科技发展、人口素质改善的功能等。

但是，教育的这些功能又不是截然分开的，如教育传播社会主流文化的同时也发挥着政治功能，教育促进科技进步的同时也就促进着经济的发展，教育促进人口素质改善的同时也发挥着政治和经济功能。因此，我们在这里打破这种板块分割的分类框架，整合教育发挥社会功能的各个方面的内容，根据教育与社会发展的整体关系将教育的社会功能分为：教育的社会复制功能，教育的促进社会进步功能，教育的社会变革功能以及教育的社会负向功能。

一、教育的社会复制功能

社会发展的历史长期处于渐变的状态。社会渐变时期，“特定社会在其经济、政治、文化及科技等主要功能子系统的相互作用、相互影响下所形成的一些基本的性质特征与水平”①，只是发生一些细微的量变或者说是极其缓慢地发展（社会整体特质没有发生根本性的变化）。在社会渐变时期，教育作为社会延续的工具，通过上一代人对下一代人施加影响，下一代人效仿上一代人，完成社会的复制。教育的社会复制功能表现在：传承民族的文化遗产，维持政治系统的运转，复制社会结构。

人类社会的延续一方面需要人口的自然繁殖来实现代际更替，同时，人类也通过教育，对于儿童和青少年进行抚养、保护并促进其各项能力的提升，使之能够应对环境所带来的挑战，完成人类社会的再生产。通过教育，人类生产和生活的经验在人类代际之间传承。这是教育最重要的一项功能，也是促进教育起源的重要动力。借助于教育，文化得以向下一代人传递，下一代人能通过间接经验的学习像上一代人那样生产和生活，就个体而言是完成了青年一代个体的社会化，就人类而言则是实现了人类经验的传承。但是由于当时社会和人类文化发展的水平较低，教育基本上是对上一代人经验的复制式传授，有时甚至是

---

① 吴康宁. 教育社会学. 北京：人民教育出版社，1998：156.

一种简单的模仿。教育在传承文化的同时也在发挥着复制社会经验的功能。

随着社会生产力的发展，人类社会的生产关系发生了变化，出现了统治阶级和被统治阶级的对立。统治者为了维持统治的稳定性，需要通过教育培养具有服从意识的被统治者，因此，政治家历来将教育作为维持和强化政治系统的工具。列宁多次谈到，世界上没有脱离政治的教育，教育总是服务于一定的政治目标的。无论是《礼记·学记》中的“建国君民，教学为先”，还是柏拉图在《理想国》中对城邦政治秩序的论述，都极其重视教育对建构政治制度和阶级关系的重要作用。统治阶级通过社会主流意识形态的传播，实现对现实的社会主体——成人进行思想改造和驯化，培养其对社会政治关系的认同；更重要的是对具有较强可塑性的、未来的社会主体——儿童、青少年进行思想政治教育，塑造其对社会政治关系的认同。此时，教育就扮演着维持政治统治关系的角色，发挥着复制社会结构的功能。

二、教育的促进社会进步功能

人类历史的某些时期，由于科学技术以及由此带来的生产工具的重大改进而取得在生产效率、人们生活质量等方面的显著进步，我们把这种时期称为社会进步期。社会的显著进步为教育的发展创造了更好的条件，促进教育规模的扩展、教育质量的提升。反过来，教育也发挥着促进社会进步的功能，这主要体现在：教育促进人口状况的改善，教育促进文化的发展，教育促进政治的民主化，教育促进经济的发展。

1. 教育促进人口状况的改善

人口是生活在一定社会、地区的个体的总和，其状况包括人口的数量、人口的结构和人口的质量。随着个体受教育水平的普遍提高，人们延缓并压缩了生育期，改变了传统的生育观念，因此人口的自然出生率下降；个体受教育水平的提高也优化了人口的结构，受教育程度较高的人会转变传统的重男轻女的生育观念，促进人口性别结构的平衡；同时，教育的发展使得掌握专门知识和技能的人才在人口总体中的比例逐步提高，促进人口素质结构的优化；教育水平的提高能够加速人口的流动，以满足社会发展对不同类型人员的需要，促进人口分布结构的合理化；教育能够通过培养专门的技术人才，使得具有一定稳定职业、收入水平和消费能力的中产阶级在总人口中的比例不断扩大，促进社会阶层分布的合理化，起到稳定社会的作用。

教育的发展对于人口状况改善的功能更为显著地表现在提升人口质量、改善民族素质上。人口质量的提升包括人的身体素质、科学文化素质和思想道德水平的提高。现代教育强调受教育者的德、智、体全面发展。受教育水平的提高可以改善人们的医疗水平、健康观念和生活习惯，提高人口的身体素质；以人类优秀文化为主要内容的知识教育能够提升人们的科学文化素质；系统化的思想道德教育能够提升国民的思想道德水平。

2. 教育促进文化的发展

现代社会，伴随着社会发展水平的提升，人类在物质、精神和制度方面的文化都在不断发展和更新。教育不仅简单地复制和传承上一代人所生成的文化，还在文化的进步中扮演着重要的角色。教育从业者作为社会上占有较多文化资源的群体，积极参与到文化的创新和新文化的传播中，对文化的发展起到了积极的促进作用。

教育还通过文化选择，保存和传播一个民族最优秀的文化，实现文化发展的最优化。同时，教育的发展还促进了不同文化之间的交流和融合。在全球化的背景下，跨国办学、人才培养等方式促进了教育国际化水平的不断提升，文化之间的传播和交流日益频繁而深入。

3. 教育促进政治的民主化

近代资本主义社会是以否定古代社会的专制和特权为特征的，民主与自由、平等并列为基本的政治价值观，教育也不再是专制政治统治的附庸和工具，而成为促进民主、自由和平等精神传播的重要动力。社会主义否认任何形式的专制和特权，主张建设一个人民当家做主的社会，让所有的普通劳动者都享有受教育的权利。教育权利的普及是社会民主化的重要标志，同时，教育的普及也促进着政治的民主化。

在现代社会，教育促进政治的民主化主要表现在：首先，教育民主化作为社会进步的推动力量，赋予了每个公民受教育的权利，增加了受教育的机会，是政治民主化的重要标志。其次，现代教育传播民主思想和精神，对人们进行民主思想的启蒙，促进人们政治意识的觉醒。最后，教育普及知识，提升受教育者的公民素质，促进公共理性精神的增长，赋予公民以民主的方式参与公共生活的能力，推动社会生活民主化的进程。

4. 教育促进经济的发展

教育传播科学技术知识，促进科学技术的进步，并以此为中介促进物质生产工具的改善和生产效率的提升。作为消费者，受教育水平的提高能够增加人们对物质和文化产品的消费；作为生产者，受教育水平的提高也能够提高物质和文化消费品的数量和质量，从而促进经济的发展。

普通教育提高民族的文化素质，为社会经济的发展打下良好的基础。教育经济学的研究表明，受教育程度与劳动生产率成显著的正相关。如果假定初中文化程度的劳动者的劳动生产效率为 100，则文盲和半文盲劳动者的劳动生产效率为 58，高中文化程度的劳动者的劳动生产效率为 124①。职业教育和专业教育则直接生产具有一定文化水平的掌握专门技能的劳动力，为经济的发展提供劳动力的支持。诺贝尔经济学奖获得者、美国著名经济学家舒尔茨（Thodore W. Schults）提出了人力资本理论，其基本观点是：有技能的人的资源是一切资源中最为重要的资源，人力资本的收益大于物力资本的收益。教育为经济发

① 王善迈．教育投入与产出研究．石家庄：河北教育出版社，1996：238．

展培养高素质的劳动者，这是教育最重要的经济功能。实行科教兴国战略，实现从人力资源大国向人力资源强国的转变，是我们建设现代化国家的重要保障。

三、教育的社会变革功能

社会的发展并不是一直平静地向前的，在特定的历史时期会发生震荡式的剧烈变革，我们称之为社会的变革期。在社会的剧烈变革期，社会为教育提供的条件不同于常态，因此，教育以特定的方式发挥着推动社会变革的功能。如在民国初年，教育界的学者和学生们积极参与新文化运动，为推动文化的批判和进步做出自己的贡献；在五四运动和“一二·九”运动等重大历史事件中，北京大学等高校的教师和学生们踊跃走向街头，一次次推动着爱国主义、民主自由的政治秩序向前发展。

同时，教育中的知识增长也在某些方面反过来推动着社会的急剧变革。在物质生产领域，教育中的重大发明创造推动生产工具的创新和知识增长方式乃至人才培养方式的变革，如 20 世纪中叶计算机在高等学校的出现及其后的普及就是例证。同时，学校教育尤其是高等教育领域的学者们所研究出来的各种人文社会科学理论推动着社会政治、经济制度的创新，也不断推动着社会进步。如新制度经济学对社会经济发展动力的不同认识就推动了人类社会发展模式的重大革新。

四、教育的社会负向功能

在某些特定的历史时期，受政治因素甚至是自然灾害的影响，社会发展会出现失范的无序局面，这些时期就是所谓的社会混变期。在这样的时期，教育对社会的发展可能会起到负面的作用，加剧社会的混乱程度，即发挥出负向的社会功能。当然，在社会的正常发展时期，如果教育的发展出现了某些问题，也可能阻碍社会的进步。如民国时期学者陈翔林就指出过：“教育这个改造社会的有力工具，如果只用于保守固有文化，会阻碍社会的进步，如果不顾当前事实的需要，硬用这个工具灌输不能实现的幻想，也会增加社会的混乱。”①

当社会处于混乱期，教育不仅不能促进社会的进步，还会导致社会的退步，从而加剧社会发展的失范程度。在法西斯统治时期的德国，教育成为希特勒种族主义思想传播的工具，专制的政治和思想意识形态教育培养了一大批法西斯主义的忠实信徒，他们成为发动世界大战的中坚力量，造成了人类社会的灾难和严重倒退。

在社会正常发展的时期，教育与社会的不相适应也会阻碍社会的发展。诸如一些国家在发展教育时，不顾本国经济社会发展的实际状况而突出教育先行，盲目地发展教育（如

---

① 陈翔林. 教育社会学概论. 上海：中华书局，1933：10.

非洲不发达国家喀麦隆从1967年到1968年把它的公共教育经费增加了65%，而同一时期它的国民生产总值只增加了10%多一点），从而导致教育与其他社会生产部门的结构失衡。再如，一些国家在某些时期追求高等教育的盲目发展，而社会生产部门的发展速度决定了其并不能为这些毕业生提供合适的就业岗位，从而导致了毕业生的严重过剩；同时，高等教育的盲目超前发展还会导致人才结构的严重失调，甚至结构性失业，即高校培养的人不是社会所需要的，“社会拒绝使用高校的毕业生”①；而社会发展所需要的人才却并没有受到必要的高等教育。

教育的社会负向功能还可能源自教育内部发展的不良状况，这种不良状况不仅会导致教育的缓慢甚至是负向发展，同时也会造成对社会的伤害。如教育作为一种社会的筛选机制，其领域中资源分配的严重不平等，会复制甚至是恶化社会结构的不平等状况。在社会渐变时期，由于教育没有普及，教育资源被少部分居于社会结构中较高地位的统治阶层占有，而教育资源又反过来帮助其占据更多的文化和政治、经济资源。那些处于社会结构中底层的普通群众因为没有机会接受教育，失去了向上流动的机会，也因此没有机会为其子女创造更好的受教育机会，其子女仍然处于社会的中底层。这是世界各种教育系统普遍存在的问题。米亚拉雷描述了这一问题：“统计资料清楚地表明，从19世纪继承下来的学校系统，正像它的重男轻女那样，使政治分子和（或）富裕家庭出身的孩子比工人子弟享有更多的优先权。……在这种为取得大学资格而进行的竞争中（大学的学位被看成是谋得社会地位的保证），高社会阶层的子女遥遥领先。”② 在中国，一项研究也表明，不仅国家与社会管理者（或干部）阶层与专业技术人员（或知识分子）阶层等社会优势阶层的子女所获得的保送重点大学和热门专业的机会远远高于农林牧副渔业者与工商服务者（或农民与工人）阶层的子女，而且干部阶层的子女所获得的这种机会还明显高于知识分子阶层③。这说明，文化和特权的占有者更多地占有教育资源。在这个意义上，学校教育在分配教育资源的同时，也复制了不平等的社会结构。

教育内部的不良状况还表现在教育内部以应试教育为主，片面追求分数和升学率而忽视对受教育者全面素质的培养；片面追求知识和技能的死记硬背而忽视受教育者创新精神和实践能力的培养；对所有受教育者实行整齐划一的、标准化的教育而忽视其独特个性的培养；教育不仅没有起到发展学生的个性和潜力、培养学生的创新精神和理性精神以及公民意识的作用，反而为社会培养了许多没有个性和创造性的平庸之人，这些人不能促进社会的发展，反而会阻碍社会的进步。在这个意义上，没有培养出优秀人才的教育也阻碍了

---

① 联合国教科文组织国际教育发展委员会. 学会生存：教育世界的今天和明天. 北京：教育科学出版社，1996：37.

② 米亚拉雷. 世界教育史. 上海：上海译文出版社，1999：317.

③ 罗立祝. 社会阶层对保送生高等教育入学机会的影响. 高等教育研究，2008（8）.

社会的发展，发挥了负向的社会功能。

第四节　教育功能的形成与释放

作为一个动态的概念，教育功能所表达的是教育在何种情况下会发生何种作用，这种作用会如何发生。我们用“教育功能的形成与释放”这个概念来分析这一问题。

一、教育功能形成的条件

虽然说教育功能是教育系统作用于社会和个体的一种客观结果，但是这种结果来自社会和个体对于教育的需求和愿望，即功能期待。对于教育功能的发展，存在着社会本位论和个人本位论两种观点。在历史上的某些时期，教育的个体功能和社会功能是一致的，教育通过促进个体发展也就推动了社会的进步；同时，教育在发挥社会功能的同时也为个体的发展创造了良好的条件，促进了个体的发展。但是，在历史上的绝大多数时期，教育的个体功能和社会功能都存在着冲突。比如：教育按照受教育者的身心发展要求培养出具有独立自由个性的受教育者，但是这并不符合社会主流价值观所需要的听话、顺从的普通劳动者这种培养目标；或者教育培养的是因循守旧的受教育者，但是社会主流价值观需要的是革新精神。因此，教育功能形成的首要条件是选择恰当的教育功能取向，在教育的个体功能和社会功能之间取得协调一致。

教育功能的形成还需要适当的教育系统内外部条件。在教育的外部，需要一个健康的社会系统。在这一系统里，政治权力、市场力量和社会力量各安其位，不越过各自权力运作的边界。在政治领域，基于民主、自由、法治的原则，尊重权利，尊重理性，政府在有限的权力范围内运转，按照教育发展的需要合理地提供必需的教育资源，为教育正向功能的释放提供良好的物质条件和制度空间，保持教育的相对独立性，不滥用政治权力去干涉教育的发展。在市场领域，资本的逐利本性受到法律的规范，而不至于无所忌惮地阻碍教育的发展。和谐的社会环境才能为教育正向功能的释放提供好的条件。在教育系统的内部，各级各类教育的合理设置、各种教育资源的有效配备、各种教育管理制度的合理安排、各种评价体系和招生考试制度的科学运作以及家庭和社会各界对学校教育的有机配合等都是学校教育功能形成的必要条件。

二、教育功能的形成

教育功能的形成是一个动态的过程，其动力来源于教育内部各种要素的相互作用。在具备上述各项条件的基础上，还必须通过教育内部各种要素的相互作用，完成教育的运行过程。

在正确的教育观念和价值导向下，学校教育的一切工作都围绕着培养有社会责任感、创新精神和创新能力、自由思想和独特个性的学生，课程内容的设置和教学方法的选择要依据学生身心发展的规律，日常的教育、教学和管理工作要处处体现人性化的精神。

在教育内部相互作用的各种要素中，关键是人的因素，在学校教育中主要是指教师和学生。师生关系在最直接的意义上决定着受教育者的质量。师生之间通过交往和对话形成精神的共同体。在这种共同体中，教师的必要权威、学生的尊严及自主性都得到尊重，这就为学生的知识、思想和精神成长提供了良好的环境，有利于培养出更能够适应社会的发展、能以个人能力引领未来社会发展的受教育者。

三、教育功能的释放

教育作为社会的一个子系统，也通过自己内在的力量作用于其他社会子系统，这也直接释放着教育的社会功能，如学生参加政治运动、拉动消费增长等现象。但是，这些都是教育的“副业”。教育活动的“主业”在于培养人。在这个意义上，教育功能形成的结果表现为培养出具有特定品质的人。这些人进入社会后，对社会各个系统的发展起到特定的作用，这个过程我们可以说是教育的社会功能形成过程。但是，为了区别教育培养人的本体功能和衍生的社会功能，我们将教育培养出来的人进入社会并发生改造社会的作用这一过程称为教育功能的释放。

教育功能的释放需要社会提供特定的条件，如经济的发展能为受教育者提供足够的、合适的就业岗位，使他们在学校教育中形成的知识和能力得到施展；社会政治和文化的发展能为受教育者提供良好的环境，使他们在学校教育中形成的个性和思想得到表达；社会能为受教育者在教育过程中所创造的各种文化产品（如发明创造、学术作品）提供实验、实施、应用、推广的机会，使之转化为社会生产力以及精神文化生活的素材，使教育活动所产生的“副产品”也充分释放其功能。在具备这些条件的基础上，受教育者及其文化产品一起参与到社会生活中，并对社会生活的各个方面的发展起到促进作用，教育功能得到充分释放。

本章小结

教育功能是教育由于其内在各种因素的组合与互动而对其关联事物所发生的影响与作用及其发生作用的能力。根据分类维度的不同，可以将教育功能分为个体功能和社会功能、正功能和负功能、实然层面的功能和应然层面的功能。

教育的个体正向功能主要包括：教育为个体提供生活能力的功能、教育促进个体社会化的功能、教育促进个体个性化的功能。教育的个体负向功能是指：不好的教育会蒙蔽人的心灵，压制个体的主动性和创造性，把人培养成没有独特个性的、仅作为一种工具存在的“机器人”。

教育的社会正向功能包括：教育在人口再生产、知识传承、政治民主化、经济增长等方面复制和推动社会发展、促进社会变革的作用。教育的社会负向功能是指：在特定的历史时期，教育由于其内部发展状况不良或者与其他社会子系统之间关系的不协调而起到阻碍社会发展的作用。

在一定的条件下，教育功能的形成和释放需要教育内外部各种要素的相互作用，最后将教育改变社会和个体的潜在可能转化为现实可见的对于个体或者社会的作用，产生一定的教育结果。

思考题

1. 什么是教育功能？教育功能可以怎样分类？
2. 教育的个体功能有哪些？
3. 教育的社会功能有哪些？复制功能、促进进步功能和变革功能之间有什么关系？
4. 试分析教育功能的形成与释放的条件。
5. 分析教育中负向功能形成的原因，谈谈如何克服或避免教育的负向功能？

拓展阅读

1. 默顿. 论理论社会学. 北京：华夏出版社，1990.
2. 吴康宁. 教育社会学. 北京：人民教育出版社，1998.
3. 傅维利. 教育功能论. 沈阳：辽宁教育出版社，1990.
4. 袁振国. 当代教育学. 北京：教育科学出版社，1998.
5. 鲁洁. 教育之适应与超越. 教育研究，1996（2）.

第六章

教育主体

学习目标

- 了解教师职业的专业性及其劳动特点。
- 认识教师的角色及其专业化发展的途径。
- 理解学生的本质特点，了解学生的权利和义务。
- 掌握学生发展的一般规律，了解当代学生发展的一些特点。
- 理解良好师生关系的要求，掌握建立良好的师生关系的策略。

问题与思考

- 我为什么要做一个教师？
- 我怎么才能做好一个教师？
- 怎样看待当代的学生？
- 怎样处理好师生关系？

在构成教育活动的教育者、受教育者、教育内容和教育媒介等基本要素中，作为专职教育者的教师和作为受教育者的学生是最重要的能动因素，他们是教育活动中的主体，与教育活动中的其他作为客体的要素相对应。学校教育的独特之处，就在于有教师对学生的影响。因而正确认识教师和学生以及二者在教育活动中的相互关系，明确教育工作对教师的特定要求，构建良好和谐的师生关系，对于提高教育教学质量、推进素质教育具有重要的意义。

第一节　教师职业与教师劳动

一、教师的概念及专业特性

有了教育，就有了教育者；有了学校，就出现了固定的专职的教育者——教师。教师是一个有着悠久历史的职业。古往今来，许多思想家和教育家曾对教师的职业做过描述，对教师的素质提出过要求。例如，“师者，所以正礼也”（《荀子》），“师也者，教之以事而喻诸德者也”（《礼记》），“智如泉源，行可以为表仪者，人师也”（《韩诗外传》），“师者，所以传道受业解惑也”（《师说》）。这些定义和注解多是从经验层面对教师职业的认识，是从教师的功能、作用和教师的品行等方面表述教师的特征。

到了近现代，一些思想家、教育家对教师的认识较之以往更深刻，如英国哲学家培根把教师称为知识种子的传播者、文明之树的培育者、人类灵魂的设计者。夸美纽斯说教师是“太阳底下最光辉的职业”。苏联教育家加里宁认为，“教师”这个词有两种含义：“按狭义解释，是专门学科的讲授者；按广义解释，是有威望的、明智的、对人们有巨大影响的人”①。虽然近现代教育家在对教师的解说上更趋于教师的本质含义，但更多的还是对教师崇高地位和伟大作用的颂扬与赞美。从现代的眼光看，“教师”这个词具有双重含义，它既指一种社会职业角色，又指这一角色的具体承担者。教师就是由社会分工关系所造成的一种社会职业，它区别于其他职业的特征是教书育人——教书是手段，育人是目的，其核心使命就是“通过育人使人成人”。一般认为，凡是受社会的委托，履行教育教学职责，承担教书育人之责，培养社会建设者，提高国民素质的专业人员都可称为教师。从广义上看，教师与教育者是同义语；从狭义上看，教师专指学校的专职教师，属于教育者当中的一部分，它不包括学校中同时存在的教学辅助人员、行政办公人员、后勤杂务人员等。本章我们对教师的探讨是在狭义的层面上进行的。

当今，教师已被普遍视为与律师、医生一样的专业人员，人们只有经过长期专门的学习和训练才能胜任。1966 年联合国教科文组织与国际劳动组织在《关于教师地位的建议》中指出：应当把教师职业看作专门职业。1986 年我国发布的《中华人民共和国国家标准职业分类与代码》中，教师被列入“专业、技术人员”一类。1993 年我国颁布的《中华人民共和国教师法》中规定“教师是履行教育教学职责的专业人员”，随后又分别于 1995 年 12 月和 2000 年 9 月相继颁布了《教师资格条例》和《〈教师资格条例〉实施办法》，通过资格认定来体现教师职业的从业要求。2012 年我国颁布了《幼儿园教师专业标准（试行）》、《小学

① 加里宁．论共产主义教育．北京：中国青年出版社，1979：189．

教师专业标准（试行）》和《中学教师专业标准（试行）》，标志着国家对教师职业要求完全走向专业化。教师作为一种专门的职业，在世界范围内得到了人们的普遍认同。

专栏 6-1　　职业与专业

根据《大百科全书·社会学》的解释，"职业是随着社会分工而出现的，会随着社会分工的稳定发展而变化，是人们赖以生存的工作方式"。职业纷繁复杂，并不断产生和消失。

专业与职业的区别包括：

（1）专业区别于一般职业就在于它非同寻常的深奥知识和复杂技能。

（2）专业需要接受长时间的专业化训练，一般以是否接受过专门的高等教育为标志。

（3）专业与职业相比，要更多地提供一种独特、明确、必要的社会服务与奉献，专门职业的从业人员把工作看作是一种事业，在自主的范围内对自己的行为与判断负责任，以高质量的服务取得高报酬。

（4）职业更多地体现为工匠式特点，一旦掌握，即可不断重复，无须创新；而专业的一个重要特点在于需要不断地面对变化，不断进修，并做出创新。

资料来源：马健生. 现代教育制度与思想. 北京：高等教育出版社，2004：294.

二、教师的社会地位

教师的社会地位通常指的是教师职业在社会中所发挥的作用及占有的地位资源，主要包括教师职业的经济待遇、社会地位、社会声望以及社会权利。除了以上制约所有职业社会地位的因素外，教师职业的社会地位还与人们对教育地位的认识、教师职业的准入标准以及社会对教育的需要和期望有关。在古代社会，教育作为政治经济的附属，教师的社会地位不稳定，普通教师的社会地位非常低下。在当代，随着教育在社会中发挥的作用越来越大并逐渐占据社会的中心地位，科教兴国成为很多国家提升综合国力的重要战略，教师的社会地位也相应得到提高。

（一）教师职业的经济待遇

教师职业的经济待遇是指社会给予教师的物质报酬，包括工资、奖金及医疗、社会保障、退休金等社会福利。经济待遇是影响教师社会地位的最重要的因素，也是衡量教师社会地位的最重要的指标。教师职业是一种专门职业，教师的劳动属于一种复杂的具有创造性的劳动，因而教师应该享有较高的经济待遇。从国际上看，教师的经济收入整体水平较高，但与职业医生、律师等相比还有一定差距。我国一向非常重视教师的经济待遇问题，党中央、国务院要求各级政府不断增加教育投入，提高教师收入，《教师法》中明确规定，

“教师的平均工资水平应当不低于或者高于国家公务员的平均工资水平，并逐步提高”。2018 年 1 月颁布的《中共中央国务院关于全面深化新时代教师经济待遇改革的意见》指出，不断提高教师待遇，确保中小学教师平均工资收入水平不低于或高于当地公务员平均工资收入水平，大力提升乡村教师待遇，真正让教师成为令人羡慕的职业。

（二）教师职业的社会地位

职业的社会功能是某种职业对于社会发展的作用，是该职业社会地位的客观基础。一种职业对社会发展的作用越大，越能推动社会的整体发展水平，其职业的社会地位一般也会比较高。显而易见，教师职业对于人类社会发展的作用是巨大的。教师是人类世代积累的科学文化知识的传递者，是人类文明的播种机。教师被誉为人类灵魂的工程师，肩负着塑造灵魂、塑造生命、塑造人的时代重任。教师是教育发展的第一资源，是国家富强、民族振兴、人民幸福的重要基石。

（三）教师职业的社会声望

职业的社会声望是指社会对某种职业的意义、功能、重要性、声誉等的综合评价，它既与职业本身的特征有关，也与社会的价值取向有关。譬如，在改革开放前，售货员是令人羡慕的好职业，而教师普遍被污蔑为“臭老九”，这与当时的社会价值导向有很大关系。教师的职业声望在不同的历史时期有明显的差异。在封建社会，除少数具有官职的大师外，大多数教师社会地位非常低下，“老九”的称呼就来自元朝时流行的谚语：一官二吏三僧四道……八农九儒十丐。改革开放后，在党和国家的重视下，随着教师专业化的不断推进，教师的职业声望普遍提升，越来越多的人希望成为教师。

（四）教师职业的社会权利

教师职业的社会权利是相关法律赋予教师在履行教育教学职责时所拥有的专业权利。它是教师履行职责的法律保障。其规定越是具体详细，表明其专业性越强。在我国，《教育法》《教师法》等对教师所享有的权利进行了明确界定，除一般的公民权以外，还规定了专业方面的多项权利，为教师正确履行教书育人的职责提供了法律保障。例如：教育的权利，即教师依法享有对学生实施教育的权利；专业发展权，即教师依法享有发展自己的专业文化水平的权利；教师具有参加学校管理和建设的权利；等等。

我国已进入了中国特色社会主义新时代，人民群众对公平而有质量的教育的需要更加突出迫切，对教师的要求更高。而对新方位、新征程、新使命，教师队伍建设还不能完全适应。表现为：教师的思想政治素质和道德水平需要提升，专业水平需要提高；教师特别是中小学教师职业吸引力不足，地位待遇有待提高；有的地方对教师队伍建设重视不够，支持力度不够；等等。《中共中央国务院关于全面深化新时代教师队伍建设改革的意见》于 2018 年 1 月 20 日颁布。我国将进一步采取有效措施，尽快提高教师队伍的整体素质和收入水平，加强教师队伍建设，使之成为一支训练有素的不可替代的专业队伍；提高教师社会地位，让更多优秀的专业人才选择成为教师，从而形成优秀人才争相从教、教师人人尽展其才、好教师不断涌现的良好局面。

三、教师劳动的特点

教师作为一项专门职业，其劳动对象、劳动手段和劳动过程的特殊性，决定了它不同于一般的劳动，具有自身的特点。这些特殊性主要表现为教师劳动的复杂性、创造性、示范性、长期性与时空无限性。

（一）教师劳动的复杂性

教师劳动的复杂性根本上源于教师劳动对象的复杂性，教师的劳动对象是具有个体性的、正在成长和发展中的学生。作为独具个性的活生生的人，学生各有不同的性格、思想和情感。他们的身心发展往往呈现出各具特色的差异性。教师不可能也不应该用统一的、一成不变的方法要求和对待所有的学生，而必须有的放矢、因材施教、区别对待[①]。因此，要促进每个学生自由、全面、充分地发展，是教师劳动具有复杂性的根本原因。

另外，受劳动对象复杂性的影响，教师的劳动任务、劳动过程、劳动手段、劳动工具、劳动成效都具有复杂性，无法用简单性思维去认识。例如，教师既要传授知识、培养技能，又要培养情感、态度、价值观，还要进行思想品德教育。教师本人无法完全控制劳动过程，所以，“没有学不会的学生，只有不会教的老师”的说法是片面的。而且，以前有些人认为的“只要有知识，人人都可以当教师”的看法也是不恰当的。正是由于教师劳动的复杂性特征，所以，才不断强调教师的专业化。这意味着，只有受过训练的专业人员，才可能成为合格的教师。

（二）教师劳动的创造性

教师劳动从表面上看年复一年，日复一日，周而复始，似乎是最简单而平凡的，但就其本质而言，教师劳动是一项充满着创造性的劳动。

教师劳动之所以具有创造性，主要是因为教育对象的复杂性。对待具有差异性的学生，不能像对待无生命的物体那样，按照固定的工作流程、统一的标准、同一个模子来铸造。教师的工作虽然有规律可循，但无定式可依，这无疑使教师的劳动充满了挑战性和创造性。教师劳动的创造性，还在于教育情境的复杂性。在教育活动中，教师与学生都是活动的主体，他们都具有较强的主观能动性，双方交互作用，使整个教育过程始终处在不可完全控制的变化中。

教师劳动的创造性表现在多个方面。首先，教师要对不同的学生采用不同的教育方法

---

① 柳海民．现代教育原理．北京：人民教育出版社，2006：208.

和手段，因材施教。其次，教师要根据随时变化的教育情景灵活选择和运用教育教学内容、方法和形式。最后，由于教育活动本身的复杂性、教育情景的多变性，教师还要具有一定的教育智慧，根据实际情况采用合适的教育策略。

（三）教师劳动的示范性

教育是培养人的社会实践活动。教育的这一本质特点决定了教师劳动必然具有示范性。在教育教学中，教师的工作方式不是像其他职业那样使用特定工具，而是以自己的知识、智慧、人格魅力和言行去影响学生，滋润学生的心灵，促进学生的身心发展，所以，不论教师自己是否意识到，其一言一行都在对学生产生示范作用，正所谓“师者，人之模范也”。另外，教师劳动的示范性，还在于劳动对象的特殊性。处于中小学阶段的青少年，身心发展都还不成熟，心理品质、思想道德等方面的发展都有较大的可塑性，自主独立发展的能力非常欠缺，因而容易模仿教师，即通常所说的向师性。在天真、单纯的孩子们的眼里，教师一般都具有某种权威性，有些学生甚至认为凡是老师说的都是对的，大部分学生相信老师远胜于相信自己的父母。不过，要注意的是，教师不应因为自己的劳动具有示范性而把自己的意志强加给学生，要通过崇高的师德来潜移默化地影响学生，为学生树立为人处世的榜样，正所谓：“其身正，不令而行；其身不正，虽令不从。”“学高为师，身正为范”，平时鼓励学生独立思考，让学生能够有分析、有批判、有选择地对待教师给予的影响。

（四）教师劳动的长期性

教师劳动的长期性是由学生成长发展的长期性决定的。教育的目的是培养人，而人的成长和发展周期较长，如同古代思想家管仲所说：“一年之计，莫如树谷；十年之计，莫如树木；终身之计，莫如树人。一树一获者，谷也；一树十获者，木也；一树百获者，人也。”（《管子・权修》）树人的周期如此之长，说明教师劳动是一项周期长、见效慢的劳动。教师今天所做的工作，往往要经过许多年之后才能得到真正的评价。因为“学生产品”的质量，固然在“制造”时可以鉴定，但更重要的是学生走出社会后，根据其作为一个社会成员所做的贡献来评定。这正如苏霍姆林斯基所说的，“教师的教育劳动独特之处是为未来工作的”①。教师劳动的长期性就要求教师的工作主要着眼于为学生的成长奠定可持续发展的基础，而不是只看眼前收获。对于教师的工作，尽可能不以功利的标准或细化、量化的方法进行评价，而是要用可持续的、发展的眼光来评价。

（五）教师劳动的时空无限性

大多数职业的工作时间都有明确的时间和空间规定，如明确的上下班时间、一定的工作场所等，而教师的劳动没有明确的时空界限，上班时、下班后和学校内、学校外都是教师劳动的时间和场所，教师不能因为下课时间已到，而置学生存在的学习疑问于不顾，也

---

① 叶瑞祥，沈晓良. 教育学. 广州：广东高等教育出版社，2000：33.

不能因为学生在校外发生问题而不理。教师劳动的时空无限性是学生发展因素的多样性和教育影响的持续性决定的，学生的成长不仅受学校的影响，还受社会和家庭的影响。为了取得校内与校外教育影响的一致性，教师就需要突破学校教育的时空界限，把对学生的教育工作扩展到学校教育以外的空间，追踪自己的每一个学生，依靠家长和社会的协同形成教育的内外合力，例如，教师可以在规定的工作时间之外进行家访，与学生谈话，查阅相关资料，进行教学设计以及协调学校、社会、家庭的教育影响等。

四、教师的职业角色

角色原指演员扮演的剧中人物，是独立于演员个人而存在的行为和形象。后来人们将其引入心理学和社会学领域，特指一个人处于某一特定社会群体中的身份，及其被身份所规定的行为和行为模式的总和。个人的社会身份就是个人的社会职能、权利和责任，它规定了一个人活动的特定范围，即应该做什么、不应该做什么。以此类推，教师的角色是指教师在社会大舞台上由所处的特殊地位决定的行为模式，它不仅意味着充当教师的人所应当完成的有关行为，而且意味着社会各界对教师所抱的期望，是教师社会地位的外在表现。教师角色是教师的地位、作用与专业特点的具体反映形式。一个善于扮演好自己角色、协调好角色冲突的教师，才是一个合格的教师。

专栏 6-2　　关于教师角色的研究

美国学者雷道和华顿保认为，教师兼有以下十种不同的角色：社会的代表、知识的源泉、裁判员或法官、辅导者、学生行为优劣的观察者、认同的对象、父母的替身、团队的领导者、朋友、情感发泄的对象。索里和特尔福德将教师的作用和角色从消极到积极做出划分。消极的作用：替罪羊，榜样和纪律的执行者；权威者的作用：家长的代理人、知识的传授者、模范的公民；支持的作用：治疗学家、朋友与知己。

资料来源：全国十二所重点师范大学联合编写．教育学基础（第 3 版）．北京：教育科学出版社，2014：140-141.

一般来说，教师应承担的主要角色有：

1. “传道受业解惑者”

“师者，所以传道受业解惑也”，这是唐代韩愈《师说》中关于教师的作用和功能的一句名言，也是被广泛认可的、教师只有具备的职业角色以及教师作为社会的代言人在促进学生社会化过程中必然要承担的角色。首先，为了能够传“道”（社会的道德规范、做人准则、伦理要求等），教师本人应该具备高尚的品德和正确的价值观，因为教师具有塑造学生优良道德以及教授社会倡导的价值观念的使命，即所谓“道之所存，师之所存也”。其次，教师只有具备丰富的科学文化和专业知识，才有资格对学生“展开教育”。最后，教师应不断提高自身的素质和能力，以便能够解决学生学习过程中产生的疑问和困惑。

2. 管理者

现在的教学组织形式普遍采用班级授课制，一个教师同时面对几十个甚至几百个学生，这就产生了管理的问题，教师相应地需要承担课堂管理者的角色。其应承担的任务包括：制定和执行班级规章制度、维持课堂纪律、组织班级活动、协调与学生以及学生之间的人际关系，对教育教学活动进行控制、检查与评价等等。

3. 示范者

教师劳动的示范性特点决定了教师的示范者角色，教师的言行举止、品德修养、仪表神态、性格个性等无不对学生发生潜移默化的影响。夸美纽斯说，教师的职业是用自己的榜样教育学生。好的教师榜样，会让学生学到公正、智慧、热情、坚强、卓越、乐于助人等优秀品质，相反，教师如果不注重个人修养，行为不检点、处事不公正，就会给学生心灵留下阴影，对学生的发展产生不良影响。

4. 学生发展的引领者

教师不应该只是做教书匠，仅满足于把书本知识传递给学生，而是要关注学生德智体美全面发展，促进学生自由和谐地成长。另外，随着社会生活节奏的加快，人们的心理压力越来越大，学生也同样会有各种心理困惑和问题，教师应及时为学生排忧解难，促进学生心理健康。

5. 学生的父母与朋友

受中国传统文化的影响，学生往往把教师视为自己的父母与朋友。年龄小的低年级学生往往把教师看作父母的化身，对教师的态度类似于对父母的态度，正所谓“一日为师，终身为父”，他们表现出明显的向师性，非常希望得到教师的认可和赏识。高年级的学生则容易把教师视为自己的朋友，希望在学习、生活、人生等多方面得到教师的指导，希望教师表现出对自己的喜爱、友好、理解与宽容。而且，如果教师能够把学生当作朋友，以平等民主的方式与学生交往，可以使学生更加亲近自己，向自己敞开心扉，从而促进教育教学效果的提高。

6. 研究者

教师的劳动对象是个性各异、非常复杂的具体的人，而劳动目的是促进每个学生的自由全面发展，教育内容又随着时代的发展不断更新，教育手段也随着教育技术的发展而日益丰富和多样化，教师再也不可能以传统的“一支粉笔、一张黑板、一张嘴巴包打天下”了，教师必须不断研究课程，研究自己的教学，研究自己的学生，并且不断反思，掌握切实的教育教学理念、方法、技术等，努力提高教育教学效果和水平。

总之，教师职业是集道德的化身、知识的使者、学生的榜样、班级的领导、孩子的朋友与父母、教育活动的研究者等多重身份于一身的职业。教师职业角色的多样性决定了教师职业的重要意义和重大责任。作为教师，应了解相关的教师角色要求，熟练掌握角色技能，成功地在不同的时空情景中扮演相应的角色，避免角色混淆、角色冲突、角色承担失败等现象的发生。

五、教师的权利和义务

作为一项专门职业，教师应该享有充分而全面的教育教学权利，承担相应的义务，并在法律上对此予以明确规定。我国于 1994 年 1 月 1 日正式开始实施的《教师法》中，明确规定了教师的权利和义务，为教师正确履行教书育人的职责提供了法律保障。

（一）教师的权利

教师的权利是指教师在履行教育教学职责时，应当享有的权益。教师的权利可以分为两个部分：一是教师作为普通公民所享有的基本权利，如健康权、肖像权、生命权、信仰自由等；二是作为教师所享有的专业权利，这部分权利与教师的职业特点相联系，是教师特定的权利。这两部分权利既有联系，又有区别。根据我国《教师法》等相关法律，我国教师的专业权利包括以下 6 项：

（1）教育教学权。《教师法》第 7 条第 1 款规定，教师有权“进行教育教学活动，开展教育教学改革和实验”。

（2）科研学术活动权。《教师法》第 7 条第 2 款规定教师享有“从事科学研究、学术交流，参加专业的学术团体，在学术活动中充分发表意见”的权利。

（3）评价管理学生权。《教师法》第 7 条第 3 款规定教师有权“指导学生的学习和发展，评定学生的品行和学业成绩”。

（4）获取报酬待遇权。《教师法》第 7 条第 4 款规定教师享有“按时获取工资报酬，享受国家规定的福利待遇以及寒暑假期的带薪休假”的权利。

（5）参与民主管理权。《教师法》第 7 条第 5 款规定教师享有“对学校教育教学、管理工作和教育行政部门的工作提出意见和建议，通过教职工代表大会或其他形式，参与学校的民主管理”的权利。

（6）进修培训权。《教师法》第 7 条第 6 款规定教师享有“参加进修或者其他方式的培训”的权利。

此外，在《教师法》中，除了第 7 条所列举的 6 项教师享有的权利之外，其他条款中也规定了一些教师应当享有的权利，如在培养和培训、工资水平、各种福利待遇以及奖励等方面赋予教师的权利，当教师的合法权益受到侵犯时可以通过一定渠道提起申诉的权利等。

（二）教师的义务

教师的义务像教师的权利一样，也可以分为两个部分：一是作为公民应承担的义务；二是作为教师应承担的义务，这部分义务与教师的职业特点相联系，是教师特定的义务。这两部分义务既有联系，又有区别。结合教师的职业特点，在我国，《教师法》第 8 条规定的教师应履行的义务主要有以下 6 项：

（1）遵纪守法义务。《教师法》第 8 条第 1 款规定教师应“遵守宪法、法律和职业道德，为人师表”。

（2）教育教学义务。《教师法》第 8 条第 2 款规定教师应“贯彻国家的教育方针，遵守规章制度，执行学校的教学计划，履行教师聘约，完成教育教学工作任务”。

（3）教书育人的义务。《教师法》第 8 条第 3 款规定教师应“对学生进行宪法所确定的基本原则的教育和爱国主义、民族团结的教育，法制教育以及思想品德、文化、科学技术教育，组织、带领学生开展有益的社会活动”。

（4）尊重和爱护全体学生的义务。《教师法》第 8 条第 4 款规定教师应“关心、爱护全体学生，尊重学生人格，促进学生在品德、智力、体质等方面全面发展”。

（5）保护学生权益的义务。《教师法》第 8 条第 5 款规定教师有“制止有害于学生的行为或者其他侵犯学生合法权益的行为，批评和抵制有害于学生健康成长的现象”的义务。

（6）提高思想觉悟和教学水平的义务。《教师法》第 8 条第 6 款规定教师有“不断提高思想政治觉悟和教育教学业务水平”的义务。

当前，随着社会的急剧转变，各类社会矛盾和利益冲突日渐凸显。在教育领域，教师正当权利受到侵害、合法利益得不到保障的事情时有发生，例如，侵犯教师教育教学权，强制规定教师的教学方法、教学手段；以教育教学工作需要为借口剥夺教师进修学习的权利。另外，由于部分教师素质不高、依法从教的意识不强，体罚和羞辱学生、实施冷暴力或精神惩罚等侵犯学生权利的事情也时有发生。所以，增强教师和学生的法制意识、健全法律、依法执教是当务之急。

六、教师的专业素养

教师的专业素养是教师作为专业工作者应该具备的多方面素质要求，是教师高效顺利完成教育教学任务、提高育人成效的前提。它是教师专业化发展的基本内容，也是教师促进自我成长、自我反思的主要依据。

专栏 6-3　　习近平提出的“四有”好教师

2014 年教师节，习近平在与北京师范大学师生座谈时，对做一个好教师，提出“四有”的要求：

第一，做好老师，要有理想信念。

第二，做好老师，要有道德情操。

第三，做好老师，要有扎实学识。

第四，做好老师，要有仁爱之心。

资料来源：习近平. 做党和人民满意的教师：同北京师范大学师生代表座谈时的讲话，人民日报，2014-09-10.

一般来看，教师的专业素养并不是一成不变的，它随着时代的变迁和教育的发展而产生新的变化，因而不可能编制出一份详尽的清单，囊括所有教师都应具备的专业素养。我们所提出的教师素养要求并非所有教师都必须全部做到，但教师应不断朝着这个方向努力。合格的教师专业素养一般包括以下几个方面：

1. 高尚的职业道德

教师职业道德是指教师在教育教学过程中应当遵循的行为准则和道德素质的总和，是一般社会道德在教师职业中的体现。教师的职业道德直接影响教师的工作态度和责任感，会潜移默化地影响学生品德的形成，因此，只有具备高尚的师德，才能培养出全面和谐发展的学生。对教师的品德要求包括：在对待教育事业时，忠于人民的教育事业，爱岗敬业，明确自身肩负的教育使命和职责，做到责权利统一；在对待学生时，秉持博爱和公正的理念，平等对待每一名学生，充分关爱和信任学生，做到关心和严格要求相统一，为人师表，诲人不倦；在对待其他同事时，团结协作、共同发展，严于律己、宽以待人；在对待学生家长时，尊重家长，主动沟通，真诚相待。

2. 科学的教育理念

教育理念是人们对教育事业的理性认识，是教育教学实践中教师心中坚守的原则、信念或追求的理想，是实现所追求的教育目的的思想保证。作为 21 世纪的教师，应该具备时代倡导的一些教育理念，并且能够结合自己的实际工作情况，积极思考，创造性地将这些理念应用到实际教育教学中。这些理念包括：以人为本的教育理念，科学、和谐发展的教育理念，创新的教育理念，依法执教的教育理念，主体性教育理念，全纳教育的理念，生命教育的理念，教育公正的理念等。

3. 丰富合理的专业知识

教师在教育过程中无疑要运用各种知识。尽管难以判断具体需要何种知识，但教师合理的知识结构可以划分为四类：（1）学科专业知识，即教师所任教学科的知识，也称为本体性知识，如语文知识、数学知识、物理知识等。它是教师胜任岗位的基本保证，必须达到精深的程度。（2）普通文化知识。教师需要广博的科学文化知识，广泛吸收当代的科学技术、人文社会科学研究的新成果，这样才能适应学生广泛的知识需求，在传道、授业、解惑时才不至于捉襟见肘。（3）教育理论知识，也称为条件性知识，它是教师正确履行教育教学职责的重要保证，一般包括三种类型：一是教育基础理论知识，包括教育原理、心理学、课程与教学论、儿童发展心理学、教育研究方法等；二是学科教育知识，即任教的学科课程与教学论知识，如语文课程与教学论、英语课程与教学论等；三是教育教学技能知识，包括“三笔一话”、班主任工作、课堂管理、心理咨询等。（4）教师个人的实践性知识，即具体的教育教学情景知识，包括教师个人的教育教学技巧、教育智慧、教育风格，如课堂提问、课堂互动、批评与表扬学生等技巧①。

4. 复合型的专业能力

教师的专业能力是教师在教育教学活动中表现出来的、影响教育教学目的实现及其效率的水平和本领。它是一个复合有机的体系，由多个层次构成，主要包括：教学设计的能力，分析、研究学生的能力，语言表达能力，与各种人沟通和互相理解的能力，课程开发能力，终身学习能力，信息收集和反馈能力等。处于教育教学一线的教师更要具备研究能力，提高研究意识和研究素养，以便创造性地解决工作中不断出现的各种问题。

5. 优良的人格特征

人格特征是指个性、情绪、健康以及处理人际关系的品质等。由于教师的工作对象、工作手段、工作环境具有特殊性，对教师的人格也有较高要求，这些要求包括乐于助人、仁慈友善、合群、宽容耐心、自信自爱、热情慷慨等。英国有学者曾对47 000名学生进行调查，归纳出有效能教师的人格特征：合作民主；仁慈体谅；能忍耐；兴趣广泛；和蔼可亲；公正；有幽默感；言行稳定一致；有兴趣研究新问题；处世有伸缩性；了解学生，给予奖励；精通教学技能②。我国学者对1 000余名中学生的调查，概括出学生总体喜爱的教师人格特征是：具有崇高的品质和价值，具有强烈的责任感，遵循教育权等规律，真诚、公正、善良、独立、文明等③。

6. 健康的身心素质

常言道：身体是革命的本钱。健康的身体是做好其他一切事情的前提和基础。没有强健的身体、旺盛的精力，教师就不可能顺利高效地完成教育教学任务。当前教师身体素质普遍下降，教师英年早逝的现象增多，因此需要采取有效措施，改变这一状况。另外，随着教师工作压力的普遍增加，教师的心理健康状况堪忧，中国人民大学于2005年做的“中国教师职业压力和心理健康”调查显示，超过80%的教师反映压力大，近40%的教师

---

① 柳海民. 现代教育原理. 北京：人民教育出版社，2006：225-226.

② 胡晴. 高校教育与个性发展. 北京：知识出版社，1999：23.

③ 吴光勇，黄希庭. 当代中学生喜爱的教师人格特征研究. 教育研究与实验，2003（4）.

心理健康状况不佳。教师已成为心理疾病的高发人群，所以，更应该注重教师的心理健康，为教师“减负”。健康的心理素质一般包括轻松愉快的心情、负责亲切的工作态度、昂扬振奋的工作精神、坚忍不拔的意志等。

专栏 6 - 4

2011 年 12 月教育部颁布了《幼儿园教师专业标准（试行）》、《小学教师专业标准（试行）》和《中学教师专业标准（试行）》，对我国幼儿园、小学和中学教师专业发展的基本理念和内容做了全面的论述。基本理念是教师进行教育教学活动和教师专业发展的基本原则，基本理念包括育人为本、师德为先、能力为重、终身学习。教师专业发展的基本内容包括专业理念与师德、专业知识和专业能力 3 个维度，包含了不同领域的具体要求（见表 6 - 1、表 6 - 2)。

表 6 - 1　小学教师专业标准的基本内容

维度	领域	基本要求
专业理念与师德	（一）职业理解与认识	1. 贯彻党和国家教育方针政策，遵守教育法律法规。 2. 理解小学教育工作的意义，热爱小学教育事业，具有职业理想和敬业精神。 3. 认同小学教师的专业性和独特性，注重自身专业发展。 4. 具有良好职业道德修养，为人师表。 5. 具有团队合作精神，积极开展协作与交流。
	（二）对小学生的态度与行为	6. 关爱小学生，重视小学生身心健康，将保护小学生生命安全放在首位。 7. 尊重小学生独立人格，维护小学生合法权益，平等对待每一个小学生。不讽刺、挖苦、歧视小学生，不体罚或变相体罚小学生。 8. 信任小学生，尊重个体差异，主动了解和满足有益于小学生身心发展的不同需求。 9. 积极创造条件，让小学生拥有快乐的学校生活。
	（三）教育教学的态度与行为	10. 树立育人为本、德育为先的理念，将小学生的知识学习、能力发展与品德养成相结合，重视小学生全面发展。 11. 尊重教育规律和小学生身心发展规律，为每一个小学生提供适合的教育。 12. 引导小学生体验学习乐趣，保护小学生的求知欲和好奇心，培养小学生的广泛兴趣、动手能力和探究精神。 13. 引导小学生学会学习，养成良好学习习惯。
	（四）个人修养与行为	14. 富有爱心、责任心、耐心和细心。 15. 乐观向上、热情开朗、有亲和力。 16. 善于自我调节情绪，保持平和心态。 17. 勤于学习，不断进取。 18. 衣着整洁得体，语言规范健康，举止文明礼貌。

续前表

维度	领域	基本要求
专业知识	（五）小学生发展知识	19. 了解关于小学生生存、发展和保护的有关法律法规及政策规定。 20. 了解不同年龄及有特殊需要的小学生身心发展特点和规律，掌握保护和促进小学生身心健康发展的策略与方法。 21. 了解不同年龄小学生学习的特点，掌握小学生良好行为习惯养成的知识。 22. 了解幼小和小初衔接阶段小学生的心理特点，掌握帮助小学生顺利过渡的方法。 23. 了解对小学生进行青春期和性健康教育的知识和方法。 24. 了解小学生安全防护的知识，掌握针对小学生可能出现的各种侵犯与伤害行为的预防与应对方法。
	（六）学科知识	25. 适应小学综合性教学的要求，了解多学科知识。 26. 掌握所教学科知识体系、基本思想与方法。 27. 了解所教学科与社会实践的联系，了解与其他学科的联系。
	（七）教育教学知识	28. 掌握小学教育教学基本理论。 29. 掌握小学生品行养成的特点和规律。 30. 掌握不同年龄小学生的认知规律。 31. 掌握所教学科的课程标准和教学知识。
	（八）通识性知识	32. 具有相应的自然科学和人文社会科学知识。 33. 了解中国教育基本情况。 34. 具有相应的艺术欣赏与表现知识。 35. 具有适应教育内容、教学手段和方法现代化的信息技术知识。
专业能力	（九）教育教学设计	36. 合理制定小学生个体与集体的教育教学计划。 37. 合理利用教学资源，科学编写教学方案。 38. 合理设计丰富多彩的班队活动。
	（十）组织与实施	39. 建立良好的师生关系，帮助小学生建立良好的同伴关系。 40. 创设适宜的教学情境，根据小学生的反应及时调整教学活动。 41. 调动小学生学习积极性，结合小学生已有的知识和经验激发学习兴趣。 42. 发挥小学生主体性，灵活运用启发式、探究式、讨论式、参与式等教学方式。 43. 将现代教育技术手段渗透运用到教学中。 44. 较好使用口头语言、肢体语言与书面语言，使用普通话教学，规范书写钢笔字、粉笔字、毛笔字。 45. 妥善应对突发事件。 46. 鉴别小学生行为和思想动向，用科学的方法防止和有效矫正不良行为。
	（十一）激励与评价	47. 对小学生日常表现进行观察与判断，发现和赏识每一个小学生的点滴进步。 48. 灵活使用多元评价方式，给予小学生恰当的评价和指导。 49. 引导小学生进行积极的自我评价。 50. 利用评价结果不断改进教育教学工作。
	（十二）沟通与合作	51. 使用符合小学生特点的语言进行教育教学工作。 52. 善于倾听，和蔼可亲，与小学生进行有效沟通。 53. 与同事合作交流，分享经验和资源，共同发展。 54. 与家长进行有效沟通合作，共同促进小学生发展。 55. 协助小学与社区建立合作互助的良好关系。
	（十三）反思与发展	56. 主动收集分析相关信息，不断进行反思，改进教育教学工作。 57. 针对教育教学工作中的现实需要与问题，进行探索和研究。 58. 制定专业发展规划，不断提高自身专业素质。

表 6-2　　中学教师专业标准的基本内容

维度	领域	基本要求
专业理念与师德	（一）职业理解与认识	1. 贯彻党和国家教育方针政策，遵守教育法律法规。 2. 理解中学教育工作的意义，热爱中学教育事业，具有职业理想和敬业精神。 3. 认同中学教师的专业性和独特性，注重自身专业发展。 4. 具有良好职业道德修养，为人师表。 5. 具有团队合作精神，积极开展协作与交流。
	（二）对学生的态度与行为	6. 关爱中学生，重视中学生身心健康发展，保护中学生生命安全。 7. 尊重中学生独立人格，维护中学生合法权益，平等对待每一个中学生。不讽刺、挖苦、歧视中学生，不体罚或变相体罚中学生。 8. 尊重个体差异，主动了解和满足中学生的不同需要。 9. 信任中学生，积极创造条件，促进中学生的自主发展。
	（三）教育教学的态度与行为	10. 树立育人为本、德育为先的理念，将中学生的知识学习、能力发展与品德养成相结合，重视中学生的全面发展。 11. 尊重教育规律和中学生身心发展规律，为每一个中学生提供适合的教育。 12. 激发中学生的求知欲和好奇心，培养中学生学习兴趣和爱好，营造自由探索、勇于创新的氛围。 13. 引导中学生自主学习、自强自立，培养良好的思维习惯和适应社会的能力。
	（四）个人修养与行为	14. 富有爱心、责任心、耐心和细心。 15. 乐观向上、热情开朗、有亲和力。 16. 善于自我调节情绪，保持平和心态。 17. 勤于学习，不断进取。 18. 衣着整洁得体，语言规范健康，举止文明礼貌。
专业知识	（五）教育知识	19. 掌握中学教育的基本原理和主要方法。 20. 掌握班集体建设与班级管理的策略与方法。 21. 了解中学生身心发展的一般规律与特点。 22. 了解中学生世界观、人生观、价值观形成的过程及其教育方法。 23. 了解中学生思维能力与创新能力发展的过程与特点。 24. 了解中学生群体文化特点与行为方式。
	（六）学科知识	25. 理解所教学科的知识体系、基本思想与方法。 26. 掌握所教学科内容的基本知识、基本原理与技能。 27. 了解所教学科与其他学科的联系。 28. 了解所教学科与社会实践的联系。
	（七）学科教学知识	29. 掌握所教学科课程标准。 30. 掌握所教学科课程资源开发的主要方法与策略。 31. 了解中学生在学习具体学科内容时的认知特点。 32. 掌握针对具体学科内容进行教学的方法与策略。

续前表

维度	领域	基本要求
专业知识	（八）通识性知识	33. 具有相应的自然科学和人文社会科学知识。 34. 了解中国教育基本情况。 35. 具有相应的艺术欣赏与表现知识。 36. 具有适应教育内容、教学手段和方法现代化的信息技术知识。
专业能力	（九）教学设计	37. 科学设计教学目标和教学计划。 38. 合理利用教学资源和方法设计教学过程。 39. 引导和帮助中学生设计个性化的学习计划。
	（十）教学实施	40. 营造良好的学习环境与氛围，激发与保护中学生的学习兴趣。 41. 通过启发式、探究式、讨论式、参与式等多种方式，有效实施教学。 42. 有效调控教学过程。 43. 引发中学生独立思考和主动探究，发展学生创新能力。 44. 将现代教育技术手段渗透应用到教学中。
	（十一）班级管理与教育活动	45. 建立良好的师生关系，帮助中学生建立良好的同伴关系。 46. 注重结合学科教学进行育人活动。 47. 根据中学生世界观、人生观、价值观形成的特点，有针对性地组织开展德育活动。 48. 针对中学生青春期生理和心理发展特点，有针对性地组织开展有益身心健康发展的教育活动。 49. 指导学生理想、心理、学业等多方面发展。 50. 有效管理和开展班级活动。 51. 妥善应对突发事件。
	（十二）教育教学评价	52. 利用评价工具，掌握多元评价方法，多视角、全过程评价学生发展。 53. 引导学生进行自我评价。 54. 自我评价教育教学效果，及时调整和改进教育教学工作。
	（十三）沟通与合作	55. 了解中学生，平等地与中学生进行沟通交流。 56. 与同事合作交流，分享经验和资源，共同发展。 57. 与家长进行有效沟通合作，共同促进中学生发展。 58. 协助中学与社区建立合作互助的良好关系。
	（十四）反思与发展	59. 主动收集分析相关信息，不断进行反思，改进教育教学工作。 60. 针对教育教学工作中的现实需要与问题，进行探索和研究。 61. 制定专业发展规划，不断提高自身专业素质。

七、教师专业发展

世界各国非常重视教师教育的发展和教师素养的提升。1963 年世界教育年鉴的主题就是“教育与教师培养”（Education and Training of Teachers），1980 年的主题是“教师专业发展”（Professional Development of Teachers）。此外，国内外学者对教师专业发展问题也做了大量研究。教师专业发展已成为人们持续关注的热点。

（一）教师专业发展的概念

教师专业发展包括教师群体和教师个体的专业发展，但核心及其最终目标是教师个体的专业发展，它指的是教师在专业理念、专业能力、专业知识、专业心理品质等专业素养方面从生疏到成熟、从低水平到高水平、从专业新手成为专家型教师的持续不断提升的过程。这个过程尽管与时间有关，但并不意味着教龄长的教师专业水平就高。教师的专业水平更与教师自身素质的提高和专业意识的形成有关。

（二）教师专业发展的过程

教师专业发展是教师专业素养持续提高的过程，具有明显的阶段性。国内外学者对此进行了大量探讨，不同的学者对此有不同的看法和结论①：

1. 国外学者对教师专业发展阶段的划分（见表 6-3）

表 6-3　国外学者对教师专业发展阶段的划分

研究者	阶段论
傅乐	教学前关注、早期生存关注、教学情景关注、关注学生
卡茨	求生存、巩固、更新、成熟
伯顿	求生存、调整、成熟
费斯勒	职前教育、引导、能力建立、热心和成长、生涯挫折、稳和停滞、生涯低落、生涯退出
司德菲	预备生涯、专家生涯、退缩生涯、更新生涯、退出生涯
伯利纳	新手、高级新手、胜任、熟练、专家
安鲁赫	职前期、初任期、安全期、成熟期
格雷高克	形成期、成长期、成熟期、充分专业化期
麦克唐纳	过渡期、探索期、创造实验期、专业教学期
休伯曼	入职期、稳定期、歧异期（Ⅰ、Ⅱ）、准备退休期

2. 我国学者对教师专业发展阶段的划分（见表 6-4）

表 6-4　我国学者对教师专业发展阶段的划分

研究者	阶段论
叶澜	“非关注”阶段，“虚拟关注”“生存关注”“任务关注”阶段，“自我更新”阶段
邵宝祥，等	适应阶段（从教 1～2 年）、成长阶段（从教 3～8 年）、称职阶段（35 岁以后）、高原阶段、成熟阶段
钟祖荣，等	准备期（职前）、适应期（从教 1～3 年）、发展期（从教 4～10 年）、创造期
傅道春	积累期、成熟期、创造期
王铁军，等	入职适应期（18～25 岁）、成熟胜任期（25～35 岁）、高原平台期（35～45 岁）、成功创造期（45～55 岁）、退职回归期（55 岁以上）
庞丽娟	准备阶段（师范教育）、求生阶段（任职第一两年）、巩固阶段（任职第三四年）、更新阶段（任职第四五年）和成熟阶段（任职四五年后）

（三）促进教师专业发展的途径

教师专业发展是个持续不断的过程，需要经过多个阶段，从我国当前实际来看，主要包括职前专业学习、新教师入职培训、在职进修和校本研修、教师自我教育。

---

① 吴永军．我国大陆地区教师专业化过程研究述评．教育发展研究，2007（8）．

1. 职前专业学习

职前专业学习是教师个体专业发展的起点，它以师范院校中的师范生为主，包括所有修读教师教育专业，预备将来进入学校成为教师的学生。以前由于师范教育的垄断性，它只包括师范院校的学生，现在已扩展至各类院校的学生。只要修读教师教育课程，顺利通过教师资格考试，取得教师资格证，就可以选择教师职业。这一阶段学生的主要任务是发展自己的知识、能力，接受适当的教育或培训，学习并发展教师专业所需要的技能，为正式进入教育领域打下基础。提高教师专业化水平，必须在以下几方面努力：充分重视教师职前培养，把学术性、师范性结合起来；努力提高教师社会地位，鼓励优秀学生学习教师教育专业；联系当前基础教育新课程改革的要求，使学生获得与之相应的专业训练；严把教师入口关，提高教师资格标准，选拔真正有志成为教师并具有相应素质的人。

2. 新教师入职培训

新教师入职培训是当前广泛采用的一种提高教师专业水平的途径，学生在职前专业学习中，尽管已获得了一定的专业训练，掌握了一定的教育理论知识，并且参与了一定时间的教育实习，但一般离合格教师的标准还很远。因此，必须在其正式成为教师前进行培训，主要方式是聘请富有经验的老师或专家开展集体培训或进行现场实际教学指导，这有利于促进新手教师转变角色，把教育理论应用于实际教学工作中。培训时间一般不长，多为短期的系统培训，可以采用集中和分散相结合的方式。

3. 在职进修和校本研修

为了适应教育教学改革的需要，教师应树立终身学习的理念，在教师生涯中不断学习。继续教育和培训在方式上可以多种多样，例如，送教师去大学学习进修，聘请校内外经验丰富的教师和专家开展培训、现场指导，带领教师去外校观摩学习，组织教师在校内集体探讨等。当前比较富有成效的一种培训方式是校本研修，它是在教育专家指导下，以教师所在学校为主要场所，以提高教师专业素养为主要目标，以教师面临的实际教育问题为主要研讨对象的在职培训模式。另外，还有学者提出师本培训，它以教师个体成长为指向，以解决教师个人工作中的实际问题为主要目的，以专家指导下的教师行动研究为主要培训模式，是一种行之有效的促进教师专业发展的培训模式。

4. 教师自我教育

教师自我教育是指教师本人在教育教学过程中，通过经常性的自主反思、主动学习和阅读最新教育教学理论知识、跟踪研究教育教学中的各类问题、与其他教师切磋交流等途径不断提高自己的专业水平，它是教师专业素养提高的关键。外界尽管已经有各种针对教师的进修、培训、学习等，但如果不能被教师本人吸收和转化，就可能流于形式而无法提高教师水平。所以，提高教师自我教育的意识和积极性、主动性是教师专业成长的最有效的途径。

第二节　学生属性与发展特点

学生是在学校教育中，在教师的指导下进行学习的稳定的受教育者。他们是相对于教师来说的，并不包括脱离教师指导的“自学者”；从学习阶段来看，包括幼儿、小学生、中学生、大学生、研究生等，本节阐述的对象主要是 18 岁以下的中小学生。

一、个体发展的特点

个体发展是个人从出生到生命的终结之间所发生的一切变化。从内容上来说，既有生理的变化，也有心理的和社会性的变化；从性质上说，既有积极的变化，也有消极的变化。从方向上看，发展即个体发展的可能性变为现实性的过程，因此，发展是贯穿个体生命始终的过程。

从学校教育的角度看，学校教育的对象是不断成长的个体，从人的婴儿期到幼儿期，再到童年、青少年、成年，人的生理和心理经历了逐步成长完善到成熟的过程。在这个过程中，个体的发展具有完整性、顺序性、阶段性、差异性等特点。

1. 完整性

人本主义心理学家马斯洛指出，“我们声明，个人是一个一体化的、有组织的整体。心理学家常常非常虔诚地同意这个理论上的声明，然后又平静地开始在实际的实验中忽视它”[①]。生理、心理、社会性，这些概念是基于我们认识和研究学生的需要而发展出来的，当我们从学生的角度看他们的时候，他们是一个个完整的人，进入学校、课堂中，投入学习活动中，将来他们也会作为一个个完整的人进入社会。因此，我们需要认识到人的完整性与统一性，促进学生在认知、情感和行为上的和谐发展，培养德、智、体、美、劳全面发展的人。

2. 顺序性

个体的身心发展具有顺序性。比如身体发展遵从先上后下、先中间后四肢、先骨骼后肌肉的顺序。心理的发展总是由机械记忆到意义记忆，思维过程由具体的上升到抽象的，在情感变化上由喜怒哀乐等发展到理智感、道德感、美感等复杂情感。这些顺序不能超越，也是不可逆的。

3. 阶段性

人生在世，生命会走过不同的阶段，小孩、大人和老人就是对人生阶段的大致概括。

---

① 马斯洛. 动机与人格. 北京：华夏出版社，1987：23.

《论语·为政》中所说的“吾十有五，而志于学。三十而立，四十而不惑，五十而知天命，六十而耳顺，七十而从心所欲，不逾矩”，也是对人生阶段的划分。就学生的身心发展阶段来说，心理学家从不同的视角进行了很多研究，其中皮亚杰的儿童认知发展理论具有代表性，皮亚杰把个体从出生到青少年时期的认知发展分为四个阶段①：

（1）感知运动阶段，年龄为出生到 2 岁。婴儿靠感觉和动作认识世界。婴儿将情境同化到他们动作的“仓库”中，他们通过所能做的方式，如吮吸和抓握之类的动作作用于物体，从而发现新东西的特性。

（2）前运算阶段，年龄为 2 岁到 7 岁。这个阶段的儿童不再依靠感觉和动作认识世界，而会运用符号功能理解世界。开始用语言或表象来表征事件与物体。对儿童来说，延迟模仿、绘画、象征性游戏都是运用符号功能的范例。之所以称为前运算，是因为在皮亚杰看来，这个阶段的儿童尚未获得可以让他们进行逻辑思维的运算图式。

（3）具体运算阶段，从 7 岁到 11、12 岁。这个阶段的儿童可以运用内部的心理运算解决问题。运算是一种心理动作，儿童在心理进行可逆或补偿的动作，并不需要实际动手操作。具体运算是指儿童智能对于具体的事物或情境按照逻辑法则进行推理。

（4）形式运算阶段，年龄为 11、12 岁到 14、15 岁。能在头脑中把形式和内容分开，使思维超出所感知的具体事物或形象，进行抽象的逻辑思维和命题运算。具有了假设-演绎推理的能力，具有了归纳思维的能力。

4. 差异性

尽管从整体来说人的发展具有明显的阶段性特征，但在同一阶段内的人具有差异性。这表现在人的生理和心理发展的优势领域、发展速度和发展最高水平上。身体发育上，有的个体身体爆发力强擅长短跑，有的耐力好擅长长跑；有的个体擅长技巧型的运动项目，有的擅长力量型运动项目。在智力发展上，加德纳的多元智能理论就是人发展差异性的最有力证明。加德纳认为不同的人具有不同的优势智能领域，这些智能包括语言智能、数理逻辑智能、音乐智能、空间智能、身体运动智能、人际交往智能、自我认知智能、自然智能、存在智能。个体之间的差异性还表现在有的个体早慧，有的则大器晚成。

二、学生的本质特点

1. 学生是具有主体性的发展着的人②

首先，学生是人，是具有整体性的人，不同于其他可以任意摆布的物体，因此，不能以对待物的方式对待学生。当我们具体考察当今的教育过程时，就会发现实际的教育过程

---

① 皮亚杰. 皮亚杰教育论著选. 北京：人民教育出版社，1990：2-12.

② 柳海民. 现代教育原理. 北京：人民教育出版社，2006：245-250.

中学生经常被忘记是具有自然生命、社会生命和精神生命的有整体性的人，而只被当成实现某种目标的工具，以至于学生只在某个方面得到发展。例如，当今普遍盛行的应试教育，只注重学生应试能力的培养而全然不顾学生整体素质的发展，没有注意到现实中的人都是丰富的、完整的人。教育应努力打破人的发展的工具性和片面性，丰富和完善人的整体性，促进其自由全面发展，使人既有健全的身体，又有丰富的精神；既有科学的思想，又有人文的情怀；既能适应社会需求，又能不断创新。

其次，学生是从不成熟到成熟、从未定型到定型的不断发展的人。人的发展是作为整体的人从生命的起点到终点，在与环境相互作用中，在身体和心理两方面发展变化的过程。他们身心发展过程中所展现出来的各种特征都处在不断变化之中，具有极大的可塑性。尽管学生发展的方向和最终程度不完全由教育决定，但显然高质量的教育能大大提高学生发展的速度和水平。

最后，学生是有主体性的人。所谓主体性，就是指学生在教育教学活动中的主观能动性。独立自主性、自觉能动性和创造超越性是其主要表征。封建社会中的人的主体性被完全压抑，个人成为依附在整个封建等级结构中的一个配件。社会主义市场经济体制和民主政治体系的构建，为个人主体性的发展提供了环境基础。当代教育必须把人视为主体——不仅是个人自主发展的主体，而且是教育活动中的主体。承认学生的主体性，也就是要承认学生发展的多种可能性、不确定性以及发展结果的差异性。

2. 学生是以学习为主要任务的人

学习是学生的天职，学生最重要的任务是接受教师指导，掌握科学文化知识，以适应快速发展的社会需求，成为有益于社会的建设者和接班人。这是社会赋予学生的义务与权利。可以说以学习为主是学生的质的规定性。学生的学习是在学校这一特殊的环境中进行的，因而具有特殊性。

首先，学生以学习间接经验为主。间接经验与直接经验相对，是指学生不可能亲自在生活中体验、了解、掌握人类世代积累下来的科学文化知识。在教学过程中，学生学习的主要是前人在实践中总结的主要以书本知识的形式体现出来的间接经验。由于学生的学习时间和精力是非常有限的，而人类世代积累的知识文化却浩如烟海，这导致学生只能以间接经验的学习为主，但这不意味着学生个体的直接经验没有用处，注重学生的直接经验，引导学生将直接经验与间接经验相结合，重视探究性、体验性学习，能显著提高学生学习的效率。

其次，学生的学习是一种系统的、有指导的学习。学生的学习是在教师的指导下，有目的、有计划、有组织的学习行为，它受一定的教育制度控制，具有确定的学习内容和要求，具有一定的强制性、封闭性和划一性。当然，教师在教育过程中也应尊重学生的主体性，顺应学生成长规律，促进学生自由发展基础上的全面发展。

3. 学生是不同于成人的具有独特性的儿童

中小学生一般是未成年人，具有学生特有的“儿童精神”，有着与成人不同的身心特点，如童趣、童心、童言无忌等。尽管成人都是从儿童发展而来的，但却经常忽视儿童的特性，不重视儿童具有其自身的身心发展特点。在很长的时间里，人们倾向于将儿童看作“小大人”，看作与成人有同样特点和需求，并没有什么质的差别的普通的人，他们认识不到儿童所具有的“未成年”特点。因此，在教育工作中，他们按成人世界的标准来评价和控制学生，结果往往适得其反。例如：当学生学习不好时，往往认为学生没有前途，而看不到学生发展的多种可能性；有些教师不是鼓励后进生，促进他们的发展，而是给他们贴标签、区别对待，甚至采取羞辱、打击、驳斥等错误的教育方式，放弃教育职责，阻碍这些学生的发展。

三、当代学生发展的特点

随着社会的转型、多元文化和价值观的凸显，当代中小学生的发展也呈现出与以往不同的许多特点，了解和研究这些新的特点有助于教师正确地对待学生，科学地教育学生，实现教育的预期目标。

1. 当代学生的价值观日趋多元化

随着社会主义市场经济的深入推进和民主政治的发展，社会由同质的单一性向异质的多样性转型，当代学生所处的社会环境与以往有较大差别。相比以前的单一、封闭，当今社会已进入一个多元文化、多元价值的时代，传统社会的价值体系和行为方式日趋瓦解。在此背景下，学生的价值观也发生了很大的变化。学生的自我意识不断增强，表现出鲜明的功利观念和个性化欲望。这一变化的优点在于主体性增强，学生富于独立性和创造性；缺点在于容易导致学生以自我为中心、自私自利、我行我素。因此，教师需要积极帮助学生形成正确的价值观，使其在关注自我利益时也关心他人利益，形成处事公正、富有爱心、助人为乐等优良品质。

2. 喜欢独立思考，勇于表现自我

当代中小学生具有较强的自主意识，较早地表现出不依赖父母、独立自强、自主决定和选择的自我意识，他们敢于挑战各种权威，相信自己的判断，追求思维的独立性和批判精神。同时，中小学生的参与意识增强，喜欢互动和合作，表现出较强的自信心。在学生主体性日益增强的背景下，教师应善于引导，充分激发学生学习的自主性，提高其主动探究、提升能力的信心。

3. 当代学生的视野更加开阔

当代学生学习的载体尽管仍然主要依靠学校中的书本和教师，但学校教育受到媒介技术和互联网的飞速发展带来的冲击。学生可以利用的资源日益丰富，除了传统的纸质媒介外，网络、广播、电影、电视、手机、微博、微信等都为学生提供了大量的信息资源。而且，家庭教育和社会教育也发挥着越来越重要的作用，这表现在家长的素质普遍提高，指导孩子学习的能力增强，家长甚至可以发挥传统学校教育的部分功能。此外，社会中的教育机构也越来越多，对学生的影响越来越大。这些变化对教师的教学工作提出了更高要求。

4. 身体和心理问题增多

随着生活水平的提高和生活条件的好转，学生身体发展方面的问题也在逐渐增多。例如，学生生理成熟期提前，身体过度肥胖者增多，因缺少锻炼导致体质下降，用眼过度导致相当比例的学生近视等问题。在心理上，由于应试教育导致的过度竞争和正确引导的缺乏等，学生心理问题也显著增加，如学习烦恼、考试焦虑、恐惧学校、不会处理人际关系、出现自卑感、自杀等。避免和预防中小学生身心问题、维护学生的身心健康是教师的重要职责。

5. 学生同辈群体之间的互相影响更加明显

受当代通信和交流方式日趋方便快捷的影响，同辈之间的联系较以往更加紧密，他们之间的互动交流和沟通更加频繁，互相影响的程度也较以往更加深刻。同学的行为会明显影响学生本人的行为，发生在个别学生身上的新奇的事在很短时间就可能成为大家共同讨论或参与的话题。这要求教师必须关注学生群体，把群体视为重要的教育力量，正确引导学生群体舆论，建设好班集体、学生会等学生群体组织。

四、学生的权利和义务

（一）学生享有的权利

尽管中小学学生是未成年人，身心发展都不成熟，但他们享有不可剥夺的法律所规定的各项权利。

1989 年 11 月 20 日，联合国大会通过了《儿童权利公约》（简称《公约》）。该公约是一套普遍接受的标准和义务。这些基本标准——也称人权——规定了各国政府应当尊重的最基本的权利和自由。这些标准基于对每个人尊严和价值的尊重，无论其种族、肤色、性别、语言、宗教、观点、血统、财富、出身或能力如何，因此这些标准适用于任何地方的任何人。伴随这些权利而来的是政府和个人不得侵犯他人同等权利的义务。该《公约》在 54 项条款和两个《任择议定书》中规定了这些权利，详细叙述了任何地方的儿童都拥有的基本人权：生存权，充分发展权，免受有害影响、虐待和剥削权，充分参与家庭、文化和社会生活权。《公约》的四项核心原则是：不歧视，致力于实现儿童利益的最大化，生命、生存和发展权利，尊重儿童观点。《公约》中阐述的每项权利都是每个儿童的人性尊严与和谐发展所固有的。《公约》通过制定保健、教育及法律、公民及社会服务方面的标准来保护儿童权利。

我国一向重视学生权利的保护，《中华人民共和国教育法》《中华人民共和国义务教育法》《中华人民共和国未成年人保护法》等都做了具体的规定。学生的权利主要包括受教育权、人身安全与隐私权、平等权、申诉权等。

我国自 2016 年 1 月 1 日起施行的《教育法》第 43 条对各级各类学校学生的基本权利做了以下规定：

（1）参加教育教学计划安排的各种活动，使用教育教学设施、设备、图书资料；

（2）按照国家有关规定获得奖学金、贷学金、助学金；

（3）在学业成绩和品行上获得公正评价，完成规定的学业后获得相应的学业证书、学位证书；

（4）对学校给予的处分不服向有关部门提出申诉，对学校、教师侵犯其人身权、财产权等合法权益，提出申诉或者依法提起诉讼；

（5）法律、法规规定的其他权利。

《教育法》以外的其他法律法规，包括《宪法》《民法通则》《未成年人保护法》《义务教育法》《〈义务教育法〉实施细则》《教师法》等规定的权利，主要包括学生的受教育权、姓名权、荣誉权、隐私权、健康权、生命权、名誉权、著作权、肖像权、平等权、休息权等。

（二）学生的法定义务

权利和义务总是相对而言的，两者互相规定、相辅相成，学生在享有基本权利的同时，也需要承担相应的义务。《教育法》第 44 条对各级各类学校学生的基本义务做了以下规定：

（1）遵守法律、法规；

（2）遵守学生行为规范，尊敬师长，养成良好的思想品德和行为习惯；

（3）努力学习，完成规定的学习任务；

（4）遵守所在学校或者其他教育机构的管理制度。

最后一条主要包括以下几方面：1）遵守其所在教育机构的思想政治教育管理制度；2）遵守其所在教育机构的教学管理制度；3）遵守其所在教育机构的学籍管理制度，包括入学注册，成绩考核，对升级、留级、转学、复学、休学、退学的处理，考勤记录，纪律教育，奖励处分以及对学生毕业资格的审查等管理规定；4）遵守其所在教育机构的体育管理、卫生管理、图书仪器管理、校园管理等方面的制度。

第三节　建立良好的师生关系

教师与学生是教育教学活动的直接参与者，教师与学生的关系是教育过程中最基本、最重要、最复杂的。师生关系的性质和水平对教育活动及效果具有重要影响。本节所指的师生关系，是指教师和学生在教育、教学活动中结成的相互关系，包括彼此所处的地位、所起的作用以及相互之间的认知和态度等。对于师生关系问题的认识和处理，制约着教育方法的选择和教育质量的提高，影响着教师的教学行为和学生的学习行为。

一、师生关系的基本内容

师生关系一般包括三个方面。

1. 师生关系首先是一种教与学的关系

师生关系首先是为完成一定的教育目的和任务而有意安排产生的关系，具有工具性。良好的教学关系表现为：在教育教学活动中，教师的教和学生的学协调一致、配合默契、相得益彰，实现教学相长。良好的教学关系应该能让学生感到来自教师的教育影响不是被迫和专制的，也不是自由放任的，而是严肃认真、活泼友好、民主协商的。具有较高教育水平的教师，能够有效地控制整个教育过程，协调与学生之间的关系，建立起既不专制又不放纵的民主平等的关系。

2. 师生关系也是一种伦理关系

在教育活动中，教师和学生组成了一个特殊的道德共同体，各自都有特定的伦理要求，承担一定的伦理责任。这种特定的伦理关系是客观存在于教育活动中的，例如我们常说的尊师爱生、教学民主、师道尊严、师生平等。师生伦理关系的存在具有必然性。在任何一种社会关系中，都存在伦理矛盾，都需要一定的伦理规范，专门培养人的教育活动更不例外。努力建构现代民主、自由、正义、和谐的师生伦理关系是师生品德修养水平提高的重要保证。

3. 师生关系还是一种情感关系

教育过程也是一种特殊的人际交往过程，师生在教育活动中因信息交流、互动和评价而形成情感关系。例如：教师对好学生流露出赞赏、喜欢的态度，对后进生表现出冷漠、厌恶的态度；学生通过与教师的交往和言行举止的观察而形成对教师尊重或排斥、亲近或疏远的态度等。教师与学生之间相互交流、相互激励、相互促进，对提高教育、教学效果影响很大。情感关系是教育活动的必然结果，教师不断提升专业素养是改进师生情感关系的主要途径。

专栏 6-5　　良好师生关系的特征

良好的师生关系具备以下五个方面的特征：

1. 坦白或明朗——彼此诚实不欺诈；
2. 关心——彼此都知道自己为对方所重视；
3. 独立性——一方不依赖另一方；

4. 个体性—— 一方允许另一方发展其独特的个性与创造力；

5. 彼此适合对方的需要—— 一方需求的满足不以另一方需求的牺牲为代价。

资料来源：唐思群，屠荣生. 师生沟通的艺术. 北京：教育科学出版社，2001：11.

二、教师和学生在教育过程中的地位和关系

（一）关于师生在教育中的地位的两种极端的理论

关于教师和学生在教育过程中的地位和作用，历史上许多教育家都有过深刻的探讨。在这些理论主张中，有两种比较极端的理论，它们是教师中心论和学生中心论。

1. 教师中心论

教师中心论认为，在教育过程中，教师应该拥有绝对的权威，学生无自由可言，只能被教师控制，保持对教师的绝对服从。这一理论的代表人物是传统教育理论的代表、德国教育家赫尔巴特。赫尔巴特反对卢梭的自然主义教育思想，认为让学生顺其本性发展而不加控制，只会导致危险的结果。他主张，学生的发展必须依赖于教师对教育内容、手段、方法、进度等的控制和指导，要求教师在注重学生多方面兴趣培养的同时对学生进行严格管理，强调纪律的威严，以抑制学生“盲目的烈性情绪”和“处处都会表现出来的不服从的劣性”①。

2. 学生中心论

学生中心论认为，在教师与学生的关系中学生处于中心地位，教师必须从学生的需要和兴趣出发进行教育。教师要遵从儿童天性，顺应儿童的自然力量，尽可能不要干涉学生发展，作为自然的仆人引导学生发挥主动性，激发学习兴趣，满足学生多方面的发展需求。这一理论的代表人物是被称为现代教育之父的美国教育家杜威。杜威批评赫尔巴特没有注意到儿童具有自己的天性，没有认识到儿童是充满活力的。他认为，教育应该围绕儿童开展和组织，儿童是中心。教师不是儿童学习的主宰者，而是他们学习的守护者和助理。

这两种理论观点尽管片面，但深刻影响着教育实践中的师生关系。即使在今天众多的教育理论中，还能发现这两种观点留下的深刻痕迹。

（二）走向主体间性的师生关系

从 20 世纪 80 年代开始，关于师生主客体关系的问题成为大家讨论的热点，教师中心论和学生中心论由于其极端性而逐渐被抛弃，两者之间的争论也转化为师生主客体关系的问题，主要产生了学生主体教师客体说、教师主体学生客体说、师生双主体说、师生双重主客体说、超越主客体说、“教师主导学生主体”的主导主体说等理论主张，这些学说都存在着难以自圆其说的漏洞。例如，当前在教育学界影响最大的“教师为主导，学生为主

① 刘新科，栗洪武. 中外教育名著选读. 北京：中国人民大学出版社，2008：421.

体”的主导主体说，有的学者认为它仅仅强调了学生在教学中的主体地位，忽视了教师在教学中的主体地位，割裂了同一过程中教与学的双方关系，认为这种观点只是两种层次认识的简单组合，“教师为主导”，实际上是从角色作用上来确定的，而“学生为主体”则是一种认识论意义上的表述，这两种表述并不在同一个定义层面上，因而也就无法确切地去解释两者之间的统一关系。总而言之，由于借用的主客体理论本身的局限，这些说法都具有不可克服的片面性，难以圆满解答师生关系的性质。

近些年有学者利用胡塞尔、哈贝马斯、海德格尔等西方哲学家主体间性（inter-subjectivity）和交往行动（communication action）的理论对师生关系进行探讨，他们认为教育活动是人与人之间的一种交往活动，在交往活动中，教师和学生之间并不是“主-客”关系，而是相互交流、相互对话的平等主体之间的交互关系，它本质上应该是主体间性的关系，教师和学生互为主体、呈现一种共主体性，它生成于师生“主体-主体”关系中的交往活动。教师和学生作为教育交往的共同主体，是一种“我与你”的关系，其主体间性主要表现为双方的对话、平等、宽容、合作、理解、共享等。例如，有研究者认为，师生关系是主体间性视野下的“共享”关系。“共享”的过程就是“对话”的过程。“对话”是双方共同在场、互相吸引、互相包容、共同参与及共同分享的行为。在“共享”的课堂氛围中，学生既是学习者又是建构者。学生之间、师生之间的思想碰撞，应该是“对话”的主旋律。在“对话”与“共享”的过程中，教师是“平等中的首席”，他在“对话”与“共享”中发挥着其他参与者（学生）所无法比拟的“精神指导”和“人格引领”的作用。“共享式”体现了师生之间和学生之间动态的信息交流，真正实现了师生互动，师生在对话中互相影响、互相补充、互相促进，最终共同进步①。

（三）他者性：超越主体间性的师生关系

新近的研究中，有学者又反思主体间性，提出了“超越主体间性的他者性”②。在他者性看来，主体间性的问题在于：第一，主体间性是一种相互回应的互惠关系，根基是向“我”回归的“唯我论”；第二，主体间性是同一性关系，它忽视了主体间的差异；第三，主体间的对称性关系是一种理想的关系。

在他者性中，由于对主体性的理解不同，他者性的师生关系不同于主体间同一性的师生关系，表现为我与他者之间非对等的伦理关系。主体间性视野中的主体，是一个为我、向我的主体，因此，我要求另一个主体与我相同。而他者性视野中的主体，是向他、为他的主体。主体是为他者而存在的，因此，“我”与他者的关系是一种不对称关系：我对他者的道义和责任，并不意味着我要从他者那里取得回报。师生之间的伦理关系具有非对称性，而这种非对称性，决定了教师对学生的发展具有无限的责任。无限的责任，不是指责任的宽

---

① 李镇西．共享：课堂师生关系新境界．课程·教材·教法，2002（11）．

② 冯建军．他者性：超越主体间师生关系．高等教育研究，2016（8）．

度，而是指责任的深度、责任的自觉性。教师对学生的责任，不是出于对利益的计量、对回报的考虑，也不是基于受法律的约束和制度的规定，而是一种责任的担当，教师应该也必须为学生的发展负责。这种责任是单向的，即我对他人负责却不因此要求他人给予我回报。

三、建立良好的师生关系的建议

新型的师生关系应是平等、民主、公正、和谐的互助关系。良好的师生关系是师生双方共同努力的结果，教师作为教育教学活动的主导者，在其中的作用和担负的职责更多一些。当前，在教育活动中存在大量师生关系不和谐的现象，受所谓从西方移植过来的后现代理论的影响，过度强调师生平等、学生权利和自由，瓦解教师权威等。师生关系问题成为当代教育的热点问题之一，这些问题表现在诸多方面，例如：教师讲课照本宣科，学生抵制或逃课；师生情感关系淡漠，甚至互相敌视；教师有偿补课，甚至收受家长贿赂；教师故意体罚或变相体罚学生，学生及其家长羞辱、报复甚至杀害教师；等等。这些现象成为很多关心教育的人担忧的问题。

尽管师生关系问题受到诸多因素的影响，单凭教师和学生难以完全解决，但教师作为主导的一方，应努力从自身做起，切实负起责任，有所作为。以下是从教师工作的角度提出的一些建议：

1. 努力提高教师素养

众所周知，教师的素质是影响师生关系的核心因素。很多师生关系问题都是由教师个人素质不高、教育教学能力欠缺、师德修养水平较低等所导致的。所以教师专业化水平的发展和教师素养的提升是解决师生矛盾和冲突的根本途径。只有不断提升教师个人的专业素养，提高教育教学能力，增进教育智慧，培养优良的个性品质等，才有可能把师生冲突消灭在萌芽状态，建立健康和谐的师生关系。

2. 全面了解和研究每一个学生

了解和研究学生是建立良好师生关系的基本前提，不了解学生，就难以有的放矢地开展教育教学工作，就可能会在工作中出现失误，进而影响师生关系。教师在任教一个新班级或认识新同学时，首先要了解学生的心理发展状况、学习情况、兴趣爱好、性格气质等，这可以通过与学生原来的任课老师沟通、询问学生本人或其同学、与家长沟通等途径实现。此外，要防止在与学生交往中出现以偏概全、先入为主的现象。

3. 尊重和关爱每一个学生

学生尽管在意志、性格、个性上还不成熟，但其在人格上与教师是始终平等的，有自己不可侵犯的尊严和权利。一方面，教师需要学习和了解学生的权利，养成民主作风，杜绝粗暴专制的做法，尊重每一个学生。另一方面，良好师生关系的建立需要教师给予学生真诚的关心和爱护，对学生的发展负责。这要求教师做到以下几点：（1）关爱学生要有原则，不能溺爱和放纵；（2）关爱学生要做到一视同仁，教师要以宽广的胸怀热爱包括“差生”在内的全体学生；（3）关爱学生要全面，对学生的思想、学习、身体和生活进行全面关怀，做学生的贴心人和知心朋友。教师的关心和爱护作为师生之间一种特殊的情感联系，在良好师生关系的建立中有着特别重要的意义。学生一旦感受到教师对自己的关爱，就会对教师产生特殊的敬仰之情，这样教师和学生就会在互相尊重、互敬互爱的关系中相得益彰、共同成长。

4. 建立与学生亲密的交往关系

要想建立良好的师生关系，教师必须主动与学生交往，建立亲密的交往关系。心理学已经证明，人与人之间积极情感的产生依赖于亲密的接触和交往，每个人总是对自己熟悉、与自己交往较多的人产生正面的情感和较高的评价。教师要与学生建立良好的情感关系，既可以通过教育教学活动中的正式交往，又可通过教学之外的非正式交往，经常走进学生的生活，与学生打成一片，多和学生谈心，了解其真实情况，解决他们的困难和问题。两者结合，互相补充，可以起到改善、提升师生关系的作用。

专栏6-6　影响师生关系的主要因素

1. 教师方面

（1）教师对学生的态度。学生受教师的评价影响很大。教师对学生的评价往往通过语言暗示、表情等体现出来。教师偏爱优生，忽视中间学生，厌恶后进生，就会使学生与教师之间产生不同的距离。罗森塔尔等人的实验不仅证明了教师态度与学生成绩的关系，而且证明了教师态度对师生关系的直接影响。

（2）教师领导方式。教师领导方式有专制型、民主型、放任型三种。大量事实表明，在民主型领导方式下，师生关系民主、平等、融洽；而在专制型领导方式下，师生关系对立。

（3）教师的智慧。教师的智慧不仅表现在学识上，而且表现在教师的创造性上。教师学识渊博是学生亲近教师的重要原因之一。

（4）教师的人格因素。教师的性格、气质、兴趣等是影响师生关系的重要因素。性格开朗、气质优雅、兴趣广泛的教师最受学生欢迎。

2. 学生方面

学生影响师生关系的主要因素是学生对教师的认识。许多调查表明：学生与教师关系好就喜欢上教师的课，主动亲近教师；自认为教师瞧不起自己，就会主动疏远教师。

3. 环境方面

影响师生关系的环境主要是学校的人际关系环境和课堂的组织环境。学校领导与教师的关系、教师与教师的关系、教师与家长的关系必然影响师生关系。课堂的组织环境主要包括教室的布置、座位的排列、学生的人数等。我国中小学课桌的排放多呈“秧田式”，教师讲台置于块状空间的正前方，这种格局阻隔了师生之间的交往及学生与学生之间的交往。有的地方尝试取消讲台，以拉近师生关系。目前许多国家都在探讨圆桌式、马蹄式、半圆式、蜂巢式等便于师生交往和交流的座位排列方式。

资料来源：全国十二所重点师范大学联合编写．教育学基础（第3版）．北京：教育科学出版社，2016：156-157.

本章小结

教师是负有履行教育教学职责、教书育人职责、培养社会建设者、提高国民素质等责任的专业人员，是一种专门职业，需要经过专门学习和训练。教师的社会地位通常指的是教师在社会中发挥的作用和占有的地位资源，主要衡量因素包括：经济待遇、社会地位、社会声望和社会权利。教师劳动的特点体现在复杂性、创造性、示范性、长期性与时空无限性等方面。教师的角色是指教师在社会大舞台上由其所处的特殊地位所决定的行为模式。当代教师应承担的职业角色主要是“传道受业解惑者”、管理者、示范者、学生发展的引领者、学生的父母与朋友、研究者。教师的权利和义务在相关教育法规中有明确规定，需要给予充分的保障，同时教师也应依法执教。教师的专业素养是教师作为专业工作者应该具备的多方面的素质要求，这是教师高效顺利完成教育教学任务、提高育人成效的前提，包括：高尚的职业道德、科学的教育理念、丰富合理的专业知识、复合型的专业能力、优良的人格特征、健康的身心素质等。教师专业发展的核心及最终目标是教师个体专业发展，教师专业发展是教师专业素养持续不断提升的过程，需要通过职前专业学习、新教师入职培训、在职进修和校本研修、教师自我教育等途径实现。

学生是具有主体性的发展着的人，以学习为主要任务，有着不同于成人的儿童特性。学生的权利和义务已有各项法律予以规定，需要切实尊重和保护。随着时代的变化，学生的发展也呈现出很多新的特点。了解学生的本质特点、发展规律及其享有的权利和义务是教师正确履行教育教学职责的出发点。

师生关系一般包括三个方面，分别是教与学关系、伦理关系和情感关系。关于师生在教育中的地位，教师中心论和学生中心论都有偏颇，建构平等的师生关系，体现教师对学生的关怀和责任，才是正确方向。努力提高教师素养、全面了解和研究每一个学生并给予其充分的尊重和关爱，建立与学生亲密的交往关系是建构良好师生关系的基本途径。

思考题

1. 教师是一个什么样的职业？教师应该承担什么样的职业角色？

2. 试述教师劳动的特点，体会教师劳动的复杂性和创造性。

3. 教师应该具有什么样的专业素养，如何提高教师的专业素养？

4. 教师应怎样正确地认识学生，树立科学的学生观？

5. 怎样建立良好的师生关系？

拓展阅读

1. 叶澜，白益民，王枬，等. 教师角色与教师发展新探. 北京：教育科学出版社，2001.

2. 傅道春. 教师的成长与发展. 北京：教育科学出版社，2001.

3. 余雅风. 学生的权利和义务. 南京：江苏教育出版社，2012.

4. 唐思群，屠荣生. 师生沟通的艺术. 北京：教育科学出版社，2001.

第七章

教育内容

学习目标

● 了解教育内容的制约因素及意义。

● 了解全面发展教育（德育、智育、体育、美育、劳动技术教育，简称五育）的意义、任务及内容，理解五育之间的关系。

● 了解课程概念，理解和运用课程设计、课程实施和课程评价的基本知识。

● 理解学生生活的价值诉求。

问题与思考

● 什么样的内容可以促进学生的全面发展？

● 全面发展教育中，德育、智育、体育、美育、劳动技术教育等是否存在着谁是第一的问题？

● 教育的内容是否需要进行系统化的组织？如果需要，该怎样组织？

● 什么样的生活才是值得学生追求的生活？

● 生活对个体的发展具有什么价值？我们需要什么样的教育生活？

只有借助教育内容，师生互动的教育才能形成，因此，了解和研究教育内容具有重要的意义。德育、智育、体育、美育、劳动技术教育是教育内容的五大组成部分，课程是教育内容的组织形态，学生生活则是教育内容的活化样态。

第一节　教育内容概述

教育内容是教育活动对学生成长施加影响的总和，这种影响不仅包括知识、技能，还包括思想观念、行为规范等。教育内容有广义和狭义之分。广义的教育内容不仅包括有目的、有计划、有组织地自觉对学生发展产生影响的内容，也包括无目的、无计划、无组织地自发对学生发展产生影响的内容。狭义的教育内容特指学校教育内容，是教育者根据一定的社会要求和教育规律，有目的、有计划、有组织地通过学校教育设计的课程，对学生身心施加影响的内容。广义上的教育内容，有的是无法控制的，所以我们一般在狭义的意义上论述教育内容。

一、教育内容的制约因素

教育目的是影响教育内容选择的决定性因素。生产力和科学技术的发展、社会政治经济的需要、文化传统的继承等元素都会影响对教育内容的选择，并主要通过影响教育目的的确定来实现。一般而言，只有当这些元素与既定教育目的相一致时，教育才会吸收和接纳它们，它们才有可能成为教育内容。教育目的是对各种影响人发展的元素进行选择的决定性因素。

学生身心发展的规律和水平是影响教育内容选择的关键性因素。学生是教育的对象，只有与学生身心发展相一致的思想观念、知识、技能、风俗、习惯、传统文化等，才有可能为学生所同化或顺应，才能对学生的发展产生影响。如果在教育内容的选择上无视学生身心发展规律和水平，那么教育必将低效。

教育过程观也影响着对教育内容的选择。当我们把教育过程理解为灌输的时候，教育内容就可能表现为各种只可死记硬背、不可置疑的教条；当我们把教育过程理解为学生在教师引导下主动建构时，教育内容就可能表现为学生自主建构的材料或环境。

二、教育内容的意义

教育内容是实现教育目的的载体。教育内容和教育目的之间有着密切的关系。一方面，教育目的是教育内容选择的重要标准和依据，教育目的制约着教育内容，有何种教育目的就有何种教育内容；另一方面，教育内容对教育目的具有反作用，教育内容的选择、确立、编排、传授等合理与否，都会影响教育目的的实现。

教育内容也是教师和学生进行交往的重要中介。只有通过教师和学生之间的交往，教育才有可能成为现实的活动。任何交往活动，都是“主体-客体-主体”的结构，教育交往也不例外。教育资料就是作为主体的教师和学生进行交往的中介客体。“教育资料作为一种特殊的文化源，与文化的三种形态相对应，也形成了不同的形态：与物质文化相对应的有教育场地、设备和教育手段，与制度文化相对应的有教育方法和组织形式，与精神文化相对应的有教育内容和目的。”① 教育内容是一种重要的教育资料，是师生交往的重要中介。它是教师教学的基本依据和准绳，是学生学习内容的来源。

教育内容是教学的基本依据，也是教育评价的重要依据。教学不是漫无目的的活动，而是有计划、有组织的活动。活动的基本依据是教学内容，教学是依托教育内容而进行的活动。所以，教育内容是教学的基本依据，是教师备课、授课的基本依据，也是评价教学质量的重要依据。教育教学质量的好坏主要是通过教育内容来检查的。通过检查学生对教育内容的掌握情况，我们可以发现学生已有的发展水平，或现在存在的问题，指明其发展的方向；也可以检查出教师的教学业务能力，促进其提高教育教学水平；还可以发现学校的教育质量，促其改进工作②。

第二节　全面发展教育的构成

教育内容是为实现教育目的服务的。促进人的全面发展是我国的教育目的，培养德智体美等方面全面发展的社会主义建设者和接班人，就需要全面发展的教育，包括德育、智育、体育、美育、劳动技术教育五个方面。五育既相互独立，承担不同的任务，又相互联系，共同完成促进人的全面发展的任务。

一、德育

在我国，德育是指通过教育者和受教育者的交往实践活动，有目的、有计划、有组织地对受教育者施加思想、政治和道德等方面的影响，通过受教育者的内化，使受教育者形成社会所需要的品德的教育活动。它是思想教育、政治教育、道德教育等方面的总称，此外，还包括心理教育、法治教育等。思想教育旨在培养学生正确的世界观、人生观和价值观；政治教育旨在培养学生正确的政治观念、信念和政治信仰；道德教育旨在促进学生的道德发展和良好道德行为习惯的养成。可以说，我国德育不同于西方狭义上的道德教育，而是一种涵盖整个社会意识形态的“大德育”。

---

① 冯建军．当代教育原理．南京：南京师范大学出版社，2009：9-10．

② 柳海民．现代教育原理．北京：人民教育出版社，2006：442．

（一）德育的意义

加强德育有利于实现社会主义现代化。德育不仅是社会主义精神文明建设的重要组成部分，通过培养出来的人，德育还可以间接影响到社会主义的物质文明建设和民主政治建设。总之，德育事关社会主义现代化建设的成败，加强德育具有长远的战略意义。

加强德育也有利于促进青少年健康成长。青少年的可塑性很强，这个时期形成的思想政治观念、文明习惯等还会影响个体的一生，完全可以说，青少年时期是进行德育的最佳时期和关键时期。在这个时期，加强德育引导，提高青少年的思想政治觉悟，使其形成良好的道德品质，对于个体的健康成长具有重要的意义。

加强德育还有利于实施其他各育。这主要表现在如下三方面：一是具有激发动机的作用。只有具有很强的学习动机，学生才有可能积极并高效地与教师互动，才能高效地参与其他各育。动机强弱与个人的思想政治觉悟、道德品质观念等具有直接关系。因此，通过激发学生学习动机，德育可以推进其他各育的开展。二是具有价值导引的作用。其他各育主要探讨的都不是价值方向问题，德育可以给各育提供方向，引导各育朝正确的方向发展。三是德育还可以为智育、体育、美育和劳动技术教育提供良好行为习惯等方面的直接支持。

（二）德育的任务及内容

德育的内容既具有稳定性，又具有时代性。稳定性体现着对人的道德发展的基本要求，时代性随着社会的发展而变化。《中小学德育工作指南》以培养学生良好思想品德和健全人格为根本，大力培育和践行社会主义核心价值观，全面规划了新时代德育的任务：培养学生爱党爱国爱人民，增强国家意识、法治意识和社会责任意识；教育学生理解、认同和拥护国家政治制度，了解中华优秀传统文化和革命文化、社会主义先进文化，增强中国特色社会主义道路自信、理论自信、制度自信、文化自信；引导学生准确理解和把握社会主义核心价值观的深刻内涵和实践要求，养成良好政治素质、道德品质和行为习惯，形成积极健康的人格和良好的心理品质，促进学生核心素养提升和全面发展，为学生一生成长奠定坚实的思想基础。

根据这一要求，《中小学德育工作指南》提出了新时代我国德育的内容。

（1）理想信念教育。开展马列主义、毛泽东思想学习教育，加强中国特色社会主义理论体系学习教育，引导学生深入学习习近平总书记系列重要讲话精神，领会党中央治国理政新理念新思想新战略。加强中国历史特别是近现代史教育、革命文化教育、中国特色社会主义宣传教育、中国梦主题宣传教育、时事政策教育，引导学生深入了解中国革命史、中国共产党史、改革开放史和社会主义发展史，继承革命传统，传承红色基因，深刻领会实现中华民族伟大复兴是中华民族近代以来最伟大的梦想，培养学生对党的政治认同、情感认同、价值认同，不断树立为共产主义远大理想和中国特色社会主义共同理想而奋斗的信念和信心。

（2）社会主义核心价值观教育。把社会主义核心价值观融入国民教育全过程，落实到中小学教育教学和管理服务各环节，深入开展爱国主义教育、国情教育、国家安全教育、民族团结教育、法治教育、诚信教育、文明礼仪教育等，引导学生牢牢把握富强、民主、文明、和谐作为国家层面的价值目标，深刻理解自由、平等、公正、法治作为社会层面的价值取向，自觉遵守爱国、敬业、诚信、友善作为公民层面的价值准则，将社会主义核心价值观内化于心、外化于行。

（3）中华优秀传统文化教育。开展家国情怀教育、社会关爱教育和人格修养教育，传承发展中华优秀传统文化，大力弘扬核心思想理念、中华传统美德、中华人文精神，引导学生了解中华优秀传统文化的历史渊源、发展脉络、精神内涵，增强文化自觉和文化自信。

（4）生态文明教育。加强节约教育和环境保护教育，开展大气、土地、水、粮食等资源的基本国情教育，帮助学生了解祖国的大好河山和地理地貌，开展节粮节水节电教育活动，推动实行垃圾分类，倡导绿色消费，引导学生树立尊重自然、顺应自然、保护自然的发展理念，养成勤俭节约、低碳环保、自觉劳动的生活习惯，形成健康文明的生活方式。

（5）心理健康教育。开展认识自我、尊重生命、学会学习、人际交往、情绪调适、升学择业、人生规划以及适应社会生活等方面教育，引导学生增强调控心理、自主自助、应对挫折、适应环境的能力，培养学生健全的人格、积极的心态和良好的个性心理品质。

二、智育

智育是通过师生交往活动，有计划、有组织并系统地向学生传递科学文化知识和技能，发展学生的智力，培养其创新精神和实践能力的社会活动。智育在强调发展学生的基础知识、基本技能的同时，更加强调要发展学生的智力，要求学生具有适应终身学习的基础知识、基本技能和方法，要求培养学生的创新精神和实践能力，特别是要求培养学生具有搜集和处理信息的能力、获取新知识的能力、分析和解决问题的能力以及交流与合作的能力等。

实质教育派认为只要掌握了知识、技能，个人的智力、能力就自然会得到发展，所以一些人以为智育仅仅旨在传授知识和技能，其实，智力、能力的发展规律与一般知识、技能的发展规律是不同的。智育不仅要帮助学生掌握知识、技能，还要帮助学生发展智力、能力。

专栏 7-1　　形式教育派和实质教育派之争

形式教育派学者（如赫尔巴特）认为，最重要的不是学习基本的科学知识，而是通过对科学的学习提高学生的思维、想象、记忆等方面的能力。因此在智育的内容上应重视拉丁文、希腊文、语法、逻辑和数学等学科的学习，他们认为这些学科是发展智力的最重要的材料。

以斯宾塞为首的实质教育派则主张为资本主义培养具有实用知识的人，他们选择教材的主要标准是看教材有无实用的价值。所以他们重视现代语、算术、历史、地理、物理、商业、家政、速记等知识的学习，认为在掌握这些有益的知识过程中，不需要刻意的努力，就可以使智力得到发展。

形式教育派与实质教育派在智育任务、内容上的不同主张，各有其合理的方面，但它们各执一端，从不同的方面把知识、技能和智力的关系割裂开来。实际上，要发展智力，就必须学习科学知识，如果片面强调智力的发展，其结果不能达到预想的目的。另外，实质教育派看不到智力的发展与掌握知识、技能两者之间虽有联系也有区别，同时也看不到智力对掌握知识、技能所起的作用，他们的观点也是片面的。

资料来源：南京师范大学教育系．教育学．北京：人民教育出版社，2005：202-203.

正确理解智育的含义，要注意它和教学的区别。智育不同于教学，也不等于教学。教学是学校实施全面发展教育的基本途径，因而也是实施智育的基本途径。实现智育目标，教学同样是基本途径；而教学作为教育目标实现的途径，不仅服务于智育，同样也服务于德育、美育、体育和劳动技术教育。智育侧重于基础知识、基本技能以及能力、创新精神的培养；而教学过程不仅传递知识和技能，培养创新精神和实践能力，还渗透着品德教育、审美教育、健康教育和劳动技术教育。

（一）智育的意义

智育是社会延续和发展的必要条件。“智育的职能正是将人类的知识和智力的成果，一代一代地传递下去，使每一代人都能够继承前人创造的一切文明，并使下一代人有可能在前人基础上进一步丰富、发展人类已有的文化财富，从而使得整个社会文明不断地进步。没有智育，即没有科学和智力的再生产，人类创造的一切物质财富和精神财富，都不可能延续、发展，人类自身的发展也会停滞。”① 因此，智育是社会文明进化必不可少的环节和条件。

智育在人的全面发展教育中具有重要的地位和作用。身心如要得到全面发展，个体就需要掌握必要的知识技能，形成必要的能力，拥有学会学习、学会成长所需要的情感动力等。智育旨在向个体传授知识，发展能力和非智力因素。因此，智育是人的全面发展教育不可缺少的部分。它对人的发展作用，在于它能使个体再现人类已有的知识经验，还能够在此基础上使个体创造和生产出新的知识经验。

智育为其他各育的实施提供着科学知识的基础和智力的基础。只有通过智育，提高了个体的道德认知水平，发展了个体的道德推理能力，个体才有可能在德育中正确理解科学

① 南京师范大学教育系．教育学．北京：人民教育出版社，2005：191.

的世界观、人生观和道德观；只有通过智育，掌握了丰富的美学知识，培养出高度发达的形象思维能力，个体才有可能在美育中提高自己欣赏美、鉴赏美、创造美的能力；只有通过智育，具备了丰富的生理学、保健学、运动学等方面的知识，具备了细致的观察力、灵活的思维能力、敏捷的感知力等，个体才能在体育中有效地发展自己的身体，提高自己的体质；同样，只有通过智育，拥有了丰富的劳动知识经验和技术知识经验，个体才能在劳动技术教育中迅速掌握各种劳动技能技巧，获得积极的劳动体验，形成良好的技术素养。

（二）智育的任务及内容

第一，向学生传授被实践证明的系统的科学知识。知识有科学与非科学之分，科学知识有助于个人成长，非科学知识会阻碍个人成长。旨在促使人发展的智育自然需要注重科学知识的传授。科学知识至少具有两个方面的规定性：一是建立在实践的基础之上，被实践证明是真的知识；二是形式逻辑上周延而系统的知识。因此，向学生传授被实践证明的系统的科学知识是智育的第一任务。为了实现这一任务，向学生传授的知识首先必须是基础性的知识。知识浩如烟海，作为个体的学生无法学会所有的知识，何况，在未来生活中，我们也无法准确预测出学生在未来生活中会喜好和从事何种职业、需要何种知识，可行的办法是向学生传授基础知识——那些在很多领域中都具有支配性作用、揭示知识总体内在联系的共同基础的规律性知识以及能为人的终身学习和终身发展奠定基础的知识。因此，我们要注意，智育特别是基础教育中的智育，应该传授基础知识，以培养和提高学生的基本素质为根本出发点。其次，向学生传授的知识还必须是结构性的。结构性的知识不仅能够揭示事物之间的本质联系，使各种知识联系起来，还有助于个体对知识的理解、巩固、提取和应用。为此，要注重结构性知识和帮助学生建立知识结构的教学。

第二，形成学生的基本技能。技能是通过练习获得的能够完成一定任务的动作系统。个体只有掌握了必要的基本技能，才能有效地工作，与人交往。如果要为学生终身学习和终身发展提供基础，智育有必要帮助学生掌握基本技能。只有掌握了必要的基本技能，学生才能够独自去适应这个世界。在智育中，知识和技能是相互联系、相互作用的。知识为技能的形成提供了前提和基础，技能的形成可促进知识的理解，并可为进一步的知识学习提供条件。

第三，发展学生的学习能力。学习能力是指个体运用科学的学习方法去独立地获取信息，加工和利用信息，分析和解决实际问题的一种个性特征。学习能力是所有能力的基础，只有掌握了学习能力，个体才有可能发展其他各方面的能力。因此，发展学生的学习能力是智育的重要目标。在现今社会，学习能力的重要性日益凸显。知识更新速度越来越快，个人已经不可能再通过学龄阶段获得的知识来满足这个社会对自己的所有要求，人们必须“活到老学到老”，学校教育不能再以传授知识、技能为主要目标 ，而应该以培养学生的学习能力为主要目标，只有如此，学生成人以后才能有效地适应这个社会。能力总是和人完成一定的活动相联系的。离开了具体活动既不能表现人的能力，也不能发展人的能力。因此，智育需要从各种学习活动中来，到各种学习活动中去。

第四，培养创新精神。创新精神是一个现代人应该具备的素质。所谓创新精神，是指个体综合运用已有的知识和信息进行改革、创新，以提出新方法、新观点的意志、信心、勇气和智慧。教育在培养创新精神方面肩负着特殊使命。学校智育培养学生的创新精神，关键是要培养学生的好奇心和求知欲、对已有事物的怀疑态度和批判精神、追求创新的欲望、求异的观念以及敢为人先的冒险精神等。

在智育中，掌握知识、形成技能和发展学习能力、培养创新精神之间是相互联系、相互促进的。学习能力、创新精神是在掌握知识、形成技能的活动中习得的、发展的，而学习能力和创新精神的增强又会进一步促进知识、技能的掌握。

智育的内容比较广泛，广义上说，既包括直接经验，也包括间接经验；既包括个体知识，也包括公共知识。狭义上说，智育的内容主要是指人类所积累下来的科学文化知识。在高校教育中，它以课程的形式加以实现。在中小学主要有：语言、数学、科学、社会等等。

三、体育

体育是人类社会发展中，根据生产和生活的需要，遵循人体身心的发展规律，以身体练习为基本手段，为增强学生体质，学习体育知识、技能和锻炼意志品质而进行的一种有目的、有计划、有组织的教育活动。体育最早的含义是武术、养生，后来逐步有了身体教育的内涵，现在体育已大大超出了身体养护的内涵。广义的体育是指以身体练习为基本手段，以增强人的体质、促进人的全面发展、丰富社会文化生活和促进精神文明为目的的一种有意识、有组织的社会活动，其中包括了体育教育、竞技运动和身体锻炼三个方面。它是社会总文化的一部分，其发展受一定的社会政治和经济环境的制约，并为一定的社会政治和经济服务。狭义的体育是指学校体育，它是以身体活动为中介，以谋求学生身心健康、全面发展为目的。具体来说，学校体育的目的在于，让学生掌握体育知识、体育技能并形成一定的体育道德品质，以期学生能够在今后的工作和生活中，自觉地进行身体锻炼，增强体质。

作为全面发展教育组成部分的体育，以全面增强学生体质为目的，而不以培养运动技能为目的，在这一点上，学校体育不能成为竞技体育。体育不同于体力劳动。体育是一种教育活动，它旨在使个体基本活动能力和身体素质得到发展，进而促进身心的全面发展。体力劳动往往只限于一些固定形式的动作，不能促进人体基本活动能力和身体素质得到全面均衡的发展。

（一）体育的意义

体育对于促进学生健康成长具有十分重要的意义。体育可以促进学生正常发育，改善学生的健康状况，增强学生体质；可以通过对学生身体的调适达到对其心灵的调适，使学生身心和谐发展，还可以在此基础之上增强国民的身体素质和心理素质，促使个体养成爱国主义精神、国际主义精神、集体主义精神以及遵纪守法、艰苦奋斗、追求卓越等品质，促进社会主义建设。

体育为智育、德育、美育、劳动技术教育奠定基础。体育能够促进学生大脑发育和智力发展，消除学习疲劳，从而为智育奠定基础；体育具有极其丰富的思想品德教育的因素，是德育的重要手段；体育能够调和气血，锻炼身体，增强体质，振奋精神，促进个体形成健美的体形，养成健康的审美心态和积极的劳动态度，从而为美育和劳动技术教育提供前提。

（二）体育的任务及内容

首先，增强学生体质，提高学生身体素质。遗传、营养、体育锻炼、劳动、生活环境等都会对人的体质产生重要影响，但是这些因素对人的影响都具有偶然性，正负影响皆有。科学的体育是由专业人士从事的、按照学生个体身体发展规律实施的有目的、有计划和有组织地影响个体身体发展的活动，它是增强学生体质、提高学生身体素质最有效的途径。

其次，使学生逐步学会体育的基本知识和技能、技巧，掌握科学锻炼的方法，养成自觉锻炼的习惯，不断提高运动技术水平。体育的学习目标是，学会用科学的方法参与体育活动，学会学习体育的基本方法，提高体育运动中的安全防范能力，获得在野外环境中的基本生存技能，形成坚持锻炼的习惯和终身体育的意识。在使学生积极参与体育活动的基础上，教会学生掌握科学锻炼身体的方法。

最后，培养学生高尚的道德品质和意志品质，促进智力发展，培养正确的审美观念，提高运用身体能力进行活动的水平，增强社会适应能力和良好的合作精神。

以上各种任务是有机联系在一起的，其中增强体质，提高身体素质是学校体育的根本任务，学校各项体育工作都要围绕这一任务来进行。学校体育的最终目的是提升学生的身体素质，把学生培养成为身心全面发展的人。为了实现上述任务，我国《义务教育体育与健康课程标准（2011 年版）》指出中小学体育的基本内容分为运动参与、运动技能、身体健康、心理健康和社会适应五个领域。运动是体育的核心，它通过田径、体操、球类、游戏、武术等体现出来。

四、美育

美育，也称审美教育，是学校有计划、有组织地运用艺术美、自然美和社会生活美等对学生施加影响，通过具体的审美活动来培养学生正确的审美观以及感受美、鉴赏美和创造美的能力的教育。美育有广义和狭义两种理解。狭义的美育就是艺术教育，它仅仅被视为与音乐、美术、文学等艺术学科有关的教育。广义的美育是指通过艺术和学校现实生活的美好事物进行的审美教育。在这种理解中，美育是一个更广泛的概念，不仅包括艺术教育，还包括更多的内容，艺术教育只是美育的一个方面，是美育实施的手段。

（一）美育的意义

加强美育，有助于社会发展，提高人类社会的生存质量。美育能够培养人们健康的审美情趣，帮助人们净化心灵，知晓善恶美丑，分清崇高与卑劣，引领人们追求美好生活，最终促进社会发展。美育倡导的审美生活和意境是不同时代、不同地域的人们共同追求的至上理想，它融通古今中外，是不同时代、不同地域的人们之间进行对话的桥梁。因此，美育的加强与否，不仅关系着一个社会的发展，也关系着人类社会的生存质量。

加强美育也有助于净化心灵，培养审美素养。美育有着感人、育人、化人的巨大力量。通过对美的感受、欣赏和创造，可以培养学生美的理想、美的情操、美的品格和美的素养。

加强美育还有助于提高其他各育的实效。美育具有以美导善的功能。它可以使学生对美善事物产生热爱，对丑恶事物产生憎恨，是德育实施的一个重要途径。美育有以美引真的功能。它可以激发学生的学习动机，促使学生广泛而深入地接触各种事物，使学生对对象的认识更加鲜明生动，了解事物本质，求得真知。美育具有以美促健的功能。通过与体育的结合，美育不仅能帮助学生提高美的感受能力，还可以帮助学生更好地掌握运动要领，促使学生体格强壮、身体匀称健美，形成乐观美好的精神面貌。美育还具有以美促劳的功能。通过美育，学生可以明晰生产劳动的美好，知晓劳动在科学性、实用性与艺术性方面的统一，理解技术在经济价值、实用价值和审美价值等方面的统一，从而体验到劳动创造和技术创造之美。

（二）美育的任务及内容

美育的基本目标是，使学生树立正确的审美观，培养学生健康的审美情趣，发展学生审美能力、表现美和创造美的能力。

对美的正确理解和认识是个体形成积极健康的审美趣味及审美能力的基础，因此，使学生具有正确的审美观念是美育的首要任务。审美能力强的人才能懂得真善美和假恶丑、高雅与粗俗之别，因此，培养和提高学生的审美能力是美育的基本任务。具体而言，美育要培养学生充分感受现实美和艺术美的能力，使学生具有正确理解和欣赏现实美和艺术美的知识与能力；要激发学生对美和艺术的喜爱，培养和发展学生创造现实美和艺术美的才能和兴趣。

美育的内容是指用以培养学生审美观念、审美能力、审美判断、表现美和创造美的能力等的美的事物。美育的内容可以有不同的划分。一般认为美育内容包括艺术美、自然美和社会美，它们是相互结合、互相渗透、融为一体的。

五、劳动技术教育

作为全面发展教育的组成部分，劳动技术教育是指学校通过让学生亲身参与实践，特别是参与劳动技术生产过程，以培养学生形成正确的劳动观念和劳动习惯，获得有关劳动技术的基本知识和技能。劳动技术教育虽以劳动技术为主要内容，但又不同于劳动技术，它主要是通过劳动技术来达到教育人、培养全面发展的人的目的。劳动技术教育不同于职业教育，它不是把学生培养成为专业人士，而只是力图为学生提供一般性的工农业生产的基础知识和基本技能。它也不同于勤工俭学，它首要关注的不是经济收益，而是如何促进学生体脑并用、全面发展。

（一）劳动技术教育的意义

劳动技术教育能够为学生直接参加生产劳动做好思想上和知识技能上的准备，它是物质文明建设和精神文明建设的需要，它可以为社会生产输送劳动后备军。劳动技术教育还可以使学生在生产劳动和技术运用中，做到手脑并用，把实践与理论、感性认识和理性认识、直接经验和间接经验联系起来，同时，可以培养学生的动手操作能力，增强其体质，磨炼其意志，提升其品质。实施劳动技术教育对其他教育的实施也具有重要意义。在劳动技术教育中，学生不仅能够习得各种知识，锻炼体力，还能培养正确的劳动观念、道德观念和审美观念。它与智育、德育、体育和美育之间是相互渗透、相互联系的，它的成功实施有助于其他各育的成功实施。

（二）劳动技术教育的任务及内容

劳动技术教育旨在培养学生树立正确的劳动观，养成良好的劳动习惯、劳动感情和劳动美德，旨在使学生初步掌握现代生产技术的一些基础知识和基本技能，学会使用一般的生产工具，掌握组织生产和管理生产的基本知识和技能，形成良好的劳动技术素养及初步的劳动技术意识和劳动技术实践能力。

为了完成上述任务，劳动技术教育需要使学生学到工业和手工业生产的基础知识和基本技能、农业生产劳动的基础知识和基本技能、服务业劳动的基础知识和基本技能、管理生产的初步知识和技能等，最终促进学生身心健康成长。

六、“五育”之关系

德育、智育、体育、美育和劳动技术教育共同组成了我国社会主义全面发展教育的组成部分。各育都有其特殊的意义、任务和内容，相互之间是不可替代的。但是“五育”又是统一的，它们不仅相互渗透、相辅相成，而且最终都是为了人的全面和谐发展。德育贯穿于各育之中，是各育的灵魂和方向；智育为各育的实施提供了知识和智力的准备；体育为各育实施提供了体质上的准备；美育和劳动技术教育中的某些内容包含在德育、智育、体育中。因此，只有重视各育，使各育齐头并进才能有效地促使人全面发展。

正是由于各育之间这种相互渗透、互为补充的关系，我们需要摒弃一些不正确的做法。首先，不能把各育与学科教育等同起来。很多人认为语文课、数学课、物理课等是智育，思想品德课、政治课是德育，美术课、音乐课是美育，体育课是体育，劳动课是劳动技术教育。这种认识之所以错误是因为把各育分割开来，其实各育是不可分割的，每门课都可以实施各育，例如，在语文课上，不仅可以实施智育，还可以实施德育、美育、体育和劳动技术教育。其次，不能把各育分出个主次和先后。各育最终都是为了人的全面发展，缺少任何一育都会妨碍人的全面发展，全面发展在个体身上不是一部分叠加一部分发展起来的，因此，各育不能“一项一项地化整为零地实施”，“所以，从这个意义上说，各育无主次之分，实施无先后之别”①。可见，各育都要受到重视，不能有所偏废，不能因为德育对其他各育起着价值引导的作用，就只重视或主要重视德育，也不能因为智育是其他各育实施的基础，就只重视或主要重视智育，要树立“五育”并举的教育观。

第三节　教育内容的组织形态

学校教育活动是有组织的，这不仅表现在教学活动的连续性和衔接性上，而且也表现在教学内容的组织性上。课程是教育内容的组织化形态。正是通过课程的组织化形态，才使教育内容井然有序，并环环相扣。

一、课程概述

从词源上考察，在西方，根据英国课程学者汉密尔顿的考证，教育范畴内的课程（curriculum）概念，最早出现于彼特·拉莫斯发表于1576年的《知识地图》②，而影响最广的，是1859年英国哲学家、教育家斯宾塞在《什么知识最有价值》中，用它来表示“教学内容的系统组织”。“curriculum”一词源于拉丁语动词“currere”，意为“奔跑”；而“curriculum”作为名词，意思是“跑道”（race-course）。据此，西方最常见的课程定义是“学习的进程”（course of study），简称为“学程”。

我国的“课程”一词，最早见于唐朝孔颖达的著述《五经正义》。在该书中，孔颖达

---

① 沈适菡．教育学．北京：人民教育出版社，2000：112．

② 多尔，高夫．课程愿景．北京：教育科学出版社，2004：32．

为《诗经·小雅·巧言》中“奕奕寝庙，君子作之”一句注疏：“维护课程，必君子监之，乃依法制。”宋朝朱熹在《朱子全书·论学》中频频提及“课程”，如：“小立课程，大作功夫”“宽着期限，紧着课程”等。朱熹的“课程”主要指的就是功课及其进程，这已与现在日常语言中“课程”的概念颇为近似。

在教育发展的过程中，课程的内涵和外延都发生了变化。一般来说，课程至少有如下三种理解：

1. 课程即教学科目

我国古代的“六艺”“四书五经”、欧洲中世纪的“七艺”以及近代学校课程体系的建立均源自这一理解。《中国大百科全书》也持这一理解，它认为广义的课程是指所有学科（教学科目）的总和，狭义的课程则是指一门学科或一类活动。这种理解只强调了学科内容对人的影响，没有认识到课程过程对人的影响，其最大缺陷就是把课程视为外在于学习者的静态的东西，对学习者的经验没有给予足够重视。

2. 课程即有计划的教学活动或预期的学习结果

这种理解把课程视为教学过程所要达到的目的。这种理解把教学活动中所有有计划的因素都考虑进去，它使各种期待及其教学设计（包括科目的设置、课堂内容的安排、教学方法的安排等）都容纳到课程中，它拓展了对课程的理解。但是这种理解“把课程视为教学过程之前或情境之外的东西，把课程目标、计划与课程过程、手段割裂开来，并片面强调前者，其缺陷也是忽视了学习者的现实经验”①。

3. 课程即学习经验

这种理解备受杜威及其追随者推崇。这种理解认为课程是学生获得的经验总和，认为每一个学生都是独特的学习者，他们从同一活动中所获得的经验是不一样的；学生学习取决于他做了什么，而不是教育者安排了什么，因此，唯有学习经验才是学生实际认识到的或学习到的课程。这种理解的“突出特点是把学生的直接经验置于课程的中心位置，从而消除了课程中‘见物不见人’的倾向，消除了内容与过程、目标与手段的二元对立”②。不过这种理解忽视了系统知识在儿童发展中的重要性。

第一种理解历史最悠久，古代人基本上都是这样理解课程的。到近代，第二种理解才开始盛行。直至现代，第三种理解才开始出现并越来越受到推崇。可见，课程理解有一种趋势：从强调外在规范到强调学生主体，从强调正式科目、计划到强调教师和学生共同参与的课业，从强调单向传递到强调双向交流，从强调“教程”到强调“学程”。如此，“‘课程’概念逐步从‘轨道’转化为‘在轨道上运作’”，课程外延也逐渐从教学计划、教学大纲、教科书扩展到整个有指导的学习活动的规范与运作系统③。

---

①② 袁振国．当代教育学．北京：教育科学出版社，2004：132.

③ 陈桂生．课程实话．上海：华东师范大学出版社，2010：10-12.

综上所述，我们认为，课程是一个发展的概念，它是指为了实现教育目的而规定的各种各样的目标、科目、计划、设计的总和，它也包括为学生自由发展而创设的各种运作系统。

二、课程设计

课程设计是指通过确立课程目标，明确课程编制工作的方向，然后根据课程目标，使教育内容具体化为有特定组织形式和组织结构的课程内容，为课程实施和课程评价提供基础的系统化活动。

1. 课程目标

按照抽象和概括程度来划分，可以区分出四种不同的教育目标：教育目的、培养目标、课程目标、教学目标。教育目的是总体性的、高度概括性的，是国家和社会对受教育者的统一要求，是针对所有受教育者提出来的，是一切教育工作的出发点和最终依据。培养目标是各级各类学校的具体培养要求，它是教育目的的具体化，是针对特定受教育者提出的。培养目标虽然是教育目的的具体化，但是仍然很抽象，不够具体。课程目标是特定阶段的学校课程所要达到的预期结果，它是教育目的和培养目标的具体化。教学目标则是课程目标的具体化，是师生在教学活动中预期达到的教学结果和标准。

由上可知，课程目标是教育目的和培养目标的具体化，不过其确立并不是从抽象到具体的简单推演，而是在对学生、社会、学科进行深入研究的基础之上做出的明智选择。首先是学生的需要。只有研究学生，才能了解学生身心发展的规律、现状和方向，才能了解学生的需要、兴趣和个性差异，才能使课程编制符合学生的特征和需要。其次是社会的要求。学生个体发展总是与社会发展交织在一起的，个人只有成为社会人，才能成为现实的人。因此，确立课程目标，也需要加强对社会的研究，研究社会及其需求对课程的影响和制约，合理编制课程，使教育和社会有效协调起来。最后是学科的发展。学校课程所涵容的内容旨在促使人发展，因此，它不能是一般的知识经验，而应该是经过科学检验的正确的知识经验。正因为这样，学科专家的建议应该成为课程目标确立的主要依据之一。学生、社会和学科这三个因素之间是交互作用的，因此，我们不能只重视研究其中一个或两个因素，而忽视其他因素。过于重视其中任何一个因素，都会使课程改革走向激进，而无法使教育取得成功。

2. 课程内容

如要进行课程设计，确定好课程目标以后就需要对课程内容进行选择，只有选择恰当的内容才能实现预定的课程目标。在历史上，对课程内容有不同的理解。要素主义、永恒主义和结构主义主张“课程内容即学科知识”，博比特、查斯特、杜威、社会改造主义、存在主义、哲学解释学、批判教育学等认为“课程即当代的社会生活经验”，卢梭、进步主义教育学则认为“课程即学习者的经验”。这三种看法都有其合理性，但都失之偏颇。学科知识和社会生活经验只有转化为学习者的经验，才能活化，课程实施才能实现预期的课程目标。完全脱离社会生活经验、学习者经验的学科知识根本不存在。学科知识不仅来自社会生活经验和学习者经验，而且能够提炼和提升社会生活经验和学习者经验。总之，它们是交织在一起的，是相互作用、不可分离的。因此，课程内容实际上是学科知识、社会生活经验、学习者经验的统合。

为了使学生的学习富有成效，需要对课程内容进行有效组织，因此，需要处理好以下各方面之间的关系：

首先，纵向组织和横向组织。纵向组织亦称序列组织，是指按照由简到繁、由已知到未知、由具体到抽象、由部分到整体的原则排列课程内容。这是最有影响力的一种课程内容的组织形式。这种组织形式非常强调学科的知识逻辑及其系统，正因为这样，它不能将课程内容与学生生活经验以及社会和科技发展联系起来。横向组织亦称整合组织，它直面社会和个人最关心的问题，强调要打破传统学科的界限和传统的学科体系，采用跨学科的方法来组织课程内容。20 世纪 70 年代以后，这种课程内容的组织形式备受关注，它使课程内容与学生生活经验和社会生活经验联系起来，但是这种课程内容的组织也有一系列的问题：由于各学科的术语和逻辑都不一样，很难把各学科的知识整合起来；人们还无法找到一些能把诸多学科知识统一起来的问题或生活形式；受过专业化训练的教师还不能融通各学科，更无法知晓各学科知识之间的关系；往往会由于以问题为中心，不注重学科逻辑的讲解，使学生学习到的知识支离破碎。因此，现在的课程论专家都强调要把课程内容的纵向组织和横向组织结合起来，使它们互通有无①。

其次，逻辑顺序和心理顺序。逻辑顺序是指按照学科本身的系统和内在的联系来组织课程内容。心理顺序是指按照学生心理发展特点来组织课程内容。强调逻辑顺序还是心理顺序是“传统教育”和“新教育”的最大区别。“传统教育”强调按照学科固有的逻辑顺序对内容进行排列，“新教育”则强调按照个人身心发展的规律对内容进行排列。随着认识的深化，人们逐渐达成共识，即课程内容的组织既要重视逻辑顺序，也要重视心理顺序。只有重视逻辑顺序，才能把握知识的逻辑，才能对某一领域有深入的了解；只有重视心理顺序，知识才能为学生所接受。因此，课程内容的组织需要在它们之间求得一个平衡。

最后，直线式和螺旋式。直线式是指把一门学科的内容组织成一条在逻辑上前后联系的直线，前后内容基本上不重复。赞可夫就主张采用直线式课程，他认为教师所讲的内容，只要学生懂了就可以往下讲，不要原地踏步，过多地重复同一内容会使学生厌倦，只

---

① MCNEIL J. Curriculum：A Comprehensive Introduction（5th ed.）. New York：Harper Collins College，1996：13-160.

有不断呈现新内容才能使学生保持学习兴趣。螺旋式则要求课程内容在不同年级上重复出现，逐渐扩大范围并加深程度。例如，布鲁纳就主张采用螺旋式课程，他认为，对于高深知识，学生无法通过一次学习就透彻掌握，必须在越来越复杂的形式中反复学习，不断加深理解①。但是这并不意味着要求学生从低年级就开始学习最深奥的概念、原理，而是说有必要根据学生能力的发展水平，选择不同方式，进行不同教学，先让概念、原理简单一些，以后不断在更高层次上重复这些概念、原理。一般而言，直线式强调一步一步地进行逻辑推演，它有利于训练人的逻辑思维；螺旋式强调学生的认知特点，先整体后细节，它有利于训练人的直觉思维。二者各有利弊，需要将其统合起来。

3. 课程类型

课程类型是指课程的组织方式或课程的种类。根据不同的标准，可以划分出不同类型的课程。不过，在课程理论与实践中，典型的课程类型是学科课程与活动课程，核心课程与综合课程，显性课程与隐性课程，国家课程、地方课程与校本课程等。

（1）学科课程与活动课程。“学科课程”（subject curriculum）是指从不同的知识领域或学术领域选择一定的内容，根据一定的价值标准和知识的逻辑体系，将所选出的知识组织为学科。学科课程强调按照学科知识的逻辑体系编制课程。这种课程具有如下明显的优点：有利于人类文化的传递；具有高度的简约性，便于组织教学和评价；有利于发挥教师的主导作用，有助于提高教学效率。但是它也有明显的缺陷：重视知识逻辑，忽视了学生的需要和生活经验，也忽视了社会生活的现实需要；重知识传授，忽视了能力和个性的培养，容易导致单调的教学组织形式和采用划一的讲授式教学。

“活动课程”（activity curriculum）亦称“经验课程”（experience curriculum）或“儿童中心课程”（child-centered curriculum），是指以生活中学生的主体性活动的经验为中心组织的课程。在活动课程中，学生是能动的创造性的主体，是作为整体的人而存在着的，其个性受到尊重并得到发展。这种课程具有如下优点：学生的经验和兴趣受到了重视，主体性得到张扬；突破了学科界限，使教育回归到学生生活中，有利于培养学生的社会适应能力；活动课程主张将当代社会现实以学生的经验为核心整合起来，不仅认为个人是生活在社会现实中的人，需要适应社会，而且强调个人经验的完善对社会现实产生的改造作用。因此，这种课程正确处理了个人和社会之间的关系。但是它也有如下不足：忽视系统知识的学习；以学生需要和兴趣为中心，难以保证为生活做充分的准备；活动课程内部缺乏逻辑联系和连续性；活动课程对教师提出了很大的挑战。

（2）核心课程与综合课程。“核心课程”（core curriculum）是所有学生都必须学习的内容，它注重社会需求，以社会的基本活动为中心组织课程内容并展开相应的教学活动。

① 布鲁纳．布鲁纳教育论著选．北京：人民教育出版社，1989：55.

例如，以生命与健康、资源保护为核心内容组成生命健康课程、资源保护课程。核心课程的优点表现在如下几个方面：强调了学习内容的整合性和实用性，有助于激发学生学习动力，培养学生的社会适应能力，还有利于学生以积极的方式认识社会和改造社会。其不足在于：同活动课程一样，容易忽视系统知识的教学；课程范围、顺序等没有明确的规定，内容不具有系统性，是零散混乱的。

“综合课程”（integrated curriculum）亦称“广域课程”、“统合课程”或“合成课程”，它采用合并相关学科的办法，减少教学科目，把几门学科的教育内容组织在一门综合的学科之中。例如，把物理、化学、生物整合为科学。综合课程的优点在于它能增强学科间的横向联系，避免完整的知识被人为地割裂；符合学生认识世界的特点，有利于学生整体把握客观世界；有助于培养学生的学习动机，丰富和拓展其学习的内容；有助于培养学生的迁移能力。综合课程也有如下问题：增加了教材编写的难度；受以往学科专业训练的影响，很多教师无法胜任综合课程的教学。

（3）显性课程与隐性课程。“显性课程”（manifest curriculum）是学校教育中有计划、有组织实施的正式课程。“隐性课程”（hidden curriculum）亦称“潜在课程”或“隐蔽课程”，是指学校教育情境中以间接的、内隐的方式呈现出来的对学生发展起着潜移默化影响的非正式课程。隐性课程与显性课程有如下区分：隐性课程是无计划、无组织的，显性课程则是有计划、有组织的；隐性课程主要是通过学校的自然环境和社会环境进行的，显性课程则主要通过课堂教学的知识传递来进行的；学生在隐性课程中获得的主要是非学术性的知识，在显性课程中获得的主要是学术性知识。在校园里面，主要有三类隐性课程：第一种是物质性的隐性课程，诸如学校的自然环境、建筑所外化出来的内涵等；第二种是制度性的隐性课程，诸如各种规章制度所体现出来的精神等；第三种是心理性的隐性课程，诸如师生的世界观、人生观等。显性课程和隐性课程具有内在联系。在师生互动中，显性课程总是伴随着隐性课程；通过反思和研究，隐性课程也可以不断转化为显性课程。

（4）国家课程、地方课程与校本课程。国家课程（national curriculum）亦称“国家统一课程”，它是自上而下由中央政府负责编制、实施和评价的课程，其管理权属于国家级的教育机关。国家课程是一级课程，代表国家的意志，它编订的宗旨在于保证落实国家的教育目的和培养目标。这类课程是地方和学校都不得随意变动的，它具有权威性、统一性和强制性。

地方课程（local curriculum）又称“地方本位课程”，是指地方各级教育主管部门根据国家课程政策，以国家课程标准为基础，在一定的教育思想和课程观念的指导下，根据地方经济、政治、文化的发展水平及其对人才的特殊要求，充分利用地方课程资源而开发、设计、实施的课程。它是不同地方对国家课程的补充，反映了地方和社区对学生素质发展的基本要求，具有鲜明的地域色彩。对于地方课程的地方本位，可以从三方面理解：

一是服务于地方，二是立足于地方，三是归属于地方。它具有地域性、民族性、文化性、适切性的特征。

校本课程（school-focused curriculum）是指由学生所在学校的教师编制、实施和评价的课程。它是基于学校、在学校中、为了学校实施的课程。基于学校是指要依靠学校的自然力量；在学校中是指要树立如下观念：学校的问题由学校中的人来解决；为了学校是指改进学校实践，解决学校问题，促进学生发展。校本课程具有校本化、个性化、特色化等特点。

三、课程实施

课程实施是指课程计划付诸实践的过程。它是达到预期课程目标的基本途径，是课程改革过程的一个实质性阶段。课程设计以后，如果没有实施的切实行动，就无法落实和实现预期的课程目标。诸多课程改革之所以失败就在于人们错误地以为如果制订出一套新的课程计划，课程就会大功告成。课程实施没有被视为课程发展中的关键部分。

1. 课程实施的本质

课程实施在本质上是一个动态的过程，它既是对既有课程设计及其方案的执行，也是对既有课程设计及其方案的调整、修改、补充乃至拒斥。前者主要是教育行政人员、专家和教师等各群体共同努力的结果，后者则主要是教师作用的结果。因此，“新的课程改革如要得以有效地实施……需要时间、人际互动与交流、在职训练，以及其他各种有关人力资源的支持。研究更进一步发现，为了能使成员愿意抛弃扮演旧角色，而去学习扮演新角色，除了需要花一点时间之外，最重要的就是课程实施者之间，或者课程实施者与课程设计者（顾问）之间能够保持良好的互动关系”①。

2. 课程实施的取向

根据美国学者的归纳课程实施有三种取向，即“忠实取向”（fidelity orientation）、“相互适应取向”（mutual adaptation）和“课程创生取向”（curriculum enactment orientation）②。

忠实取向是在课程实施研究中出现最早、影响最大的研究取向，它认为课程实施过程就是忠实地执行课程计划的过程。衡量课程实施成功与否的基本标准是课程实施过程对预定的课程计划的实现程度。实现程度越高，课程实施就越成功，实现程度越低，课程实施就越失败。忠实取向实质上认为课程专家要在课堂外制订计划，教师则要在课堂内严格执

① FULLAN M，POMFRET A. Research on Curriculum and Instruction Implementation. Review of Education Research，1977（Winter）：391-392.

② 张华. 课程与教学论. 上海：上海教育出版社，2000：336-346.

行计划。这种取向强调课程变革的决策者和计划制订者对课程实施者（主要是教师）进行严格控制，因此，这种取向本质上受工具理性支配。

相互适应取向认为，课程实施的过程并不是预定课程计划径直实现的过程，而是课程计划与班级或学校实践情境在课程目标、内容、方法、组织模式等方面相互调整、改变和适应的过程。易言之，这种取向认为，专家所创造的课程知识和课程实施者（主要是教师）创造的知识是同等重要的，它们之间相互调适。这种取向强调课程变革是多元主体（包括决策者、计划制订者与课程实施者）交互作用、相互调适的过程，强调课程变革的过程性和复杂性，因此，这种取向在本质上是受实践理性支配的。

课程创生取向是新兴的研究取向，它认为真正的课程是师生在具体教学情境中共同合作、创造新的教育经验的过程，已有的课程计划只是可供选择的一个参考。因此，它特别注重课程实施过程中的讨论、对话、沟通，以及建构出的实际经验，它认为课程知识不是外在的课程设计者的知识，而是个人建构的知识。由于这种取向认为课程变革和实施是教师和学生在具体情境中，创造和开发自己的课程的过程，是师生个性自由解放的过程，因此，该取向在本质上是受解放理性支配的。

上述三种取向都有其存在的合理性。忠实取向有利于发挥课程制定者和课程专家的主体性，课程创生取向有利于发挥教师和学生在课程实施中的主体性和创造性，相互适应取向则把远离具体情境、专家开发的课程与学校情境和社区情境结合起来。不过，这三种取向都有其不足。忠实取向忽视了师生的课程自主性；课程创生取向对教师的要求太高而具有乌托邦色彩，它不仅要求教师要善于对专家开发的课程做出正确的判断、选择和解释，还要求教师要善于根据具体教学情境的需要来创造自己的课程；相互适应取向由于其理论比较模糊，实践中经常出现在忠实取向与课程创生取向间摇摆的现象。因此，不能简单地说哪一种取向更合理，教育还是应该采取弹性的观点，根据具体情况具体分析，选择不同的课程实施方案。

四、课程评价

课程评价是课程开发的基本问题和重要环节，它不仅能够帮助人们了解课程实施的结果，还有助于人们反思和改进课程设计和课程实施。课程评价是一个复杂的概念，人们还没有就此概念达成共识。不过，一般而言，人们都认为评价具有下列两大特征：一是“评价涉及价值判断”，它通常是对教育性客体的描述和评估；二是“评价具有不同的目的（明显的或隐藏的），如改善学程、选择变通方案、提供决策材料、标示责任承担和权威等”①。

① 李子建，黄显华. 课程：范式、取向和设计. 香港：香港中文大学出版社，1998：357.

1. 课程评价的科学取向和人文取向

课程评价取向是指一种课程评价所体现出来的价值观。课程评价取向直接支配着评价具体模式和方式的选择，因此，它实际上是对课程评价的本质的集中概括。

课程评价的科学取向是一种传统评价观，其倡导者偏好临床和客观的实验，认为课程评价应该采用实验处理的方式，目的是了解经过实验处理之后课程所产生的结果和影响。因此，课程评价者的任务就是保持价值中立，对学生的行为进行准确描述和测量。测量的结果以分数的形式呈现，用来比较不同情形下学生的成就。收集的资料都是量化的，可以用统计的方式进行分析，从而确定课程目标实现的程度，并做出课程评价的决定。

课程评价的人文取向与科学取向有着相当大的不同。持人文取向的人认为社会现象是复杂的，实验是不可能真实反映社会现象的。他们认为人类的行为表现都是与特定情境联系在一起的，要了解人的行为，就必须深入情境。在深入情境中，个人完全保持价值中立也是不可能的，评价总是评价者和情境相互作用的结果。因此，这种取向强调对情境进行描述，收集各种质性材料进行分析，最后做出课程评价的决定。

这两种取向各有利弊。课程评价的科学取向非常“客观”“准确”，简便易行，容易操作，但是它把评价者看作主体，把被评价者看作客体，忽视了学生的主体性、创造性和不可预测性，忽视了现实环境的复杂性，忽视了课程实施过程本身的价值，只重视结果，而且它无法对学生的高级心理活动进行评价。课程评价的人文取向则强调把教师和学生在课程实施过程中的所有情况都纳入评价之中，强调评价者和具体情境的交互作用，强调凡是具有教育价值，即便与实现预期目标无关的都予以支持和肯定，它充分尊重了学生和教师。但是这种评价主观色彩浓厚，个案评价结果难以推广运用。当然，完全赞成上述任一取向都是不合理的，当情境有需要时，合理的路径就是兼采两种取向。

2. 内在的评价与结果的评价

内在的评价是指评价者不考虑课程实施后对学生产生的影响，只探究课程设计本身的合理性（包括课程内容的顺序性、正确性，以及使用的教材是否适当等）。支持这种评价的人认为，如果课程设计得当，则可以有效地促进学生学习，而且课程的真正价值并不在于课程实施的结果。

结果的评价是指评价者只考虑课程实施的结果。在这种评价中，评价者不仅要考虑课程实施对学生的影响，还要考虑它对教师、家长，甚至行政人员的影响。此评价取向的支持者主张，此取向是真正唯一重要的评价方式，因为此评价取向所提供的资讯，可以决定课程或科目对学习的效应。课程好坏总会在实施结果中体现出来，因此，有必要重视结果的评价。同样，课程实施的每次结果（特别是短期结果）并不会准确反映出课程的好坏，因此，需要重视内在的评价。总之，我们需要在内在的评价和结果的评价之间求得一种平衡。

3. 形成性评价和总结性评价

形成性评价是在活动中实施的评价。它是一种过程评价，旨在强调在活动进行中改进预期的课程方案，而不是评定课程计划的优良程度；它贯穿于课程实施的各个阶段，旨在发现问题，使课程趋于完善。总结性评价是在活动结束后实施的评价。它是一种终结性评价，是对课程实施效果的评价，目的是要对课程质量有一个总体的看法。形成性评价有助于我们获得大量的、系统的反馈信息，可以对课程实施的情况做出准确判断和修正。总结性评价所获得的价值事实具有全局性。这两种评价各有优缺点，现在的人们都主张把二者结合起来。

4. 课程评价的程序

有多种多样的课程评价的步骤，一般而言，评价者会采用如下步骤：第一步，确定评价的对象。在此步骤中，评价者决定评价什么以及使用何种评价。第二步，收集资料。在此步骤中，评价者要确认何种信息才是需要关注的以及使用何种方法收集这些信息。第三步，组织信息。评价者需要对收集到的信息进行整理、组织，并做出解释。评价者要注意到信息编码、组织、储存及其提取。第四步，分析信息。在此阶段，评价者要依据评价的焦点，选择适当的分析工具和方法，对信息进行分析。第五步，上报结果。

第四节　教育内容的活化样态

教育内容如果要转化为学生的生长性要素，成为学生发展的组成部分，就必须通过学生的生活。蕴含着教育内容的学生生活，是学生发展的真正资源。因此，它就成为教育内容的活化样态。

学生生活是教育的起点，也是教育的过程，更是教育的最终归宿，教育及其内容都存在于生活之中，也是为了学生的生活。在此意义上，恰如陶行知所说，教育实际上就是生活，过什么生活，便是受什么教育。过好的生活便受好的教育，过坏的生活便受坏的教育。教育变迁实际上并不是从一种教育到另一种教育，而是从一种生活转向另一种生活。要改变一种教育，实际上就是要改变一种生活。因此，我们有必要明晰什么样的生活才是学生的真正生活，才是值得学生追求的好生活。

一、学生生活应该是一种“现实的生活”

作为个人，学生无法脱离历史背景和社会关系而生活在抽象的世界中或未来想象的世界中，学生是现实关系中的人，学生生活应该成为一种现实的生活。

学生的现实生活不是一种抽象生活。生活的基本含义是“人或动物为了生存和发展而进行的各种活动”。只有致力于满足主体的现实生命需要，主体才能生存和发展，因此，生活总是与主体的现实需要相关。现实性是生活的基本特性。生活是基于主体的现实需要的。人不可能在生活之外的抽象世界中满足自己的现实需要，因而在生活之上或之外并不存在抽象的生活。因此，在教育中，我们不能以任何抽象生活来取代学生的现实生活，否则将会带来如下危害：无视个人生活的复杂性，用思维和想象计划出来的生活限制个人鲜活生命的发展，个人基于现实的价值理想会遭到忽视，甚至被压制。

学生的现实生活不是为成人生活做准备的生活。只要活着，人就有需要。不断满足或不断调适自己的需要是生活的全部内容。需要永远无法满足，因而生活不会终结，生活是一个过程。儿童生活与成人生活是这一过程的不同阶段。“人出生到这个世界并不只是为了过成人生活，在成人生活之前的一切都是为了准备这种生活。教育的对象是本来就生活着的儿童，教育必然地要纳入儿童当下的生活，成为儿童当下生活的内容。所以教育不是生活的准备”①。“为未来成人生活做准备”的教育会用属于成人世界的生活模式来全盘规划儿童的教育，会忽视学生生活的独特性，会扼杀学生的自由，这种学校的重心是在儿童之外，“在教师，在教科书以及其他你所高兴的任何地方，唯独不在儿童自己即时的本能和活动之中”，这种教育“不但使大脑服从于外部的规章和计划，也否定了使一个人区别于其他人的独特个性”②。当然，不可否认学生生活具有为未来成人生活做准备的功能，但是，学生生活的价值并不是主要取决于能为未来成人生活做什么准备。其实，由于“凡是个人出于自由意愿而做之事，都不在计划之内”，所以，教育能为学生成人生活做最好准备的方式，都不在于计划，而在于“给予一定条件，使人的自发性比在其他条件下更容易发挥出来”③。

学生的现实生活是充满偶然性的。在现实需要的满足中，人会与万事万物打交道，由此，在关系中生存成为个人生命的一个基本规定性。诸多关系使生活丰富多彩的同时，也使生活充满了不同的遭遇和偶然。这些遭遇和偶然既有个人所希望的，也有诸多不想要的，但是它们都是生活中的常客。为所欲的遭遇而欣喜，逃避所不欲的遭遇，只会使自己的生活能力越来越弱，这种做法无法帮助个人提升自己的生活能力，特别是“抗挫”能力，也无法帮助个人领悟到生命的真谛（存在主义特别强调只有在面对“死亡”“挫折”时才能明晰生命的本真目的）。个人只有坦然面对这些，才能反思和领悟自己的生活，确认生活的意义和目的，提升自己的生活品位和境界。因此，片面强调“成功教育”和“快乐教学”都是不太妥当的做法。

---

① 刘铁芳．走向生活的教育哲学．长沙：湖南师范大学出版社，2005：35-36.

② 杜祖贻．杜威论教育与民主主义．北京：人民教育出版社，2003：54.

③ 雅斯贝尔斯．什么是教育．北京：生活·读书·新知三联书店，1991：24.

二、学生生活应该是一种“教育的生活”

教育是一种使人向善的活动①。因此，处于教育中的学生生活不应该是一般的现实生活，而应该是不断寻求完善的一种特殊生活，这种学生生活亦被称为“教育的生活”。

学生的教育生活是一种促使人完善的理想生活。现实生活之所以是现实的，就在于它是错综复杂的，它有合理、健康的一面，也有低下、丑陋的一面。它一方面能够给人以“家”的朴实感、温馨感，另一方面也会给人带来非批判性和惰性。现实生活的两面性决定了我们既需要关注现实生活，更需要超越现实生活。旨在使人完善的“教育的生活”自然不能只是纯粹的现实生活的复制，必须要基于现实，超越现实，使人追求美好的理想生活。

学生的教育生活是一种可能生活。它虽然是一种促使人完善的理想生活，但是这种理想生活不应该成为乌托邦生活。乌托邦生活是一种绝对完美、完善的脱离现实的理想生活，它不是从学生实际需要出发，而是从某种乌托邦的想象出发。在乌托邦生活中，学生的实际需要不会受到尊重，学生的自由、自觉的主体精神和独特性追求也不会受到重视，学生的鲜活生命会被扼杀。教育生活应该是一种“可能生活”。可能生活不同于一般的现实生活，它是力图引领人追求美善的理想生活，但是，可能生活不是过于理想的无法实现的生活，它是基于现实生活的，是每个人所希望过的好生活，是能够在现实生活中实现的好生活②。在可能生活中，学生的实际需求会受到尊重，并得到满足。在需求被满足的过程中，学生更高级的需要会被激发，由此，学生逐渐从不完善走向成熟，从平凡走向超越。

学生的教育生活是一种自足的生活。在这种生活中，学生的兴趣会得到尊重，个性会得到张扬，知识会日趋丰富，能力会日趋强，品格会日趋完善。因为不断完善和超越，学生会感受到这种生活所具有的当下价值——一种能带来自足享受的幸福体验。在这种生活中，学生会利用过去所得，但是不会沉迷于过去，不会纠缠于过去的得失；学生会关注未来，但是不会陷于对未来的设计中而不能自拔，不会为了所谓的美好未来而牺牲现实的幸福。总之，这种生活虽然可以使教育实现诸多政治、经济功能，但是它是一种本身就自足的生活，它的价值主要在于自身。

三、学生生活应该是一种“完整的生活”

教育是一种力图使人全方面发展的活动，因而，学生生活理应是整体的生活。只有在

---

① 陈桂生．普通教育学纲要．上海：华东师范大学出版社，2009：4-11.

② 赵汀阳．论可能生活．北京：中国人民大学出版社，2004：22.

整体的生活中，个人各方面的素质和能力才能得到锻炼和提升，因此，学生生活应该是一种“完整的生活”。

学生的完整生活是德、智、体、美、劳各育都受到重视的生活。在相当长的一段时间里面，我国教育都是无“人”的教育，教育并不是从人的存在及其完整性出发的。“文化大革命”时期，国家强调道德的高标准，德育备受推崇，其他各育都受到一定程度的忽视；改革开放后，国家开始强调经济发展，智育受到高度重视，其他各育都受到一定程度的冷落。这两种做法虽然不一样，但本质上都肢解了学生的完整生活，只凸显学生生活的某一方面。现今，德、智、体、美、劳各育都应该受到重视，不能有所偏废，并要得到同等程度的发展，从而使学生生活成为完整的生活。

学生的完整生活也是日常生活和非日常生活融通的生活。“日常生活与个体的生存直接相关，它是旨在维持个体生存和再生产的各种活动的总称。在这一活动领域之外或之上矗立着非日常生活世界。……非日常生活领域是旨在维持社会再生产或类的再生产的各种活动的总称。”① 日常生活包括为使生命得以延续的生活资料的获取和消费的活动，以血缘和天然情感为基础的日常交往活动，以及伴随在这些活动中的非创造性的、前逻辑的日常观念活动。非日常生活包括政治、经济、技术操作、经营管理、公共事务等有组织的或大规模的社会活动，还包括科学、艺术、哲学等自觉的人类精神活动。学生生活也包括日常生活和非日常生活，只不过是日常生活中多了一些与同学、老师的日常交往，非日常生活主要以学习科学、艺术、哲学等人类精神活动的方式存在，这两种生活都会对学生的发展起到重要作用。“个体通过日常生活领域中的教育活动达成社会化和个人化，而通过非日常生活领域中的教育活动实现专门化和总体化。生活世界教育的这两方面是紧密联系、相辅相成的，就像是一块金币，日常生活中的教育是铸有徽章的背面，非日常生活中的教育则是铸有面值的正面，正面在类的发展意义上赋予背面以价值，而背面则为正面之价值的有效性提供了基础。”② 因此，我们既要重视日常生活的教育，也要重视非日常生活的教育，使二者得以融通。也正因为这样，我们需要警惕“教育回归日常生活世界说”。对于教育世界与日常生活世界隔离的现象和做法，我们自然要批判，但是我们不能只重视日常生活世界的教育，忽视非日常生活世界的教育。

学生的完整生活还是公私领域界分的生活。私人生活领域是处理个人生存和偏好的领域，是个人对自我进行关怀和照看的领域。私人生活的存在是个体生存以及物种延续的必然要求，是保护个人私密、隐私权利的需要。私人生活不仅有助于培养个人的自主能力，还能够培养个人的独特性，是私人生活把人与人区别开来，培养出独特自我。不过，“私人性的特点之一是，人不是作为一个真正的人，而是作为动物种类的一个标本（作为种的

---

① 衣俊卿. 回归生活世界的文化哲学. 哈尔滨：黑龙江人民出版社，2000：302.

② 项贤明. 日常生活中的教育与非日常生活中的教育. 首都师范大学学报（社会科学版），2000（3）.

人类）而存在于这个领域中。这正是古人对私人性表示极大蔑视的终极原因”①。公共生活领域是追求公共福祉、维护公共利益而做出公共行动的领域。人的本质是社会关系的总和，是公共领域中的公共性使人成为社会关系中的人。易言之，是公共生活而非私人生活使人区别于动物，而成为人。总之，公共生活和私人生活都很重要，教育既要重视和保护学生的私人生活，也要致力于营造和保护学生的公共生活。如此，就有必要界分公私领域及其生活，反对学生把公共生活私人化，也要反对学生把私人生活公共化。公共生活私人化（如教师在教室里面随意抽烟、乱扔垃圾等）会使公共生活的公共性丧失殆尽，学生的公共性精神无从培养；私人生活公共化（如教师搜查和公开学生的日记等）则会使学生私人领域的自由被侵犯。

公私领域有界分，并不代表公私领域及公私生活之间没有联系。一方面，私人生活为公共生活创造了基础和前提，因为积极参与公共生活，与他人讨论公共福祉的前提是个人能够生存，能有“一个属于自己的位置”，在讨论中能有自己的独特视角和观念，而私人生活恰恰能满足这些要求。另一方面，公共生活是个人向他人展现私人自我和证实自我的公共舞台。为了给他人留下好印象，这种展现会促使个人追求私人德性上的卓越和优秀，从而使私人不断自我完善。同时，通过参与公共生活，表达自己的意愿，可以对公共决策产生影响力，促使公共权力制定出保护私人生活和私人自主权不受侵犯的政策等。因此，加强学生公共生活和私人生活之间的联系，使学生的公私生活有所区分又不失联系，是当前教育改革的一个重要方向。

本章小结

教育内容是教育活动对学生成长施加影响的总和，这种影响不仅包括知识、技能，还包括思想观念、行为规范等。教育目的是选择教育内容的决定性因素，学生身心发展规律和水平是选择教育内容的关键性因素，教育过程也是其中的一个重要因素。教育内容一旦形成以后，就会对教育产生重大影响。教育内容是实现教育目的的途径，是教师和学生进行交往的重要中介，是教育评价的重要依据。

全面发展教育的内容是由德育、智育、体育、美育、劳动技术教育五个部分构成的。各育都有其特殊的意义、任务和内容，相互之间是不可替代的，但是它们之间又是统一的，它们相互渗透、相辅相成，最终都是为了实现人的全面发展。因此，使各育齐头并进才能有效地促使人全面发展。

课程是教育内容的组织形态。课程设计是指通过确立课程目标，明确课程编制工作的方向，然后根据课程目标，使教育内容具体化为有特定组织形式和组织结构的课程内容，

---

① 汪晖，陈燕谷．文化与公共性．北京：生活·读书·新知三联书店，1998：73.

为课程实施和课程评价提供基础的系统化活动。课程实施是指课程计划付诸实践的过程，它是达到预期课程目标的基本途径，是课程改革过程的一个实质性阶段。它在本质上是一个动态的过程，既包含对既有课程设计及其方案的执行，也包含对既有课程设计及其方案的调整、修改、补充乃至拒斥。课程实施的“忠实取向”、“相互适应取向”和“课程创生取向”都有其合理性，但也有不足，我们需要根据实际把它们协调起来。课程评价是课程开发的基本问题和重要环节，它不仅能够帮助人们了解课程实施的结果，还有助于人们反思并改进课程设计和课程实施。成熟的课程评价需要在其科学取向和人文取向、内在的评价与结果的评价、形成性评价与终结性评价之间取得一种平衡。

学生生活是教育内容的活化样态。美好的学生生活应该是一种“现实的生活”、一种“教育的生活”、一种“完整的生活”。

思考题

1. “五育”各自的任务和内容是什么？“五育”之间有何关系？
2. 评析课程实施的三种取向，探究整合三种取向的路径。
3. 评析课程评价的诸种取向，探究整合诸种取向的路径。
4. 什么样的学生生活是理想的教育内容？

拓展阅读

1. 瞿葆奎. 教育学文集·美育. 北京：人民教育出版社，1989.
2. 瞿葆奎. 教育学文集·智育. 北京：人民教育出版社，1993.
3. 瞿葆奎. 教育学文集·德育. 北京：人民教育出版社，1989.
4. 瞿葆奎. 教育学文集·体育. 北京：人民教育出版社，1988.
5. 张华. 课程与教学论. 上海：上海教育出版社，2000.
6. 项贤明. 泛教育论. 太原：山西教育出版社，2000.

第八章

教育途径

学习目标

- 了解并掌握教学的内涵、实施策略及其要求。
- 了解并掌握德育的内涵、实施策略及其要求。
- 了解并掌握班级管理的内涵、实施策略及其要求。
- 了解并掌握课外活动的内涵、实施策略及其要求。

问题与思考

- 教育通过什么途径来实施？
- 正式教育和非正式教育在实施途径上有什么区别？
- 在学校工作中，“教育为先”与“教学为主”是否矛盾？为什么？

教育途径，简而言之就是指教育活动的实施渠道和方法，即为了实现特定的教育目标、完成特定的教育任务而选用的渠道和方法。在教育目标、教育功能和教育内容已经确定的情况下，教育途径的选择就显得至关重要。因为教育途径与教育目标、教育功能、教育内容等几乎是一体的，没有途径，再好的教育目标、教育功能和教育内容也无法取得好的效果。因此，为了使教育目标、教育功能、教育内容得到更全面、更合理的落实，我们必须采取适当、合理的教育途径。在学校教育中，教育途径主要有教学活动、德育活动、班级管理及课外活动。

第一节 教学活动及其实施

一、“教学”的内涵

关于“教学”的内涵，一直以来就有着诸多的争议。王策三先生曾经对“教学”的内涵进行了分析和归纳，他发现关于“教学”的概念与内涵至少有五种理解：第一种是最广义的理解，认为教学等同于人的生活实践；第二种广义的理解认为教学是有计划、有目的的全面影响活动，等同于教育；第三种狭义的理解认为教学是教育的基本途径，主要是传授和学习知识技能、影响学生身心发展的教育活动；第四种狭义的理解认为教学等同于技能训练；第五种是具体的理解，认为教学是指现实发生的具体的教学，如上课①。

我们发现，在对“教学”内涵的不同理解中，第一种理解（教学等同于人的生活实践）没有区分“教学”与“生活实践”这两个不同的概念；第二种理解（教学等同于教育）把“教学”与“教育”这两个概念相混淆；第四种理解（教学等同于技能训练）和第五种理解（教学即上课）拘泥于具体的技能培训和课堂实践，没有对“教学”进行必要的概念抽象。因此，这四种理解虽然都在一定层面上把握了“教学”的一些特殊属性，但是又都没能从根本上全面把握和理解“教学”的本质内涵。

第三种理解把“教学”定义为“教育的基本途径”，在一定程度上意识到了“教学作为教育的基本途径”这一根本属性，但是这一内涵仍显得不够丰满。因此，我们可以在第三种理解的基础上，从概念的种属关系和内涵外延的角度来加以完善，把“教学”定义为：教师引导学生去认识客观世界和主观世界，以促进学生全面发展的教育活动，它是实现教育目标的基本途径。

关于这个定义，还需要做进一步的阐释和说明：

（1）教学是教育的基本途径。教学是整个教育活动的一个重要组成部分，是实现教育目标的重要途径。不论是在传统教育时期还是在现代教育时期，“教学”都承载着传递知识、培育智慧、促进身心发展的基础性功能。失去了教学活动，也就失去了最为直接、有效的知识传递形式，同时也失去了促进受教育者的知识增长和智慧发展的最为直接、有效的教育形式。作为教育的基本途径，教学活动与班级管理活动、课外活动等其他活动形式相比，显得更为关键。因为，它是整个教育活动的基本形式，发挥着基础性的教育功能和教育影响。

（2）教学是以学生的身心和德智体的全面发展为目标的一种教育活动。教学的宗旨，

① 王策三. 教学论稿. 北京：人民教育出版社，1985：88-90.

最终必然指向学生的身心全面发展。作为一项基本的教育活动，“教学”始终服务于学生的发展，为了学生的发展，促进学生的发展。而学生的发展，又包括身体和心理、智力和道德的发展，因此，有效的教学活动并不仅仅是培育学生的心智能力，同时也要培育学生的品格和身体。心智能力是人的重要能力，但并非唯一值得教育活动去关注的能力。在学生的发展中，身体和品格的发展同样非常重要。尤其是品格的发展，它将为一个人的一生奠定精神和道德的基础，因而它是教学和教育活动所绝对不能忽视的。

（3）教学是教师引导学生去认识主观世界和客观世界的教育活动。这意味着，教学活动不是学生自发进行的，也不是在教师的强迫灌输下进行的。在教学活动中，教师扮演着教学引导、道德引导的角色。教师为学生创设适宜的教育、教学环境，从而鼓励学生去认识外部的客观世界，形成对于客观世界的知识；同时也鼓励学生去认识内在的主观世界，理解自我，发展心灵与精神的能量，从而使自身的内在世界能够适应外部环境的变化。所以，教学活动是一种引导性的活动，教师引导学生去认识客观世界和主观世界，使学生最终获得完善主观世界和客观世界的精神能量、物质能量。

二、教学活动中的主体与对象

在教学活动中，包含着三个基本要素：教师、学生和教学内容。在这三个基本要素中，教师是教育引导的主体，学生是学习的主体，两个主体以教学内容为共同的客体对象，形成相互对话、相互交融和相互促进的关系。

（一）教师与学生是教学活动中的交互主体

教师与学生在教学活动中不是一种相互对立的“主体-客体”关系模式，而是一种相互交融的主体间性的关系模式。这种主体间性的关系模式主要表现为：（1）教师与学生是教学过程的共同参与者。在教师的“教”和学生的“学”中，都不存在着单一的参与者，教师会参与到学生的“学”中，而学生也会通过自觉或不自觉的行动参与到教师的“教”中。因此，整个教学过程都体现着“交互参与性”，通过双方的主体参与形成了教学活动。（2）教师与学生是教学内容的共同选择者。教师是选择和传递教学内容的主体，课程教材中的内容往往经由教师的改造才进入教学过程中。学生在课堂学习中也体现着主体性，他们也会对所学的知识、内容进行主体的改造。同时，他们也可以通过学习兴趣和学习倾向影响教师对于课程教材、知识内容的选择。（3）教师与学生是教学情境的共同建构者。有效的教学活动往往是源于教师与学生构建的“有机的”教育情境，它是“教师与学生共同参与其中的情境”。（4）教师与学生是教学心情的分享者。教师与学生在教学活动中会形成情感的交流与对话的关系。教师与学生在教学活动中分享着关于课堂、教材、学习、生活的情感，这种发生于主体之间的情感交流可以促进教学活动的改进和完善，从而形成更加有效的教学。

（二）教师与学生以教学内容为共同客体对象

在教学过程的三个基本要素中，教学内容是主要的客体对象，同时也是比较纯粹的对象。教学内容是文化传统和当下经验的主要载体，在教学活动的实施过程中承担着客体的角色，为主体提供了教育和学习的对象。教学内容的客体性或对象性主要表现为：(1) 教学内容是教师实现“教”的主要对象。教学内容比如课程、教材，虽然在某种程度上规定和制约了教师的教学活动，但更为重要的是它为教师的教学设计、教学实施提供了基础性的材料。教师作为主体性的存在，可以对这些材料进行改造和加工，以适应特定的教学目标和教育目标，适应特殊的教学情境和特殊的学生群体。(2) 教学内容是学生“学”的主要对象。教学内容中所蕴含的丰富的知识、传统和经验，为学生的学习活动提供了宝贵的精神财富。学生通过学习教学内容，可以把教学内容内化为自身的知识和技能，进而提高自身的能力和思想境界①。可以说，教学内容作为精心选择出来的知识、传统与经验的组合体，对于学生的智力、品格、精神、心灵的发展都将产生巨大的影响。学生一旦以主体性的积极心态投入教学内容，他们无疑就将在身心和德智体等方面获得极大的发展。总而言之，教学内容在教学活动中主要承担着客体对象的角色，为教学活动提供着基本的知识保障。它虽然是教学活动中的客体，但是却发挥着重要的功能。

三、教学活动的基本环节

在教学活动的实施过程中，教师往往扮演着重要的角色。教师是教学活动的发起者、组织者和引导者，他参与、组织和调节着教学活动中的每一个环节。我们将从教师的角度来展现教学活动的三个基本环节——备课、上课和评课②。备课是教师对教学活动所进行的计划和准备工作，上课是教师按照教学计划来展开教学活动，评课是教师本人或其他评课人员对教师的教学质量和学生达标情况所进行的评价活动。只有教师与学生在这三个教学环节中共同努力，教学的目标才能达成。

（一）备课

备课可以分为“备学生”“备教材”“备教法和学法”这三个主要部分。这三个方面的准备工作对于任何一项教学活动都是不可或缺的。只有做了充分的准备工作，教学活动才可能顺利开展。

1. 备学生

教学的目标和宗旨是为学生服务，是为了通过教学活动促进学生的身心全面发展。如果教师不了解学生，不清楚学生的学习倾向、学习心理和学习特征，那么教学工作的效果

---

① 王本陆. 课程与教学论. 北京：高等教育出版社，2004：139.

② 余文森，刘家访，洪明. 现代教学论基础教程. 长春：东北师范大学出版社，2007：116.

将难以保证。“备学生”，从根本上说就是从学生的角度出发，站在学生的立场上来思考教学问题，制定教学目标、选择教学内容、选择教学方法等。只有当教师足够了解学生，他的教学工作才能引起学生的共鸣，才能让学生发自内心地喜爱。

2. 备教材

“备学生”是一个出发点，而“备教材”则是一个“基础点”。“备教材”是教学活动的基础，离开了教材，教学活动也就失去了中心和骨干。教师在“备教材”的过程中，应该立足于已有的教材内容，细心阅读教材，准确把握教材呈现的知识、传统、经验、价值观等。教师不能采取“教条主义”的做法，拘泥于教材，一切以教材为准则；同时，教师也不能采取“怀疑主义”的态度，怀疑教材中的一切。教师更为理性的做法是：不断钻研教材，在准确把握原教材意义的基础上结合学生的实际、课堂的实际和教学环境的实际来改造和完善教材，使教材更适合于学生的发展需要。

3. 备教法和学法

在备课的过程中，教师还应该研究教法和学法，精心准备适合学生的教学方法，并且引导学生掌握有效的学习方法。首先，教师应该“备教法”，即教师必须根据教学需要和学生需要来准备合适的教学方法，促进教学的顺利实施。不同的教学方法会起到不同的作用，不同的课堂、不同的教材、不同的学生、不同的教师，往往需要不同的教学方法。因此，对于教师来说，教学方法的选择非常重要。其次，教师应该“备学法”，即教师应该了解学生惯常使用的学习方法，同时通过教学活动使学生掌握更好的学习方法和策略。“备学法”不只是教给学生知识，更重要的是教给学生学习知识、掌握知识的方法。“授人以鱼，不如授人以渔”，这可以说正是“备学法”的主要目标。

（二）上课

教师的上课应该以教材和备课中的教学计划为准，但由于教学情境是千变万化的，很可能会发生一些意外事件。因此，教师在以教材和教案为基础的同时，还必须学会结合实际情况来开展教学活动，注重教学的生成性，切实提高课堂教学的效果和质量。不管如何强调教学的生成性，课堂教学还是有一些基本步骤，主要包括五个环节：启动、导入、展开、调整和结束。

1. 启动

启动环节主要是为了激发学生的学习兴趣和激情。教师在启动环节中可以运用一些图片、故事、案例、实验等来激发学生对某一主题或某类事件的兴趣，而这些主题和事件又是与课堂的教学内容联系在一起的。因此，学生可以通过那些自己感兴趣的图片、故事和案例了解课程内容，并且对课程内容产生初步的兴趣。

2. 导入

导入环节主要运用于新旧知识之间的衔接。在一个新的课程内容开始之前，教师可以复习一下前一个课时或单元的课程内容，将新旧课程知识衔接起来，使学生形成知识结构的“同化”，对新课程知识的理解更加深入。导入环节对于知识的衔接可以加深学生对旧知识的印象，同时提高学生对于新知识的理解能力。

3. 展开

在展开环节中，教师根据教材内容和课程安排展开教学活动。在这个环节中，教师要引导学生主动地学习知识，发挥学生的学习主体性。教师在呈现学科知识的过程中应力求把抽象与具体、理论与实际相结合，比如在知识教学中增加一些图片、演示，在理论教学中增加一些故事、案例等，以此激发与保持学生的学习兴趣，提高教学活动的效果。

4. 调整

在调整环节，教师对原有的教学计划（教学目标、教学内容和教学方法）或实际的教学进程进行调整。这是一种双向调整，当教师在教学过程中发现原有的教学目标、教学内容、教学方法的设计不合理的时候，教师可以采取调整策略使其更加完善和合理；此外，当教师发现实际的教学进程不合理的时候，也可以对其进行调整以使其符合原定的教学计划。通过调整，教学活动可以走上正确的轨道。

5. 结束

一堂课结束以后，教师可以对课堂的教学情况进行总结和反思，思考在这堂课中的“得”与“失”，以此来寻求更好的课堂教学策略。同时，教师也可以引导学生对自己在这堂课中的学习效果进行反思，以寻求更好的学习策略。通过总结和反思，教师和学生为下次课的改进和完善打下良好的基础。

（三）评课

1. 一堂好课的标准

评课是依据一定的标准对课堂教学进行反思，这种反思，既有对课堂教学本身的反思，也有对教学结果——学生发展质量的反思。一般说来，一堂好课具有以下特征：

目标明确：教师应该按照三维目标提出本节课的具体目标，同时，使学生明确本节课的目标。

内容正确：保证教学内容的思想性和科学性，同时，按照学生的认知特点和知识自身的逻辑，科学合理地组织内容，强化基础知识，突出重点难点，注重知识间的逻辑性和层次性。

方法得当：教学有法，但无定法，贵在得法。教师应从教学任务、教学内容、学生的知识水平和思想状态等实际出发，选择恰当的教学方法。

结构紧凑：教学结构就是教学内容、教学方式的安排搭配。教学结构通过课堂教学的环节得以展现。紧凑不只是说时间安排紧凑，没有浪费，更重要的是课堂教学应如行云流水一般，自然、流畅，使学生在课堂教学中感觉到愉悦。

教学效果好：教学效果是检验教学的最终标志。教学效果是教学目标达成度，如果通过教学实现了教学目标，学生在知识、能力、情感、价值观等方面都获得了预期的发展，即为教学效果好。这些可以从学生的课堂反应以及随堂考察、单元考试等环节中了解和检查。

2. 评课的方式

评课包括“自评”和“他评”两种类型。评课的作用在于，它可以发现课堂教学中存在的问题，促进教师不断进行自我反思，从而完善自己的教学设计、教学方法和教学理念等，最终改进课堂教学质量，提高课堂教学的效果。

（1）自评。

“自评”主要是指教师对自身的课堂教学质量进行评价。教师应该客观、公正地评价自己的课堂表现和课堂行为，反思自己在课堂教学中的不足，并且认真去改进这些不足。“有则改之，无则加勉”，这是教师在自评中应该持有的健康心态。有些教师往往不愿意正视自身的缺点，不愿意改正自己的毛病，这对于教学技能的改进和教学质量的提高是有危害的。

（2）他评。

“他评”是指其他评课人员对教师的教学质量和学生的学习效果进行评价。评课人员在进行“他评”时，应该做好以下几点：第一，要全面评价任课教师的上课情况，包括教师的言行举止、教学设计、教学方法等方面，指出其缺点和不足，勉励其改进。第二，要认真评价教师的教学效果和学生的学习效果。对于教学效果不好的教师，要帮助其分析原因。第三，评价应是发展性的，而非终结性的。评价不是为了批评、攻击教师，而是为了帮助教师改进教学，提高教学质量。

第二节　德育活动及其实施

一、德育活动及其结构

德育作为全面发展教育的组成部分，指向人的思想、政治、道德、法治意识和良好心理品质的培养，因此，包括思想教育、政治教育、道德教育、法治教育和心理健康教育等。尽管这些领域在培养的内容和品质上有所区分，但都是通过德育活动实施的，在德育活动上具有共同性。

从活动的角度看，德育指社会有目的地对其成员的政治、思想与道德等方面施加影响的活动，包括学校德育、家庭德育、社区德育和社会德育等方面。学生不仅学习在学校，也生活在家庭，活动在社会，学校德育和家庭德育、社区德育、社会德育统一在一个人身上。所以，德育活动是对学生思想、政治、道德产生影响的所有活动，不仅有学校中的德育影响和活动，也有来自家庭、社区和社会的德育影响和活动。应坚持学校德育与家庭德育、社区德育和社会德育相结合，开展学校、家庭、社区、社会协同育人的活动，形成协同育人的合力。

德育是学校、家庭、社区和社会协同育人的活动，但学校德育起着主导作用，因为学校德育是“教育者根据一定社会或阶级的要求，有目的、有计划、有组织地对受教育者施加系统的影响，把一定的社会思想和道德转化为个体思想意识和道德品质的教育活动”①。因此，既要发挥学校德育的主导作用，又要引导家庭、社区、社会增强育人责任意识，提高对学生道德发展、成长成人的重视程度和参与度。

就学校德育而言，要“坚持把立德树人作为中心环节，把思想政治工作贯穿教育教学全过程，实现全程育人、全方位育人”②。要树立全程、全方位的德育理念，学校德育活动不只是几项单独的德育活动，而是全方位的活动，既有课程育人、活动育人，也有实践育人、管理育人和文化育人。学校的德育活动，既有教育活动，也有思想政治工作的管理活动。思想政治工作既是德育活动，也是学校德育活动的保障。

无论是哪类德育活动，最终都是为了促进学生政治、思想与道德的发展，都要通过德育过程来体现。德育过程是教育者对受教育者施加思想、政治和道德等方面的影响，并通过受教育者积极的认识、体验与践行，以使其形成一定社会与阶级所需要的品德的实践活动。德育过程由教育者、受教育者、德育内容和德育方法四个相互制约的要素构成。教育者是德育过程的组织者、领导者，是一定社会德育要求和思想道德的体现者，在德育过程中起主导作用；受教育者包括受教育者个体和群体，他们都是德育的对象；德育内容是用以形成受教育者品德的社会思想政治准则和法纪道德规范，是受教育者学习、修养和内在化的客体；德育方法是教育者施教传道和受教育者受教修养的相互作用的活动方式的总和，是德育活动开展的手段。德育活动就是教育者借助特定的德育方法，对受教育者实施特定德育影响的活动，使德育影响内化于心、外化于行。

二、德育活动中的主体与对象

（一）教师是道德引导的主体，同时也是接受道德熏陶的客体

教师在德育中起着道德引导的作用，他们是道德引导的主体。教师在德育过程中可以引导学生进行合理的价值选择，引导德育活动更顺利地开展，最终使学生的道德品质趋于

① 中国大百科全书·教育卷. 北京：中国大百科全书出版社，1985：59.

② 习近平在全国高校思想政治工作会议上强调：把思想政治工作贯穿教育教学全过程 开创我国高等教育事业发展新局面. （2016－12－09）http://dangjian.people.com.cn/n1/2016/1209/c117092－28936962.html.

完善，从而实现道德教育的目标。教师作为道德引导的主体，其必要性和重要性体现在以下几个方面：

首先，青少年学生在心理、精神、品德发展等方面基本上都是未成熟的，因而非常需要教师的道德引导来塑造他们的精神与品格，使他们形成正确的世界观、价值观、人生观。教师作为道德引导主体的首要任务就是去引导学生形成正确的价值判断，使学生养成高尚的道德品格和积极的人生态度。教师作为主体肩负着道德引导的使命，教师的有效引导可以帮助学生形成优良的道德品格，而无效的道德引导则不利于甚至会阻碍学生的品德发展。

其次，德育过程的展开也需要教师的道德引导。课堂教学的展开、道德秩序的建立、纪律规范的维护、教学内容的选择等德育过程中的诸多环节，都离不开教师主体性作用的发挥。教师作为道德引导的主体，只有承担起一系列的工作和任务，才能保证德育的顺利展开。如果失去了教师在德育过程中的主体性，德育过程很可能陷入一种失序的、混乱的状态，最终难以促进学生的道德发展。

最后，德育目标的达成也需要教师的道德引导。教师将参与德育目标的设计，当教师发挥自身的德育主体性，为德育课程和德育活动设定一个合理的目标的时候，德育过程也就有了一个正确的目标指向，德育活动离成功也就更近一步。在合理的德育目标的指导下，教师作为道德引导的主体，可以带领学生去学习、实践、锻炼、提高，从而达成道德教育的目标。

因此，不论是从学生的价值选择、德育过程的开展来看，还是从德育目标的实现来看，教师作为道德引导的主体都发挥着至关重要的作用。

（二）学生是接受德育的客体，同时又是道德学习的主体

教师是道德引导的主体，而学生则是道德学习的主体，这两个主体之间的交互作用构成了德育过程的基本形态。在具体的德育情境中，学生的主体性作用是至关重要的，离开了学生的学习主体性，德育过程无法顺利开展，这是因为：

首先，道德学习需要学生的主体性参与。在道德学习中，学生是学习的主体，一切的价值要素、道德规范、伦理知识的学习和接受都首先要经过学生的大脑，如果学生不努力学习这些道德内容，不从内心接受这些道德规范和道德知识，那么整个道德学习过程都将是无效的。

其次，“道德内化”需要学生的主体性参与。道德知识、道德规范往往是外在的，而道德教育的一个重要目标就是把这些外在的道德规范传递给学生，使学生能够接受这些道德规范，从而成为一个“社会化”的个体或者说一个合格的公民。从心理机制来说，个体的“社会化”是一个道德的“内化机制”，只有当个体真正“内化”了社会道德规范，个体才成为一个合格的道德人。这个“内化”的过程，正是学生主动地吸收、认同和消化外

在的道德规范的过程。在这个过程中，学生的道德主体性发挥着决定性的作用。没有学生的主体性参与，“道德内化”就无法完成。

最后，教师的道德引导需要学生的主体性配合。教师的道德引导是否能在学生的道德发展中产生影响，主要看学生在内心是否认同和配合教师的道德引导。如果学生没有积极配合教师的道德引导，那么教师所组织的德育活动将是无效的。只有当学生积极地投身于教师所组织的德育活动之中，教师的道德引导才能发挥作用。

由此，我们不难看出，学生在道德学习中的主体性作用对于整个德育过程有着极其重要的影响。学生的学习主体性并不是简单地依附于教师的主体性，它独立地发挥着作用，甚至从某种意义上来说起着最终的决定作用。为此，教师在引导学生树立正确的道德观的时候，必须不断去激发学生的道德主体性，使其主动地参与到德育活动当中。

三、德育活动的基本方法

在德育活动中，可采用的具体方法有很多，比如榜样法、情感陶冶法、说服惩戒法、自我教育法等。运用这些方法时，我们不能太过于片面和偏执，而应该进行有效整合、综合利用，发挥出它们特殊的德育功效。

（一）榜样法

榜样法是指以优秀的道德模范人物的行为来鼓励受教育者努力去做一个有道德的人的德育方法。榜样法包括：一是教师的榜样示范，二是伟大人物的榜样作用，三是学生中的优秀代表的榜样作用①。

在课堂教学活动以及课堂外的日常生活中，教师的一言一行都可能影响学生的品德建构。一个优秀的、道德高尚的教师总能通过自身的言行影响学生的道德选择，使学生充满着追求善与美的内在动机。

课程、教材以及媒体中的一些伟大人物的形象，也会对学生产生榜样作用。伟大人物的事迹往往是震撼人心、感人至深的，比如“心忧天下”的领袖、“感动中国”人物、“抗震救灾”英雄等，他们代表了这个社会的道德良心。学生们在接触到这些优秀人物的事迹之后，往往会被他们高尚的道德所感动、激发，从而把他们视作自己的道德榜样，接受他们的道德影响。

学生中优秀的道德代表也能发挥道德榜样的作用。优秀的学生代表是学生直接接触到的道德榜样。他们生活于学生中间，他们的言行举止能够影响到周围学生的行为。他们的道德行为也往往是日常生活中的简单、朴素的道德实践，是所有学生都能够看到的，也是有能力做到的。所以，这种道德榜样作用往往是最直接的，也是最有效的。

---

① 班华．现代德育论．合肥：安徽人民出版社，2001：232.

（二）情感陶冶法

情感陶冶法也是学校道德教育中经常采用的一种德育方法。情感陶冶法，简单而言就是指通过创设良好的教育情境，使学生的情感受到感染、陶冶和激发，最终提升他们的道德境界，使他们面对社会现实中的各种诱惑和道德困惑的时候，能够始终坚持正确的道德选择，选择正确的道德行为。

学生的内心情感是丰富、细腻而脆弱的，学生的心理世界需要呵护、关心和爱。在道德情感的建立中，学生如果生活在充满关心、呵护、温暖的环境中，他们就能很容易地建立起对周围环境、周围人的良好情感和态度，在行为上能够选择"亲社会"的道德行为。如果在生活中缺乏关心、爱护等积极情感的保护，他们可能就会选择"反叛的""对抗的"行为模式。

因此，情感陶冶法的一个重要意义就在于，它能够以情感人，通过良好的情感环境来保护学生的心灵，陶冶学生的道德情操，使学生选择"亲社会"的行为模式，而不是"对抗社会"的行为模式。情感陶冶法的优势就在于，它能够把抽象的道德理念融入生动的情感形象和道德情境之中，使学生在情感与观念两个维度得到统一，从内心接受全面的道德熏陶，最终形成健全的人格与品德。

（三）说服惩戒法

说服惩戒法包含了说服教育与惩戒教育两个方面。所谓说服教育，主要是指通过摆事实、讲道理、启发引导的形式，使学生改变既有的品德认识和价值观念，而接受某种新的道德要求，并用以指导自己行为的一种德育方法①。惩戒教育主要是指教师运用批评和惩罚的方式对学生的不道德行为进行规范和引导，使学生认识到自己在观念和行为上的错误，最终改变自己的观念与行为方式的一种德育方法。

说服教育和惩戒教育在学校德育实践中往往是综合起来运用的。说服教育的基本精神是对学生进行理性的引导、劝诫和规范，以理服人、以情感人，使学生发自内心地认识到自己的错误，从而纠正自己的不良道德行为。在说服教育无法达到预定目标的情况下，比如学生屡教不改、不良行为造成的后果极其恶劣等等，教师可以采取惩戒教育的方法，对学生给予程度不等的惩罚。

但是，不论是运用说服教育法，还是运用惩戒教育法，它们的目标都是一致的，就是规范学生的行为方式，使他们成为一个有道德的人、一个合格的社会公民。

（四）自我教育法

自我教育法是指在特定的教育情境（教师引导下的情境或者突发情境）下，学生对自己的道德观念和道德行为展开自我反思、自我批判，最终完成道德的自我建构、自我提升

---

① 檀传宝. 德育与班级管理. 北京：高等教育出版社，2007：113.

和自我超越的一种德育方法。

在自我教育法中，受教育者的自我反思非常重要，教师对于教育情境的创设也很重要。受教育者的“自我”意识需要在特定的环境中才能被激发出来，比如在一个教师故意隐藏不见的环境中，学生就必须独立地进行道德思考，进行行为选择。教师作为道德引导的主体，更多地需要为学生创设出独立、自由的教育情境，来锻炼学生的自我反思、自我控制和自我监督的能力，从而促进学生自我教育的形成。

例如，下面所提到的“无人监考”的案例，就是一个非常典型的、由教师主动创设的自我教育案例。

专栏 8－1　　一次无人监考的考试

在学生时代，我经历过无数次考试，由学生成为教师以后，却经历了一次令我十分难忘的考试——无人监考的考试。

在这次考试之前，校长向教师们宣布了在初一和高一年级实行无人监考的决定，教师们议论纷纷：有人监考还作弊呢，无人监考行吗？

在学生动员会上，听说取消监考，学生们的眼睛里先是露出半信半疑的神色。当彼此交换一下目光，证明自己的耳朵没有出毛病以后，雷鸣般的掌声爆发了。显然，他们热烈欢迎无人监考……

会后，学生们都写了决心书，保证自己在考场上“人格”得 100 分。看得出，他们都为得到老师和校领导的信任而感到兴奋和自豪，可他们毕竟只有十一二岁啊！他们能控制住自己吗？我仍然忧心忡忡。

第一场考试开始了，黑板上“自尊、自爱、求爱、求真”八个大字代替了监考老师的眼睛。然而，我人在办公室，心却在考场上。我一次一次鬼使神差般地向教室走去，到了教室门口才猛然醒悟：不该进去。

最后一场考试终于结束了，当我抑制着想要拥抱一下这些可爱的学生的冲动走进教室时，迎接我的是一双双诚实的眼睛。

这无声的语言已经告诉我，这次无人监考的意义早已远远超出了考试本身，这是一次心灵的震撼，也是一次成功的尝试。

资料来源：傅道春．教学优秀案例分析：教师行为研究．北京：教育科学出版社，2001：14－16.

学生在“无人监考的考场”中参加考试，教师是不在场的，学生可以自主地选择自己的行为——为了分数而作弊或者为了道德而不作弊。在这样的教育情境中，自我教育法的功能得到了显著的发挥。因为教师对学生的尊重、信任，使得学生产生了道德上的自我约束和自我教育的责任感。如果学生能够选择道德的诚实行为，而没有选择不道德的欺骗行为，那么学生无疑实现了自我约束、自我提高和自我教育，最终实现了道德上的自我完善。

四、德育实施的途径

（一）突出课程的主渠道

品德的形成以道德认知为前提，没有相关道德知识，就不会有某种道德行为。尤其是在复杂的道德情景中，更需要道德知识的引领。这就决定了德育课程在品德形成中的重要性。品德的形成不完全依赖课程，但缺少课程的德育肯定是不完整的。德育课程有直接与间接之分。直接德育课程是以德育为主要内容的课程，包括国家设置的德育课程和地方、学校开发的德育课程。尤其是国家设置的德育课程是德育工作的基本保障，要开足、开全，不能减少课时或挪作他用。地方和学校要利用区域特色德育资源开发德育地方课程和校本课程，引导学生了解家乡的历史文化，培养热爱家乡的情感。要根据国家的需要和社会发展的要求，开设时事专题课程。间接德育课程是指在其他学科课程中渗透的德育内容。任何的课程都蕴含着丰富的德育因素，要充分挖掘其他课程中的德育内容，发挥其他课程的德育功能。如语文课程中的传统文化教育，理科课程中的科学精神的培育，艺术课程中的审美情趣的培养，外语课程中的国际视野、多元文化观念的养成，等等。只有这样，才能使德育真正渗透在课程中，使课程处处有德育。

（二）发挥学校的引领作用

学生除了课程学习之外，更多是在学校生活中。陶行知先生的“过什么生活，便受什么教育”提示我们，使学生接受道德教育，就必须使他们过有道德的生活。这就要求我们打造有道德的学校生活，使学生沐浴在道德之中。文化是学校的灵魂，具有弥漫性和内隐性，要通过校园文化建设，包括优化校园环境，建设网络文化，营造文化氛围，形成积极向上、格调高雅的校园文化，让校园处处能育人。要加强师德建设，发挥教师的人格示范作用，以教师高尚的心灵引领学生心灵走向高尚；要强化学校的榜样引领，不仅要发挥模范人物的榜样作用，而且要发现每个学生的优点，让每个学生都成为身边的榜样。注重学校规章制度建设，规范和引领学生的行为，给学生的行为以明确的方向，尤其要约束和预防学生的不良行为。要建设全员育人的具体制度，明确每个教职员工的育人职责，增强全员育人的自觉性。

（三）充分发挥家庭和社会的协同育人作用

尽管课程和学校在学生品德成长中具有主导地位，但学校不是学生唯一生活的空间。家庭和社会同样对他们的品德发展具有重要的影响。要发挥家庭和社会的育人作用，构筑家庭和社会“协同育人”机制。

家庭是孩子的第一个课堂，父母是孩子的第一任老师。家长的修养、家风、家教直接影响着孩子的发展。因此，家长要提升自身素养和能力，以良好的行为，为孩子做出表率。同时，履行家长的职责，切实做好家庭教育工作。充分发挥学校在家庭教育中的指导与沟通作用。中小学要建立健全家庭教育工作机制，统筹家长委员会、家长学校、家长会、家访、家长开放日、家长接待日等各种家校沟通渠道，发挥学校对家庭教育的指导作用，保持家庭教育与学校教育的协调一致。

社会是一个大课堂，也是一个大熔炉。德育工作必须利用社会的力量，发挥社会的影响力，以社会影响德育，也以德育影响社会，打造有道德的社会。要充分挖掘社会德育资源，建立广泛的社会德育渠道。从主体来看，要全面动员宣传、综治、公安、司法、民政、文化、共青团、妇联、关工委、卫计委等各个部门共同参与德育治理，发挥各行各业从业者的行为影响力，尤其要注重发挥党政机关和企事业单位领导干部、专家学者以及老干部、老战士、老专家、老教师、老模范的示范引领作用。从场所来看，要充分利用爱国主义教育基地、公益性文化设施、公共机构、企事业单位、各类校外活动场所、专题教育社会实践基地等，开展有针对性的德育活动。如博物馆开展传统文化教育，革命纪念馆开展红色传统教育，艺术馆开展文化艺术教育，科普馆开展科学教育，等等。从时间来看，充分利用各种节日开展德育工作。如利用中国传统的春节、元宵、清明、端午、中秋、重阳等开展传统民俗和传统伦理教育；利用植树节、妇女节、劳动节、青年节、儿童节等开展爱党、爱国、爱劳动和励志教育；利用国家的一些重大节日，如建党节、建军节、国庆节、抗战胜利纪念日、反法西斯战争胜利纪念日、国家公祭日等开展爱党、爱国和革命传统教育。利用世界性节日，如世界地球日、世界知识产权日、世界卫生日、世界无烟日、国际禁毒日、国际消除贫困日、国际志愿者日等开展相应的专题教育。通过开展这些活动，把德育与社会有机融合在一起，使德育无处不在、无时不在。

（四）充分利用各种活动开展德育

活动不仅是道德认知向道德行为的转化机制，更主要的是，我们只能在德育活动中学做道德之人。在这个意义上，杜威的“做中学”更符合德育的要求。一切德育工作，包括德育课程，都应该通过活动来组织。当然，学校和社会还有一些专门的德育活动。学校德育活动，有常规的升旗仪式、国旗下讲话、团日活动、班队活动、主题班会、社团活动等；集中式的有学校举办的各种主题活动，诸如艺术节、科技节、外语节、读书节等活动，生命教育、安全教育、禁毒教育、红十字教育等专题活动，以及校外的劳动实践、校外实践活动、研学旅行活动。学校除了积极组织开展各类活动，还要组织学生参加各类社会活动，如重大纪念日活动、社会公益活动、学雷锋活动以及关爱特殊群体的志愿者服务活动等。主题实践活动是儿童喜欢的德育方式。因此，要充分利用儿童的这一特点，一方面把静态的德育资源活动化，把德育课程与学生生活联系起来，注重学生的情感体验和道德实践；另一方面，组织开展主题明确、内容丰富、形式多样的德育实践活动，尤其是引导学生开展社团活动、志愿服务活动，增强他们的道德自我教育能力和社会责任感。当然，不只是德育活动才具有德育功能，一切活动都具有德育功能。因此，我们必须有意识地开发活动的德育功能，以道德引领社会活动，做到事事是德育，事事能育德，把德育落实到生活的每时每刻、每一件事、每一个活动之中，做到“全员育人、全程育人、全方位育人”，使德育真正落地生根，开花结果。

专栏 8-2　　**《中小学德育工作指南》(摘录)**

五、实施途径和要求

(一) 课程育人

充分发挥课堂教学的主渠道作用，将中小学德育内容细化落实到各学科课程的教学目标之中，融入渗透到教育教学全过程。

严格落实德育课程。按照义务教育、普通高中课程方案和标准，上好道德与法治、思想政治课，落实课时，不得减少课时或挪作它用。

要围绕课程目标联系学生生活实际，挖掘课程思想内涵，充分利用时政媒体资源，精心设计教学内容，优化教学方法，发展学生道德认知，注重学生的情感体验和道德实践。

发挥其它课程德育功能。要根据不同年级和不同课程特点，充分挖掘各门课程蕴含的德育资源，将德育内容有机融入到各门课程教学中。

语文、历史、地理等课要利用课程中语言文字、传统文化、历史地理常识等丰富的思想道德教育因素，潜移默化地对学生进行世界观、人生观和价值观的引导。

数学、科学、物理、化学、生物等课要加强对学生科学精神、科学方法、科学态度、科学探究能力和逻辑思维能力的培养，促进学生树立勇于创新、求真求实的思想品质。

音乐、体育、美术、艺术等课要加强对学生审美情趣、健康体魄、意志品质、人文素养和生活方式的培养。

外语课要加强对学生国际视野、国际理解和综合人文素养的培养。

综合实践活动课要加强对学生生活技能、劳动习惯、动手实践和合作交流能力的培养。

用好地方和学校课程。要结合地方自然地理特点、民族特色、传统文化以及重大历史事件、历史名人等，因地制宜开发地方和学校德育课程，引导学生了解家乡的历史文化、自然环境、人口状况和发展成就，培养学生爱家乡、爱祖国的感情，树立维护祖国统一、加强民族团结的意识。

统筹安排地方和学校课程，开展法治教育、廉洁教育、反邪教教育、文明礼仪教育、环境教育、心理健康教育、劳动教育、毒品预防教育、影视教育等专题教育。

(二) 文化育人

要依据学校办学理念，结合文明校园创建活动，因地制宜开展校园文化建设，使校园秩序良好、环境优美，校园文化积极向上、格调高雅，提高校园文明水平，让校园处处成为育人场所。

优化校园环境。学校校园建筑、设施、布置、景色要安全健康、温馨舒适，使校园内一草一木、一砖一石都体现教育的引导和熏陶。

学校要有升国旗的旗台和旗杆。建好共青团、少先队活动室。积极建设校史陈列室、图书馆（室）、广播室、学校标志性景观。

学校、教室要在明显位置张贴社会主义核心价值观24字、《中小学生守则（2015年修订）》。教室正前上方有国旗标识。

要充分利用板报、橱窗、走廊、墙壁、地面等进行文化建设，可悬挂革命领袖、科学家、英雄模范等杰出人物的画像和格言，展示学生自己创作的作品或进行主题创作。

营造文化氛围。凝练学校办学理念，加强校风教风学风建设，形成引导全校师生共同进步的精神力量。

鼓励设计符合教育规律、体现学校特点和办学理念的校徽、校训、校规、校歌、校旗等并进行教育展示。

创建校报、校刊进行宣传教育。可设计体现学校文化特色的校服。

建设班级文化，鼓励学生自主设计班名、班训、班歌、班徽、班级口号等，增强班级凝聚力。

推进书香班级、书香校园建设，向学生推荐阅读书目，调动学生阅读积极性。提倡小学生每天课外阅读至少半小时、中学生每天课外阅读至少1小时。

建设网络文化。积极建设校园绿色网络，开发网络德育资源，搭建校园网站、论坛、信箱、博客、微信群、QQ群等网上宣传交流平台，通过网络开展主题班（队）会、冬（夏）令营、家校互动等活动，引导学生合理使用网络，避免沉溺网络游戏，远离有害信息，防止网络沉迷和伤害，提升网络素养，打造清朗的校园网络文化。

（三）活动育人

要精心设计、组织开展主题明确、内容丰富、形式多样、吸引力强的教育活动，以鲜明正确的价值导向引导学生，以积极向上的力量激励学生，促进学生形成良好的思想品德和行为习惯。

开展节日纪念日活动。利用春节、元宵、清明、端午、中秋、重阳等中华传统节日以及二十四节气，开展介绍节日历史渊源、精神内涵、文化习俗等校园文化活动，增强传统节日的体验感和文化感。

利用植树节、劳动节、青年节、儿童节、教师节、国庆节等重大节庆日集中开展爱党爱国、民族团结、热爱劳动、尊师重教、爱护环境等主题教育活动。

利用学雷锋纪念日、中国共产党建党纪念日、中国人民解放军建军纪念日、七七抗战纪念日、九三抗战胜利纪念日、九一八纪念日、烈士纪念日、国家公祭日等重要纪念日，以及地球日、环境日、健康日、国家安全教育日、禁毒日、航天日、航海日等主题日，设计开展相关主题教育活动。

开展仪式教育活动。仪式教育活动要体现庄严神圣，发挥思想政治引领和道德价值引领作用，创新方式方法，与学校特色和学生个性展示相结合。

严格中小学升降国旗制度。每周一和重大节会活动要举行升旗仪式，奏唱国歌，开展向国旗敬礼、国旗下宣誓、国旗下讲话等活动。除假期外，每天要升降国旗。

入团、入队要举行仪式活动。举办入学仪式、毕业仪式、成人仪式等有特殊意义的仪式活动。

开展校园节（会）活动。举办丰富多彩、寓教于乐的校园节（会）活动，培养学生兴趣爱好，充实学生校园生活，磨练学生意志品质，促进学生身心健康发展。

学校每学年至少举办一次科技节、艺术节、运动会、读书会。可结合学校办学特色和学生实际，自主开发校园节（会）活动，做好活动方案和应急预案。

开展团、队活动。加强学校团委对学生会组织、学生社团的指导管理。明确中学团委对初中少先队工作的领导职责，健全初中团队衔接机制。确保少先队活动时间，小学1年级至初中2年级每周安排1课时。

发挥学生会作用，完善学生社团工作管理制度，建立体育、艺术、科普、环保、志愿服务等各类学生社团。学校要创造条件为学生社团提供经费、场地、活动时间等方面保障。

要结合各学科课程教学内容及办学特色，充分利用课后时间组织学生开展丰富多彩的科技、文娱、体育等社团活动，创新学生课后服务途径。

（四）实践育人

要与综合实践活动课紧密结合，广泛开展社会实践，每学年至少安排一周时间，开展有益于学生身心发展的实践活动，不断增强学生的社会责任感、创新精神和实践能力。

开展各类主题实践。利用爱国主义教育基地、公益性文化设施、公共机构、企事业单位、各类校外活动场所、专题教育社会实践基地等资源，开展不同主题的实践活动。

利用历史博物馆、文物展览馆、物质和非物质文化遗产地等开展中华优秀传统文化教育。

利用革命纪念地、烈士陵园（墓）等开展革命传统教育。

利用法院、检察院、公安机关等开展法治教育。

利用展览馆、美术馆、音乐厅等开展文化艺术教育。

利用科技类馆室、科研机构、高新技术企业设施等开展科普教育。

利用军事博物馆、国防设施等开展国防教育。

利用环境保护和节约能源展览馆、污水处理企业等开展环境保护教育。

利用交通队、消防队、地震台等开展安全教育。

利用养老院、儿童福利机构、残疾人康复机构等社区机构等开展关爱老人、孤儿、残疾人教育。

利用体育科研院所、心理服务机构、儿童保健机构等开展健康教育。

加强劳动实践。在学校日常运行中渗透劳动教育，积极组织学生参与校园卫生保洁、绿化美化，普及校园种植。

将校外劳动纳入学校的教育教学计划，小学、初中、高中每个学段都要安排一定时间的农业生产、工业体验、商业和服务业实习等劳动实践。

教育引导学生参与洗衣服、倒垃圾、做饭、洗碗、拖地、整理房间等力所能及的家务劳动。

组织研学旅行。把研学旅行纳入学校教育教学计划，促进研学旅行与学校课程、德育体验、实践锻炼有机融合，利用好研学实践基地，有针对性地开展自然类、历史类、地理类、科技类、人文类、体验类等多种类型的研学旅行活动。

要考虑小学、初中、高中不同学段学生的身心发展特点和能力，安排适合学生年龄特征的研学旅行。

要规范研学旅行组织管理，制定研学旅行工作规程，做到"活动有方案，行前有备案，应急有预案"，明确学校、家长、学生的责任和权利。

开展学雷锋志愿服务。要广泛开展与学生年龄、智力相适应的志愿服务活动。

发挥本校团组织、少先队组织的作用，抓好学生志愿服务的具体组织、实施、考核评估等工作。

做好学生志愿服务认定记录，建立学生志愿服务记录档案，加强学生志愿服务先进典型宣传。

（五）管理育人

要积极推进学校治理现代化，提高学校管理水平，将中小学德育工作的要求贯穿于学校管理制度的每一个细节之中。

完善管理制度。制定校规校纪，健全学校管理制度，规范学校治理行为，形成全体师生广泛认同和自觉遵守的制度规范。

制定班级民主管理制度，形成学生自我教育、民主管理的班级管理模式。

制定防治学生欺凌和暴力工作制度，健全应急处置预案，建立早期预警、事中处理及事后干预等机制。

会同相关部门建立学校周边综合治理机制，对社会上损害学生身心健康的不法行为依法严肃惩处。

明确岗位责任。建立实现全员育人的具体制度，明确学校各个岗位教职员工的育人责任，规范教职工言行，提高全员育人的自觉性。

班主任要全面了解学生，加强班集体管理，强化集体教育，建设良好班风，通过多种形式加强与学生家长的沟通联系。各学科教师要主动配合班主任，共同做好班级德育工作。

加强师德师风建设。培育、宣传师德标兵、教学骨干和优秀班主任、德育工作者等先进典型，引导教师争做“四有”好教师。

实行师德“一票否决制”，把师德表现作为教师资格注册、年度考核、职务（职称）评审、岗位聘用、评优奖励的首要标准。

细化学生行为规范。落实《中小学生守则（2015 年修订）》，鼓励结合实际制订小学生日常行为规范、中学生日常行为规范，教育引导学生熟知学习生活中的基本行为规范，践行每一项要求。

关爱特殊群体。要加强对经济困难家庭子女、单亲家庭子女、学习困难学生、进城务工人员随迁子女、农村留守儿童等群体的教育关爱，完善学校联系关爱机制，及时关注其心理健康状况，积极开展心理辅导，提供情感关怀，引导学生心理、人格积极健康发展。

（六）协同育人

要积极争取家庭、社会共同参与和支持学校德育工作，引导家长注重家庭、注重家教、注重家风，营造积极向上的良好社会氛围。

加强家庭教育指导。要建立健全家庭教育工作机制，统筹家长委员会、家长学校、家长会、家访、家长开放日、家长接待日等各种家校沟通渠道，丰富学校指导服务内容，及时了解、沟通和反馈学生思想状况和行为表现，认真听取家长对学校的意见和建议，促进家长了解学校办学理念、教育教学改进措施，帮助家长提高家教水平。

构建社会共育机制。要主动联系本地宣传、综治、公安、司法、民政、文化、共青团、妇联、关工委、卫计委等部门、组织，注重发挥党政机关和企事业单位领导干部、专家学者以及老干部、老战士、老专家、老教师、老模范的作用，建立多方联动机制，搭建社会育人平台，实现社会资源共享共建，净化学生成长环境，助力广大中小学生健康成长。

第三节 班级管理及其实施

一、班级管理的内涵

班级管理是指教师在一定的教育目标的指导下，运用合理的管理手段，对学生个体和班集体进行管理，以实现学校和班级的教育目标的一种管理活动。简单来说，班级管理即教师为了使学生顺利地完成学业，并且在智力、品德、思维、能力等方面获得稳步成长而采取的各种管理活动的总称。

一个具有良好氛围的班集体的形成，在很大程度上依赖于班主任和其他教师的富有成效的班级管理和纪律约束。管理和约束本身不是目的，但它们是建设良好的班集体必不可少的手段。

在班级管理中，教师必须把握好以下三个方面的核心任务：

首先，教师要设定合理的管理目标。合理的管理目标能够促进学生个体和班集体的成长，能够为学生的发展和班级良好氛围的形成提供有效的支持。反之，不合理的管理目标往往会导致班级管理的混乱。不合理的管理目标的设定，存在着两种情况：一种是目标设定过高，另一种是目标设定过低。在目标设定过高的情况下，管理目标可能变成一种“虚假的口号”，因为学生、教师和班集体都会觉得这个目标对于他们来说是不现实的。在目标设定过低的情况下，教师、学生和班集体会因为缺乏挑战而失去了继续前进的动力。因此，对于班级管理而言，关键就在于教师必须设定一个合理的管理目标，并以这个目标为导向来实施班级管理，最终将学生、班集体导向正确的轨道。

其次，教师要根据所设定的管理目标采取适当的管理方法。适当的管理方法是那种能够有效地实现管理目标的管理方法。在现代管理学中，管理的方法多种多样，比如行为管理学派的行为主义管理方法、人本主义管理学派的自我实现激励法、人际关系学派的人际关系管理方法等等。一种有效的班级管理方法，可以借鉴这些现代管理学派中的思想和方法，但是不能拘泥于一种学派或理论。简单来说，合理的班级管理方法要具备三个基本特征：第一，它必须是民主的，而不是强制性的。民主的管理才能实现教师和学生的良性互动，才能形成班级积极、民主、向上的集体氛围。第二，它必须是道德的。教师在对学生和班集体进行管理时，应该以道德的方式，而不是以“非道德”或“反道德”的方式，比如打骂、侮辱学生。第三，它必须是理性的。班级管理的决策和行动应当是经过理性思考、深思熟虑而做出的。有的教师在实施班级管理时，往往凭着个人好恶、一时冲动就展开管理行动和管理决策，这是非理性的，很可能会对班集体造成极大的损害。

最后，班级管理活动应以学生个体和班集体的发展为中轴来展开。班级管理活动的最终指向，无疑是促进学生个体和班集体的发展。对于学生个体而言，班级管理的目标是要改造个体的一些不良的道德习惯和学习习惯，以促进学生个体的健康成长。就班集体而言，班级管理的目标是要改造班集体中的不良氛围，塑造良好的学习风气和舆论风气，以促进班集体的良性发展，最终间接地促进生活于班集体中的学生个体的发展。为此，我们经常说，学生个体和班集体的发展是班级管理活动的中心，班级管理应当始终围绕着这个中心展开。教师在进行班级管理时，切忌以个人的意愿替代学生的意愿、以个人的意愿替代班集体的意愿，将过多的、不合理的个人倾向强加于班集体，因为这样不仅不利于班集体良好氛围的形成，不利于学生的全面发展，同时也不利于教师树立管理威信，最终可能危害到整个班级管理活动的有效性和有序性。

二、班级管理的主体与对象

（一）班级管理的主体

在班级管理中，实施管理的主体大体包括三个方面：教师、学生和班集体。

首先，教师是班级管理的主体。在班级的管理决策、班级规章制度的建设、班级活动的组织等方面，班主任发挥着重要的作用。科任教师在自己的任课范围（空间和时间）之内，也对班级的纪律、考勤、学习氛围、学生品德等方面产生重要影响。

其次，学生是实行自我管理的主体。在班级管理活动中，学生往往是接受教师管理的客体与对象。从表面上看，学生仅仅是班级管理的客体，他的身心发展完全在教师的管理和约束下实现。但是，从深层来看，学生个体事实上也是班级管理的主体，因为学生在班级管理中发挥着自我管理的作用，通过对自我行为的管理、通过对整个班级活动（比如班级的学习活动、文艺活动、体育活动）的主体性参与，学生个体为营造良好的班级氛围做出了自己的贡献。因此，他们也是班级管理活动的主体之一，他们的主体性及其意义是不容忽视的。

最后，班集体本身也具有管理主体的功能，它也是班级管理的主体。班集体可以说是班级管理中的隐性主体。在一个具有良好氛围的班集体中，集体的教育力量是强大的，它教育着生活在这个集体中的每一个成员，管理着这个集体中的每一个成员。这种教育和管理工作虽然是隐性的，但是它所起到的作用是至关重要的。

专栏 8－3　　怎样同集体进行有教育作用的谈话

每一次进行有教育作用的谈话，都是有目的的。有时，目的是普遍性的，关系到所有的学生。有时，进行谈话时为了影响整个集体，同时也对个别学生施加特殊的影响。

在思考集体的精神生活和分析每个学生的思想、感情和行为时，在拟订教育性谈话的内容时，你时刻也不能忘记，你施加影响的主要手段是语言，你是通过语言打动学生的理智与心灵的。然而，语言可以是强有力的、锐利的、火热的，也可以是软弱无力的。这要看你的谈话是否有一个极为重要的特点——是否有崇高的精神，是否能鼓舞学生。在培养儿童和青少年的坚强信念和激发他们进行自我教育时善于鼓舞学生，是教育中最宝贵的经验。请记住，你通过语言不仅向学生传达你所讲内容的意义，而且，形象地说，也把自己的一部分心思交给他们。

要使你的教育性谈话起到鼓舞和激励作用，首先要深信你所说的和用整个心灵的力量所捍卫的一切是正确的。只有当你在捍卫某种东西和为了某种东西在进行斗争时，才会产生鼓舞作用。

资料来源：苏霍姆林斯基．苏霍姆林斯基选集：第2卷．北京：教育科学出版社，2001：833-834.

（二）班级管理的对象

学生个体是班级管理的对象。学生个体虽然是班级管理中的主体（自我管理的主体），但是他更多的是班级管理的对象。青少年学生是不成熟的个体，他们的思想、品德、思维等都有待塑造，他们的思想与行为中依然潜存着许多不良的方面。因此，教师对学生个体进行一定的管理和约束，不仅有利于改正学生的不良习惯，同时也有利于学生身心的健康发展。因此，学生个体成为班级管理的对象，是教育规律使然，也是学生身心发展的特殊性使然。在教育领域，经常会有这样的一种观点，即认为学生应该成为完全的主体，学生应该成为整个教育活动（包括班级管理活动）的中心，完全放任学生，这种观点是不理性的，也是不负责任的。因为学生的身心发展规律决定了他是一个发展中的主体，他虽然可以进行自觉的自我管理，但还需要外在的规范力量加以引导和约束。

班集体也是班级管理的重要对象。班集体不仅承担着班级管理的隐性主体的责任，同时它也是班级管理活动的客体对象之一。优秀教师的班级管理活动，正如马卡连柯和苏霍姆林斯基所说和所做的那样，他们的管理活动在很多时候往往是指向班集体的，而不是指向学生个体。因为在一个班级中，学生个体的数量是比较多的，而班集体只有一个。教师如果在每件事情的管理上都要具体到学生个人，那么工作量无疑是巨大的，同时效率和效果也将受到影响。如果教师将班集体作为主要的管理对象，他在对班集体进行管理的同时，事实上也是在管理着班集体中的每一个成员。当一个集体因为犯了错误而遭到批判的时候，班集体中的每个成员都会感到羞愧；当班集体因为取得了成绩而获得表扬的时候，班集体中的每一个成员也都会因为这个表扬而欢欣鼓舞。所以，优秀的教师往往在很多时候将班集体作为主要的管理对象，而并不是将学生个体作为主要的管理对象。

三、班级管理的主要策略

班级管理只有采取科学的管理策略，才能实现对学生个体和整个班级的有效管理，营造出良好的班集体氛围。科学的班级管理策略，主要包括以下几个：一是系统化策略，二是制度化策略，三是自我管理策略，四是德育先导策略。通过这几个策略的实施，班级管理将更有效率，发挥出更好的管理效果。

（一）系统化策略

所谓系统化策略，即班级管理活动中，实施管理的主体应该把班级管理视作一个系统的工程，而不只是对某个学生的个体化的管理工作。在系统化策略中，管理主体首先要从系统的视角来看待班级管理和考虑班集体的组织、结构、纪律、品德教育、智力发展等问题，要抓住班级管理中的主要矛盾，解决主要问题，以使班集体的学习风气和道德氛围得到更好的提升。其次，作为班级管理的主体，班主任、科任教师要把班级作为一个整体、集体来看待，从集体的角度来实现自己的管理目标，实践自己的管理理念。只有当教师把班集体作为一个整体来看待时，把建设一个具有良好的学习风气和道德氛围的班集体作为自己的管理目标时，他对于班级的管理才能更有效率、更有效果。最后，要发挥出班集体作为一个系统的"氛围"作用。班集体形成了良好的学习风气和道德氛围，在这种学习风气和道德氛围的引领下，生活于班集体中的每一个成员就能更自觉地意识到自己的责任，从而进行更好的自我管理、自我调节和自我约束。所以，从系统化的策略出发，班级管理将更加全面，也更具有系统性和有序性。

（二）制度化策略

所谓制度化策略，是指在班级管理过程中，教师与学生一起制定出管理班级的各项规章、制度，从而提高班级管理的效率，实现班级管理的目标。

制度化的班级管理策略，可以克服班级管理中的主观随意性，提高班级管理的规范性和制度性。一个班级中如果缺乏基本的规章、制度和规范，教师在班级管理中也不进行规章、制度的建设，那么整个班级的管理将会难以避免地流于形式。班级管理的决策和行动都可能会过于随意，教师对于学生的奖励或惩罚也可能变得主观，而学生对于教师也会缺乏信赖感。所以，一个优秀的班集体，往往都会有一套属于自己的班级规章、班级规范，用于班级的自我管理，从而实现管理的有序、顺畅。

在建立了合理的规章、制度之后，班级管理的过程将是制度化和规范化的。这不仅能够提高班级管理的效率，同时也能够为营造良好的班级氛围创造基础条件和提供制度保障。同时，学生在参与班级管理的规章、制度的建设的时候，也能够体验到班级中的民主、平等、自由的道德氛围，意识到自己是班级中的一个成员，从而增强自身的班级归属感和责任感，最终促进班级管理活动和组织活动的有效开展。

（三）自我管理策略

自我管理策略，即一种鼓励班级中的学生个体实行自我管理、自我约束和自我调节的管理策略。从班级管理的主客体角度来看，学生既是班级管理的客体对象，同时也是班级管理的主体。学生的自我管理、自我约束对于整个班集体的建设起着至关重要的作用。所以，采取自我管理策略，鼓励学生进行自我管理，是增强班级管理效果的一个重要策略。

实行自我管理策略，首先要充分调动班级中每个学生的积极性和主动性。只有当学生乐意参与到集体事件中，乐意约束自己的行为和习惯，整个班级才会显得秩序井然。其次，教师应当通过各种途径增强学生的集体归属感，从而提高他们对于班级的责任感和义务感。当学生真的把自己当作班集体的一个成员时，他们将更加乐意为了集体而付出自身的努力，承担集体赋予个人的责任，这无疑会提高班级管理活动的效果。最后，作为主要的管理主体的教师，还要给予学生适当的独立锻炼的机会，增强他们的自主性和自我约束能力。比如，教师可以让学生独立组织班级的文艺活动、小组活动、兴趣爱好活动等，使他们在独立的活动中增强自我管理的能力，学会更好地管理和约束自己的行为。

（四）德育先导策略

德育先导策略，即教师在实施班级管理活动的过程中，把德育摆在优先的位置，通过道德教育来完善学生的品德，从而提升班集体的道德氛围，为有效的班级管理奠定更加稳固的基础。德育先导策略能够以道德教育的道德功能来完善班级的管理功能，它是实施班级管理的一种非常有效的策略。

德育先导策略的实施，首先需要教师把班级的德育工作作为重中之重。教师必须明白，对班集体和学生的道德教育就是对班级和学生个体进行道德管理。道德教育也是一种间接的管理，并且它能发挥出直接的管理所不能达到的效果。比如，一个班级的学生极容易吵架、打架。从纯管理的角度来看，教师可以下达一个命令来禁止学生吵架、打架。这是一种直接的管理方式。当然，教师也可以采用道德教育的方式来处理这个问题，告诉学生吵架、打架是不道德的行为，人们应当为吵架、打架而感到羞愧。如果德育工作做得好，它的作用将是非常深远而富有效果的。

其次，教师作为班级中的主要管理者，不能仅仅重视班级的智力教育、知识教育，而要同样重视班级的品德教育，把学生的品德发展和智力发展置于同等的地位。品德教育工作的开展，不但可以促进学生个体的品德发展，也可以促进整个班级的道德秩序和学习秩序的稳定和发展。

第四节　课外活动及其实施

一、课外活动的内涵

课外活动主要是指班主任或科任教师在课堂教学范围之外组织起来的、以实现学生的全面发展为目标的多种多样的教育活动。课外活动主要包括校内的课外活动和校外的课外活动两种类型。

校内的课外活动，是指教师或学生在学校的空间范围内组织起来的各种具有教育意义的游戏活动或教育活动。它在课堂教学任务之外进行，并不是正式的课堂教学的一个组成部分，但它有着重要的教育价值。典型的校内课外活动包括文艺联欢、诗歌朗诵、勤工助学等，它们虽然不是课堂教学的内容，但同样发挥着积极的教育影响。

校外的课外活动，是指教师或学生在学校的空间范围之外展开的各种具有教育意义的实践活动或教育活动。如教师或者学生自发组织起来的野外科学考察活动，春游、秋游和研学旅行活动，服务社区活动以及各种社会公益活动。这些活动不仅发生在课堂教学时间之外，而且还发生于学校空间范围之外。

不论是校内的课外活动，还是校外的课外活动，它们的目标是一致的，即弥补课堂教学中的不足，为学生提供一个在课堂教学外活动的空间和时间，从而促进学生在知识能力和实践能力等方面的和谐发展。

二、课外活动的主体与对象

（一）教师和学生是课外活动的主体

教师是课外活动的主要组织者和指导者，在课外活动中发挥着重要的组织作用和指导作用。有的人认为，在课外活动中学生才是活动的主体，因为课外活动主要是学生参与自己感兴趣的游戏、活动，教师不应该过多地参加这些活动。这种观点显然是片面的。虽然课外活动的主要参加者是学生，但是它不能脱离教师的组织和指导。课外活动并不是没有目的、没有计划、没有组织性的游戏活动，它是与一定的教育目标联系在一起的。缺少了教师的组织和指导，课外活动很多时候就只能成为一种随意性的游戏活动。所以，在课外活动中，必须要重视和发挥教师的主体作用，教师是组织活动的主体以及指导活动的主体。通过教师的主体性指导，课外活动将与课堂教学活动相互补充、相互促进。

学生是课外活动的主体性参与者和组织者。学生是参与课外活动的主体性存在。课外活动的开端、过程和结束都是在学生的积极参与下完成的。没有了学生的主体性参与，课外活动将缺乏热情、激情和创造力。只有当学生积极地参与其中，课外活动才能在热烈的氛围中展开。同时，学生也是课外活动的重要组织者。并非只有教师才是课外活动的组织者，学生同样也是课外活动的策划者和组织者。学生可以帮助教师共同组织某项课外活动，比如野外科学考察活动、科学发明活动等。同时，学生也可以自发地组织学生团体活动，比如参加社区服务，帮助孤寡老人等等。所以，学生在课外活动中的主体性是非常重要的，只有充分地发挥了学生作为主体性参与者和组织者的作用，课外活动才可能达到更好的教育效果。

（二）课外活动的对象是游戏、事件与活动

课外活动的对象，是借以完成课外活动的教育目标的那些特殊的游戏、事件或活动。

教师和学生作为主体性的组织者和参与者，在课外活动实践中扮演着主体的角色，而课外活动中所产生的事件、游戏或活动情境，则是主体活动所指向的对象。通过对象以及对象所产生的情境，作为组织者和指导者的教师（教师主体）实现了自身的教育目标，而作为重要组织者和参与者的学生（学生主体）则完善了自身的知识结构和人格结构，完成了自我教育和自我发展。

作为课外活动的客体对象，游戏、事件、活动情境等并不是无目的地存在着的，它们的存在是为了服务于教育的目标。几乎每一项课外活动都有着自身的教育目标。有目的、有计划地组织起来的游戏活动、情境活动和特殊事件，可以对学生的发展产生积极的影响，而学生在这些活动中也可以锻炼自身各方面的能力，比如动手能力、社会活动能力、发明创造能力等等。

课外的游戏、事件和活动还为学生提供了自我教育、自我约束、自我发展的机会。在课堂教学中，学生只能从书本中、从教师的知识传授中去学习，但是，在课外的游戏、事件和活动中，学生则可以不再拘泥于课程、教材和书本，自由地在游戏、活动中遨游，他们的创造力、想象力、实践能力等将在综合活动中得到全方位的提高。在课堂教学中，学生往往是接受教育的对象，但是在课外活动中，学生是自我教育、自我约束、自我发展的主体。学生通过游戏、事件、情境、活动等，获得了极大的自由发展空间，这些是课堂教学所无法给予学生的。

三、课外活动的内容与形式

（一）文艺活动

课外的文艺活动，是指学生在教师的引导下进行文艺欣赏、文艺创造、文艺训练等方面的活动的总称。在课外时间开展文艺活动，不仅可以丰富学生的课余生活，还可以培养学生的文艺欣赏能力和文艺创造能力。文艺活动是课堂教学的延伸，课堂教学给予学生的主要是文化和知识，而文艺活动可以补充课堂中难以呈现的文化内容、艺术内容，从而使学生的身心发展更加全面。课外的文艺活动的形式可以是多种多样的，主要的形式包括：

1. 文艺表演会

教师可以在某些特殊的节日、时间在班级里组织文艺表演，比如在国庆、中秋、端午、元旦等节日组织各种文艺表演活动。文艺表演活动由学生自己编排节目，参与表演。学生可以在文艺表演会上体会到节日或特殊时刻的气氛和心情，同时也可以锻炼各方面的能力，发展自身的艺术感受力和艺术创造力。

2. 书法、美术活动

班级可以组织各种书法、美术活动。书法艺术是中国的国粹，它有着源远流长的历史。学生学习书法艺术，也是在学习中国的历史文化遗产。美术活动可以增强学生创造美、欣赏美的能力。班级可以组织或者学生可以自发地组织书法、美术兴趣小组，利用课余时间来学习和训练书法、美术能力，提高书法、美术的欣赏水平。

3. 电影、音乐、舞蹈活动

班级可以组织学生看电影、听音乐会、学习舞蹈等活动。在有条件的情况下，可以组织学生去电影院、音乐厅或舞蹈会场中观看有意义的电影，欣赏音乐、舞蹈；在没有条件的情况下，班级或学校可以自己放映经典电影、经典音乐等，让学生在课外时间中接受艺术的熏陶。

4. 文学、诗歌、朗诵活动

文学、诗歌、朗诵活动可以提高学生的文学感受能力。在阅读和欣赏文学作品的过程中，学生的心灵会得到洗礼，精神会得到无形提升。班级可以在课外时间有计划地组织学生阅读世界文学名著，文学的体裁可以是多种多样的，比如小说、戏剧、诗歌等。在有条件的情况下，还可以组织小型的朗诵会，让学生在班级的舞台上朗诵自己喜欢的文学作品和诗歌作品。在这些文学活动中，学生可以接受文学的熏陶，班级也可以形成浓郁的文学氛围。

（二）体育活动

体育活动可以增强学生的体魄，锻炼学生的意志。在课外开展体育活动，不仅不会妨碍课堂教学活动，反而可以成为课堂教学的有益补充。因为，在体育活动中，学生的身心都可以得到锻炼，学生的发展更加全面，而班集体也更加团结，这些因素可以对班级教学活动产生促进作用，而不是阻碍作用。班级可以组织的课外体育活动有很多，以下三种是比较常见的形式和类型：

1. 组织学生进行户外体育活动

班级可以组织学生在户外进行体育活动。在一天繁重的知识学习之后，学生往往因为长时间的静坐而身体劳累和虚弱。适当的体育活动可以使学生的大脑和身体得到休息，同时使他们的身心发展更加协调。因此，教师可以适当地组织学生在课后进行户外体育运动，比如跑步、跳远、打篮球等等。在户外运动中，学生可以调节疲惫的身心，这有助于他们的健康成长。

2. 组织学生参加体育竞赛活动

班级可以组织学生参加学校内部以及学校外部的体育竞赛，比如学校一年一度的体育运动会，区、县、市的体育运动会等。对于一些身体条件比较优异、运动能力比较突出的学生，教师可以为他们提供训练条件，同时组织他们去参加体育竞赛。体育竞赛活动的主要目的是锻炼身体、增强体质、发挥特长，而并非争夺奖牌。体育竞赛可以丰富学生的课余生活，锻炼学生的身体，同时也可以发挥出一部分学生的体育特长，促进他们在体育运动方面的发展。

3. 组织学生建立篮球队、排球队、足球队等体育兴趣小组

学校或班级还可以组织各种体育队、体育运动小组，比如篮球队、排球队、足球队。班级可以根据本班同学的兴趣爱好和人员构成，组织一个或几个体育运动小组。在课外活动中，这样的体育兴趣小组不仅可以增进同学之间的友谊和感情，同时也可以增强他们的身体素质。

（三）科技活动

课外科技活动是中小学教育的一个重要组成部分。课外科技活动可以拓宽学生的知识视野，丰富学生的科学技术知识，开发学生在科技方面的智能，培养学生的科学创新能力，它对于课堂教学是一种重要补充。课外科技活动的具体形式包括：

1. 科学阅读和讨论会

班级可以组织学生展开科学阅读和讨论活动。科学阅读的材料可以来自自然科学百科全书、现代科学名著、科学经典案例等等。学生在阅读了相关的科学书籍和材料之后，班级里还可以就阅读内容组织“科学讨论会”。在科学讨论会中，学生们可以自由地交流，讨论阅读心得，收获各种有意义的科学知识。

2. 小发明、小创造活动

班级可以组织学生进行小发明、小创造活动。学生可以在教师的指导下进行某方面的发明、创造和研究。有兴趣的学生也可以自发地进行发明、创造活动，或者自发地组织一个小团队共同从事一项发明创造活动。学生在发明、创造、制作的过程中，不仅锻炼了动手动脑的能力，同时也锻炼了科学思维，培养了科学兴趣。

3. 野外科学考察活动

班级可以组织学生进行野外的科学考察，引导学生在大自然中认识各种植物、动物、岩石、地貌等等。野外的科学考察可以让学生更直观地认识自然、认识世界，同时也可以在大自然中验证自己所学到的科学知识，比如地理学知识、植物学知识、动物学知识等等。在野外的科学考察活动中，学生从事科学探究的实际能力将得到锻炼，学生的科学理论知识也将更加巩固，最主要的是，它能不断地提升学生对于科学探究的热情和兴趣。

4. 各类科学展览会

班级可以组织学生参加各种类型的科学展览会或者参观一些科学博物馆。在科学博物馆或展览会中，学生可以见识那些伟大发明家所发明出来的产品，理解这些伟大的发明如何改变了人类的生活。同时，学生们还可以在参观中了解那些伟大科学家的生活经历、学习经历和发明经历，从中认识到科学家所应该具备的素质和精神。参观各种类型的科学展览会和博览会，可以让学生获得一些在课堂中无法获得的科学知识和科学体验。

（四）社会实践活动

班级组织学生进行社会实践活动，可以让学生亲身体验社会现实，增进学生对于现实的理解。同时，也可以锻炼学生的社会活动能力和实践能力，为学生将来参加工作、走入社会奠定一个良好的基础。社会实践活动的形式主要包括：

1. 社区服务活动

班级可以组织学生利用双休日和课余时间开展社区服务活动，比如清扫社区的垃圾，维护社区的草坪、树木和鲜花，帮助社区中的孤寡老人，等等。在社区服务活动中，学生可以体验到生活的艰辛，同时也认识到社区公益的重要性。社区服务活动是锻炼学生的实践能力的一个重要途径，也是提升学生的公德观念的一个重要途径。通过社区服务活动，学生可以更深入地了解社区，同时也更深入地理解社区中的人与人的关系。

2. 社会公益活动

班级可以组织学生参加各种社会公益活动，比如“希望工程”活动、“环保宣传”活动以及“扶助西部贫困学生”活动等。在这些社会公益活动当中，学生一方面可以为贫困地区、贫困家庭、贫困学生做出一定的贡献，同时也可以让他们参与到多种形式的社会实践当中，锻炼自身的实践能力。

3. 生产劳动

生产劳动是实施劳动教育的重要途径，也是促进人体脑并用、全面发展的重要方法。劳动教育除了进行劳动技术教育的课程教学外，还要组织学生参加农业生产、工业体验、商业和服务业实习等劳动实践。城镇学校可以组织学生参加公益劳动和志愿者活动，也可以组织学生到劳动教育实践基地参加生产劳动；农村学校可结合实际情况，在农忙季节组织学生帮助家长进行适量的农业生产劳动。鼓励学生参加家务劳动。

4. 研学旅行

中小学生研学旅行是由教育部门和学校有计划地组织安排，通过集体旅行、集中食宿方式开展的研究性学习和旅行体验相结合的校外教育活动。2016 年，教育部等 11 部门颁布《关于推进中小学生研学旅行的意见》，提出把研学旅行纳入学校教育教学计划，与综合实践活动课程统筹考虑，促进研学旅行与学校课程、德育体验、实践锻炼有机融合，利用好研学实践基地，逐步建立小学阶段以乡土乡情为主、初中阶段以县情市情为主、高中阶段以省情国情为主的研学旅行活动课程体系，有针对性地开展自然类、历史类、地理类、科技类、人文类、体验类等多种类型的研学旅行活动。

本章小结

教育途径是指为了实现特定的教育目标、完成特定的教育任务而选用的渠道和方法。

教育途径是实现教育目标的基础性工具和手段。为了使教育目标得到更全面的贯彻落实，我们必须采取适当、合理的教育途径。当前，教育活动一般采用的主要教育途径包括教学活动、德育活动、班级管理以及课外活动。

教学是整个教育活动的重要组成部分，也是实现教育目标的重要途径。教学活动是一种引导性的活动，教师引导学生去认识客观世界和主观世界，最终获得完善主观世界和客观世界的精神能量、物质能量。

德育是社会有目的地对其成员的政治、思想与道德等方面施加影响的活动，包括学校德育、家庭德育、社区德育和社会德育，其中，学校德育起着主导作用，引导家庭、社区和社会增强德育意识，形成德育合力。学校要坚持把“立德树人”作为中心环节，把德育贯彻于教育教学全过程，做到全程育人，全方位育人，既要开展教育活动，也要开展思想政治管理工作，实现课程、活动、实践、文化、管理育人的统一。

班级管理是教师在一定的教育目标的指导下，运用合理的管理手段，对学生个体和班集体进行管理，以实现学校和班级的教育目标的一种管理活动。成功的班级管理并非仅仅依靠对学生的纪律约束和强制性管理，而是依靠对学生个体和班集体的民主管理和道德调节。

课外活动是指班主任或科任教师在课堂教学范围之外组织起来的、以实现学生的全面发展为目标的多种多样的教育活动。课外活动包括了校内的课外活动和校外的课外活动两种基本类型，活动的形式多种多样。

思考题

1. 什么是教学？教学有哪些基本环节？
2. 什么是德育？德育活动有哪些方法？
3. 什么是班级管理？班级管理有哪些策略？
4. 什么是课外活动？课外活动有哪些形式？

拓展阅读

1. 王策三．教学论稿．北京：人民教育出版社，1985.
2. 王本陆．课程与教学论．北京：高等教育出版社，2004.
3. 檀传宝．德育与班级管理．北京：高等教育出版社，2007.
4. 郭毅．班级管理学．北京：人民教育出版社，2002.
5. 张良驯．青少年社会教育．北京：人民教育出版社，2017.

第九章

教育场所

学习目标

- 认识教育场所的含义和教育场所的基本类型。
- 了解家庭对人的成长的影响，掌握家庭教育的正确方法。
- 了解社会对人的成长的影响以及怎么发挥其积极的影响作用。
- 了解学校对人的成长的影响以及怎样发挥学校教育的主导作用。

问题与思考

- 如何理解“家庭是孩子的第一所学校”“父母是孩子的第一任教师”？
- 有人说“5＋2＝0”，即学生在学校五天里所受到的良好教育和两天在家庭与社会所受的不良影响相抵消了，你怎么看待这种说法？
- 有人说“现在的学校是繁荣了，但学校里面充满着教育的真空”，你同意这个说法吗？
- 学校众多的职能中，哪一个是学校最根本的？

场所多指适合某种特定活动发生的处所，既指活动所需要的场地，也指参与某种特定的活动的人。教育活动的进行和展开需要一定的空间，我们把教育活动得以发生的空间称为教育场所。依据教育活动发生的空间，一般将教育场所分为家庭、社会、学校。教育场所也内在地包含着参与教育活动的人和活动本身的物质空间依托。任何一种教育场所都具有自己独特的教育职能。职能一般指人、事物、机构所应有的作用或功能。家庭是个体接受教育的第一个场所，具有个体启蒙、智力开发、道德培育、精神塑造等诸多的教育职能；社会的含义存在着多种理解，但作为教育场所的社会是指学校和家庭之外具有教育职能的场所，社会的教育职能主要通过社会生活得以实现；学校是专门的教育机构，是教育活动发生的主要场所，其教育职能体现着全面化和体系化的特征。家庭、社会与学校三者对人的成长具有重要的影响，必须实现合作共育，学校要发挥主导作用，加强家校合育、校社合育。

第一节　家庭及其教育职能

任何人的生活都不能离开家庭，自个体诞生伊始，个体便不可选择地被置于某一特定的家庭之中。家庭是个体面对的第一个场所，是人生的第一所学校，也是伴随其一生的重要场所。家庭不仅保证着生命的延续，同时也保证着个体精神的成长和生活的丰富，在个体成长过程中发挥着重要的教育职能。但应该注意，家庭的教育职能不同于家庭教育的职能，两者有相同的一面，也有根本性的不同。家庭的教育职能是指以家庭为主体，将家庭作为一种教育场所，其职能对象包括儿童却不完全是青少年；家庭教育的职能的主体则是家庭教育，家庭教育是一种具体的教育形式，其对象是接受教育的青少年。

一、家庭及其职能

家庭是由婚姻关系、血缘关系或收养关系组成的社会生活的基本组织，是社会的微型细胞，整个社会就是由一个个的家庭共同组成的，但家庭作为一种社会组织却没有其他社会组织所具有的成员的随意性，家庭成员是通过血缘、婚姻等方式结合在一起的，表现出极强的固定性，其成员之间的交往也表现出稳定性、持久性和连续性。以血缘为基础的纽带关系使成员之间更具亲和性和内聚力。依据家庭的构成形式，一般将家庭分为：（1）传统家庭，指包括三代或三代以上的家庭组织形式，我国古代至近代的家庭以这种组织形式为主；（2）标准家庭，由一对中年夫妻及其已婚子女组成的家庭；（3）核心家庭，指由一对夫妻及其未婚子女组成的家庭。现阶段我国无论在城市还是在农村，核心家庭的比例均呈现上升趋势，家庭结构已基本上完成了从传统家庭向核心家庭的转变。

一方面，家庭对于个体而言具有不可选择性；另一方面，家庭作为一种古老的人类组织形式，既沉积着人类悠久的文化传统，同时也融入了现代的文明，它是人类文明得以延续的基本场所和主要方式。因此，家庭无论是对个人成长、文明传递，还是对社会发展都扮演着极为重要的角色，发挥着重要的功能。尽管在当代社会，家庭的构成形式已经发生了转变，而且家庭的部分职能已经发生了弱化甚至退化，但家庭的基本职能却一直延续至今，也正是这些职能使家庭作为一种有着社会稳定功能的组织在人类历史上延续千年。

总的来说，家庭的基本职能包括以下几种：一是满足男女生活需要和繁衍子女的生物职能，二是承担子女培育的教育职能，三是进行物质生产和消费的经济职能，四是对老人进行照顾和养护的赡养职能，五是满足个体情感依赖和慰藉的情感职能，六是满足个体休闲放松的娱乐职能。今天这些职能在内涵上发生了不同程度的变化。例如：随着社会化大生产的出现，经济职能中的生产职能逐渐减少，而消费职能却日益增强；社会公共教育体系的完善和教育专业化的发展使家庭教育在形式和内容上也发生了相应的变化；而公共养老机构的发展，也在弱化着家庭的赡养职能；家庭娱乐方式的多元化更使家庭的娱乐职能得到加强，同时也因为娱乐，家庭的情感职能得到增强。

二、家庭的教育职能

（一）家庭的个体社会化职能

人只有在社会中才能被称为人，社会性是人的基本属性，离开了社会，人便丧失了作为人的起码标识，因此，社会化是任何人必须经历的成“人”之路。个体的社会化是心理学、社会学和人类学等诸多学科共同研究的概念，不同学科对社会化有着不同的理解。一般来说，所谓社会化就是个体对社会的认识与适应，反映个体与社会之间的关系，它是通过个体与社会环境相互作用而实现的，是一个把社会规范、风俗逐步内化的过程。影响个体社会化的因素有很多，如遗传因素、社会文化因素、大众传媒因素、家庭因素等，其中家庭在个体社会化过程中起着基础性的作用。

人自出生便不可选择地生存于某一特定的家庭之中，不断接受着家庭环境对自身的影响。家庭是个体社会化的第一个场所，也是伴随其一生的场所。家庭通过成员交往、环境影响和家风熏陶等实现对个体社会行为的塑造。通过家庭的行为塑造过程，个体逐渐养成一定的行为习惯，认识一定的社会行为规范，逐步形成了为其生存环境所认可的基本的社会行为模式，对生存于其间的社会文化环境中的各种简单与复杂的刺激能够给予合适、稳定的反应。在家庭中，人的社会化是通过外在教化和个体内化实现的。外在教化和个体内化是相辅相成的。在这一教化和内化的反复过程中，个体成为一个符合社会要求的成员，懂得什么是正确的、什么是错误的，什么应该提倡和鼓励、什么应该反对和禁止。影响个体社会化的家庭因素来自多个方面，包括家庭背景，如家庭的文化背景、经济背景、阶层状况等；家庭结构，如单亲家庭将对子女健康的社会化产生不利的影响；家庭氛围，和睦的家庭更利于子女良好的社会行为习惯的养成。另外如教养方式、孩子在家庭中的地位等都对子女的社会化产生重要的影响。但总的来说，家庭的社会化功能虽然重要，却是初步的和有限的。

专栏 9-1　**习近平谈“家风”**

家是最小国，国是千万家。家风的“家”，是家庭的“家”，也是国家的“家”。

党的十八大以来，习近平多次强调家风，说的是“小家”，着眼的是“大家”。

“千千万万个家庭的家风好，子女教育得好，社会风气好才有基础。”早在2013年10月，习近平总书记在同全国妇联新一届领导班子成员集体谈话中，就如是强调树立良好家风的重要性。

2015年的春节团拜会上，习近平提出：“不论时代发生多大变化，不论生活格局发生多大变化，我们都要重视家庭建设，注重家庭、注重家教、注重家风……使千千万万个家庭成为国家发展、民族进步、社会和谐的重要基点。”

在2016年会见第一届全国文明家庭代表时，习近平提出，“动员社会各界广泛参与，推动形成爱国爱家、相亲相爱、向上向善、共建共享的社会主义家庭文明新风尚”，在全社会掀起崇尚好家风、践行家庭美德新的热潮。

领导干部有了好家风、好作风，才能带动社会风气的形成、大众生活情趣的培养。千千万万家庭培养传承好家风，才能支撑起全社会的好风气。重视家庭、强调家风，已经深刻地烙印在习近平治国理政思想中。

资料来源：根据相关资料整理。

（二）家庭的个体发展职能

1. 家庭的智育职能

家庭是个体智育发展的主要场所，尤其在古代社会，无论中西方，家庭都在承担着促进智育发展的主要职能。学校教育产生后，智育职能逐步向学校转移，但囿于古代学校教育的贵族化特征，对于广大民众而言，智育职能依然停留在家庭当中。自进入现代社会，教育逐步走向专业化，学校教育日益发达，智育的职能也逐步转向学校，据此有人认为家庭的智育功能发挥的空间日益狭小。然而，事实上当代家庭的智育职能不但没有弱化，反而显得更为重要。社会竞争的加剧以及我国人口政策的长期实施，使父母更为重视子女的智力开发和培养，从幼儿早期智力开发到入学前的学习准备，从学习习惯、学习能力的培养到学习兴趣的激发等都是家庭关注的对象。总的来说，家庭的智育职能主要体现在以下几个方面：第一，进行幼儿智力开发和语言学习，并进行社会常识的教育传递；第二，通过儿童与家长之间的日常交谈、家庭阅读以及家庭旅游等形式扩大儿童的知识面，这些可以作为学校教育的重要补充；第三，家长还承担着对文化知识学习进行必要的辅导的职能；第四，父母有责任为儿童提供良好的学习氛围；第五，父母有责任采取适当的形式鼓励孩子形成良好的学习习惯①。

2. 家庭的道德养成职能

人的社会性决定了人是一种道德的存在，生活本身就是灵魂合于美德的过程。家庭

① 赵忠心. 家庭教育学. 北京：人民教育出版社，2001：184.

在个体良好品德的形成过程中有着至关重要的作用。家庭的道德教化职能首先体现在儿童品德发展的奠基作用上。儿童品德的形成是家庭、学校、社区等诸多因素综合影响的结果。但家庭是个体最早接触的场所，家庭的道德影响具有顺序上的优先性和功能上的奠基性，也因此具有深刻性。同时家庭的道德养成职能也有独特性。首先，家庭的道德教化是以亲情为纽带的，而亲情相对于其他的影响更容易使儿童产生心理上的认同感，从而使言语的道德说教更容易转化为儿童内在的道德认知和道德情感并形成良好的道德行为；其次，家庭的道德教化职能是通过日常的家庭生活进行的，家庭首先是生活的场所，并不是专门的教育场所，因此，家庭的道德教化更多的来自家长的榜样力量，父母在日常生活中的言谈举止、待人接物、处事方式等会潜移默化地使儿童形成根深蒂固的道德观念；最后，家庭的道德教化具有难以磨灭的铭刻性。家长是子女在家庭生活中唯一面对的成人，在儿童看来，父母的观念具有真理性，因此，儿童在家庭中所形成的道德观念、道德行为习惯在以后的学习和生活中具有不易改变的特征。

3. 家庭的健康教育职能

健康是父母养育子女的首要目标，也是家庭教育职能极为重要的一个方面。健康不仅指身体的健康，而且指心理的健康以及具有良好的社会适应能力，因此家庭的健康教育就包括生理保健教育和心理健康教育。

父母在孩子成长过程中一方面要不断地通过疾病防护等措施关心孩子的生理健康状况，以确保孩子身体健康；另一方面还要对孩子进行生理保健教育，以使孩子能够养成良好的健康习惯和健康意识。生理保健教育主要包括：第一，安全教育。通过安全教育，孩子能够意识到危险的存在，并在面对危险时能够进行恰当和适时的自我保护。第二，营养与饮食教育。处于生长发育期的青少年儿童，需要补充各种必需的营养，因此家长在膳食配给上要尽可能做到合理，更重要的是要通过适当机会对儿童进行营养和饮食教育，使其自觉地做到膳食平衡，形成良好的饮食习惯。第三，生活节律养成教育。家长要及时地引导孩子形成正确地对自己的学习和生活进行规划的意识，从而使孩子能够在家长的协助下制定合理的作息制度，恰当地安排学习、锻炼、进食、休息和睡眠。第四，卫生习惯养成教育。卫生习惯的养成教育有助于儿童进行积极的疾病预防，促进身体健康。良好的卫生习惯包括：个人卫生，如早晚刷牙、饭后漱口、饭前便后洗手、勤洗澡、勤换衣服等，处于青春期的女孩子还要注意月经卫生习惯的养成教育；家庭卫生，主要指家庭的居室卫生；公共卫生，主要指在公共场合的卫生，如不乱丢废弃物、不随地吐痰等。

心理健康教育的根本目的是使学生个性得到全面而和谐的发展。心理健康教育是青少年心理发展的客观需要，但学生良好的心理健康观念以及良好的心理健康习惯不会自发地形成。家长需要根据孩子心理发展的规律和特点对其进行必要的教育。一般来说，心理健康教育的内容包括：第一，家庭是孩子自我意识形成的重要场所，婴儿自诞生起便形成了对父母的天然依赖，但儿童只有打破这种依赖才可能真正地形成独立的自我，父母在这一过程中扮演了不可替代的角色，确保了儿童从最初与父母相互依赖的状态中逐步脱离，形成积极健康的自我意识和独立人格。第二，家庭也是对孩子进行学习心理指导的重要场所。儿童在学习过程中难免会因为所面对的困难、同学和老师的态度而产生一些心理问题，父母因为强烈的亲和力、家庭的内聚力以及相对于学校较为灵活的教育方法而成为孩子心理问题的求助对象。第三，家庭的心理健康教育职能还体现在家长对孩子参与团体生活的鼓励和支持上。与他人交往，并获得他人的承认是每一个孩子的需要，也是孩子健康成长所必不可少的环境支持，家长应一方面巧妙地安排孩子与其他伙伴一起游戏玩耍，另一方面对孩子参与学校的团体活动表示支持。第四，家庭还是对孩子进行性教育不可替代的场所。性教育主要包括性生理、性心理和性道德三个方面。性成熟是青少年生理发展的重要转折阶段，在这一过程中青少年往往产生诸多的心理问题。缺乏相应的引导和教育将会使青少年产生性神秘和性抑制等问题，因此父母必须在这一关键期对子女进行必要的性教育，以使子女形成正确的性观念和性心理，从而正确对待和异性朋友的交往，正确认识性冲动，遵守性的道德规范。

第二节　社会及其教育职能

人总是生活在一定的社会中，孤立的个人在现实中是不存在的，个人只有在社会中通过与他人的交往才能获得自我的观念。因此，每个人都是在与他人的共同生活中来确认自身与他人的不同以及自身不可替代的作用的。同样，社会的存在也依赖于个体的共同生活，脱离个人的社会是不存在的。社会和个人只是同一个事物的两个方面，从这个意义上来说，人是社会关系的总和，社会也无非是人与人交往过程中形成的关系的总称。个体作为社会的成员必然要接受社会的影响，事实上，社会也扮演着这样的角色，社会能够借助于自身集体的特征形成对个体强大的教育力量，尤其是政府、公共团体或私人承办的教育机构能够对个体形成直接的教育影响。社会作为重要的教育场所有着强大的教育力量，也有着诸多的教育职能。

一、社会的内涵

在汉语中，最初并不存在“社会”一词，“社”与“会”是分开使用的。在古汉语中“社”是指土地之神，或者祭祀之所，“会”就是集合。至唐代，“社会”一词开始连用，最早出现在《旧唐书·玄宗本记》中，有“村闾社会”的用法，宋代也有“乡民社会”的说法。但这些用法都与现代“社会”一词的用法不同。现代汉语中的“社会”一词源自英文单词“society”，日本学者在明治年间将英文“society”一词译为“社会”，近代中国学者在翻译日本社会学著作时，沿用此词。虽然如此，“社会”一词在现代社会也依然没有形成正式、明确的定义，一般指由相互交往的个体构建而成的群体，占据一定的空间，具有其独特的文化和风俗习惯。现代意义上的“社会”一词源自西方，在西方的社会学研究中，学者对“社会”进行了各种不同的解释，但总的来说包括两大派别：一是社会唯名论。在他们看来，社会只是一个表征个人集合的名称，是空名，只有个人才构成实体，才是真实的、终极的存在。个人构成了社会学的研究对象。持这一观点的主要代表人物有德国的韦伯、法国的塔尔德和英国的吉登斯。二是社会唯实论。唯实论者的主要观点与唯名论者相反，他们认为社会并非仅仅是简单的个体的集合，它是超越个体的实体性存在，是先于个人而存在并且规定了个人的存在。虽然社会由个体组成，但它绝非个人的简单叠加，事实上，其性质已发生了根本变化。持这种观点的主要代表人物有德国的齐美尔、法国的涂尔干等。

这两个派别各执一端，虽各具合理之处，但也都存在偏颇之处。很显然，两个派别将社会与个人直接对立起来。但社会是人的社会，人也是社会的人，因此社会不只存在于整体之中，也不只存在于个体之中，而是存在于整体与个体的关系之中，它是一个有机体，存在于人与人之间的交往关系之中。马克思科学诠释了社会的内涵。在马克思看来，社会是人们相互交往的产物，在本质上是以生产关系为基础的社会关系的总和，是以共同物质生产活动为基础而相互联系的人类生活的有机体①。社会是人类生活的共同体，其存在形式包括：第一，作为实体的社会，即具体的社会活动发生的物理空间。作为实体的社会也总是具体的社会。第二，作为规范的社会，它的存在是形式性的，主要通过价值、规范、传统、习俗、道德、文化等形式体现自己，并通过规范的内化而实现个体行为规范的导向功能。第三，从最广泛的意义来说，社会代表着人类集体的一面，在直观上是模糊的，在形式上表现为人与人之间的交往关系。作为社会，它一方面以人们之间的交往为存在形式，另一方面也成为人们相互之间进行交往的最好平台。

尽管社会的存在形式复杂多样，但任何社会都要发挥以下三种功能：一是个体整合的功能，即将无数单个的个体组织起来，调解矛盾、稳定秩序。整合功能包括文化整合、规范整合以及功能整合等。二是个体交往的功能，社会为人类提供了交流的必要场所，从而保持了人们之间的相互关系。三是个体思想和行为的导向功能，即社会通过一系列的行为规范调整人们之间的关系，规范人们的行为，指导人们的思想，影响人们的决定。社会的这些基本功能内含着社会的教育职能，教育职能是社会的基本职能之一。

社会的教育职能主要通过社会教育得以实现。社会教育是指发生在学校和家庭之外的

---

① 韩庆祥，张健．中国特色社会主义建设实践的内在逻辑与发展趋向．中国社会科学，2012（3）．

任何教育，具有如下一些特征：一是教育主体的多样性。政府、公共机构甚至具体的个人，均可以成为社会教育的主体。二是教育对象的广泛性。相对于学校教育而言，社会教育的对象指向所有人，任何社会成员都不可避免地要接受社会的教育和影响，无论是有意的还是无意的，因此社会教育是面向全民的，是面向一个人的一生的。三是教育内容的丰富性。学校教育的内容具有明显的封闭性，社会教育则具有极大的开放性，无论是教育内容的数量还是种类，都比学校教育要多。四是教育形式的多样性。社会教育摆脱了具体的时间和空间的限制，同时也摆脱了制度化教育的约束，具有极大的灵活性。

专栏9-2　“社会教育力”的概念

“社会教育力”是一个新概念，提出此概念，是想以此为重建有关“教育与社会”关系性质的着力点，进而阐明社会的教育责任。

“社会教育力”作为一个词组，由三个独立的词构成：社会、教育、力。若将其组合起来，至少可有三种形式：社会的教育的力、社会教育的力、社会的教育力。三种组合中的“力”，可作“能力”解，也可作“力量”解。我们选择“社会的教育力量”解，它接近于“社会的教育的力”的表达，只是让“教育力”组成一个具有内在联结的词组、概念。它不同于“社会教育的力”，主要是不把“教育力”的研究限于“社会教育”范围内，因为“社会教育”在教育学中，一般都是当作与“学校教育”和“家庭教育”并列的，人类教育形态中不可或缺，又相对独立、相互区别的三个领域之一来解读。“社会教育力”是一个包括“社会教育”的力量，但外延更广、结构更复杂的概念。

进一步阐述“社会教育力”概念的所指，还需要联系本人所取的“教育”界定，即“教育是有意识地以影响人的身心发展为直接目标的社会活动”。这一概念界定，是在终身教育视界中的考量。在可称之为“教育活动”的总体构成中，又“可将教育分为机构性的正规教育（不同层次正规教育活动的组织之间的性质与相互关系，构成学校教育制度）和机构外的家庭与社会教育。两类教育活动对人的影响之区别，主要不在时间分布，而在空间和作用的方面与方式上”，简言之，“教育由正规的机构性和非正规的机构外两大形态组成”。

上述“教育”概念强调“有意识”是认识教育活动不可或缺的内在规定，意在将教育活动与人类其他社会活动区分开来，同时，并不否认其他社会活动虽不属于教育活动，但也可具有对人身心发展的影响作用，因为人参与的任何活动都会对人的身心发展产生影响。这种影响可称为“教育影响”，“它同样是一种客观存在”。这一说法本身已内含对“教育力”的部分理解，即人的一切活动，都内含着具有教育性的影响力。

由此可见，“教育力”之所指不同于“教育”，它既包括一切教育活动（正规与非正规的，可称之为教育的活动）所产生的对人身心发展起作用的力量，也包括人类其他社会活动中客观存在的对人身心发展有影响的力量。为了表述的简洁与区分，我们把前者称为

“教育作用力”，把后者称为“教育影响力”，它们都是“教育力”的构成。

“社会教育力”是指社会所具有的教育力量。在人类社会发展的不同阶段，有不同的构成。当代的社会教育力，由教育系统内正规和非正规开展的教育活动所生成的“教育作用力”以及教育系统外其他各类社会系统进行的活动所内含的“教育影响力”两大部分构成。

“社会教育力”又以分析单位的区别分为两大层面。在社会系统层面上，以不同系统为分析单位，作为社会全系统所具有的社会教育力，统称为“系统社会教育力”；在以个体的人为分析单位的层面上，贯穿每个人一生生命实践之时时、处处、事事所构成的社会教育力可称为“个体社会教育力”。

“社会教育力”的存在有潜在和实存两种可双向转换的不同形态。

这一概述图示表达如图 9－1 所示：

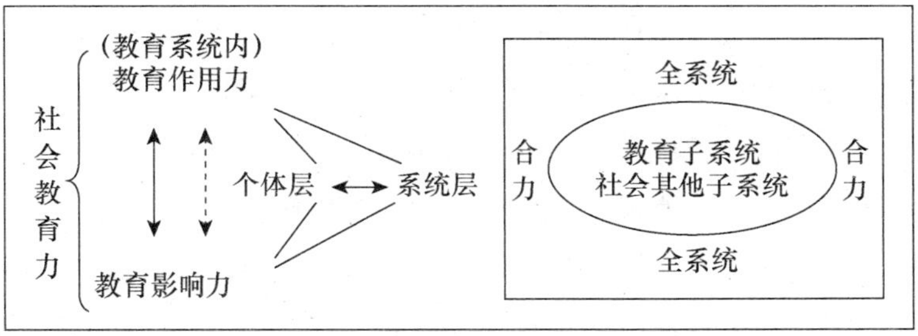

图 9－1　社会教育力的内在构成与层次结构

资料来源：叶澜．社会教育力：概念、现状与未来指向．课程・教材・教法，2016（10）．

二、社会的教育职能

社会是个体日常生活的基本环境，也是进行教育的基本场所之一，承担着重要的教育职能。在学校教育尚未普及的时代里，家庭和社会几乎承担了全部的教育职能，个人所获得的生存技能和生活规范主要来自社会。进入现代社会，学校教育获得了长足的发展和极大的成功，即便如此，社会在教育的完全实现中依然发挥着不可替代的作用。尤其是随着终身学习理念的提出和学习化社会的日渐形成，社会的教育职能越发显得不可或缺。社会的教育职能主要借助于社会教育得以实现，但对社会教育的不同理解直接导致了社会教育职能的不同。

社会教育的概念在我国早已存在，例如，社会教育是指“凡国家、公共团体或私人，为图谋民众资质之向上，以社会全体为客体，使影响及于社会之教育者”①；社会教育“是国

① 唐钺，朱经农，高觉敷．教育大辞典．北京：商务印书馆，1964：641．

家或私人欲使教育范围扩张，在普通正式学校以外，另办的各种各样的非正式的教育”；社会教育“包括各种教育机关和事业，应用各种方法和手段，给予一切未受国民基础教育的成年民众以补习的基础教育，及受过教育（无论何种程度）的民众以继续的教育”①。

一般来说，社会教育是指发生在学校和家庭之外的对人能够产生积极影响的任何教育，主要包括以下几种理解：第一，从最广泛的意义上来说，社会教育是指发生在社会中对个体成长和社会发展能够产生教育影响的任何社会活动。第二，社会教育是指在学校教育和家庭教育之外有目的、有计划、有组织的教育活动。第三，社会教育仅指那些由社会文化机构、社会团体或组织有目的地对社会成员进行的教育活动。社会的教育职能取决于在社会中所进行的教育的特征，也取决于对它内涵的理解。

（一）社会通过社会文化的传递来形成个体价值观念体系和社会规范体系

价值观念体系是指社会中存在的共同理想、共同信仰和较为持久的信念。价值观念体系的核心功能是社会行为的导向功能，即个体通过对群体和社会的价值观念的接受和内化，最终使其成为自身行为目标和行为方式的导向。个体的选择并不具有随意性，在很多时候个体不得不接受社会的价值观念，因为社会必须根据自身的需要对个体进行要求和引导。社会规范体系主要通过对个体行为的规范和强制来发挥功能，社会规范体系包括民风民俗、道德、法律等。在接受规范的初期，个人往往具有被动性，随着个体对规范内容、规范对象和规范目的的认识，这些规范便逐渐获得内化，成为行动者主观的要求，并成为其生活中无意识的行为模式。但这个过程并不是所有人都能够完成的。同时，规范体系中的部分内容也是必须被打破的，如不良的风俗习惯甚至会破坏社会的稳定。但总体来说，社会是社会文化传递的主要场所，社会是个体获得道德教化、形成法律意识、进行价值判断和养成行为规范的场所。

（二）对青少年来说，社会是学校教育的延伸，是学校教育的实践场所，同时也是学校教育效果的检验场

学校是青少年接受教育的专业机构，但学校总是开放的而不是封闭的，学校只有将自身置于社会之中才能获得不竭的发展动力。社会不仅为学校教育提供了大量资料和素材，同时社会还构成了学校教育的有益补充。首先，社会为学校教育提供了丰富的内容，社会总是开放的并不断发展的，社会中大量的新生事物、动人事迹，不仅有利于学校教育内容的更新，同时也为学校提供了很好的教育素材，同时，社会中的图书馆、青少年宫以及一些娱乐场所都不断丰富着教育的形式和内容；其次，学校教育还需要走出学校，进行社会实践，并在实践中使学生加深对知识的理解，认识到知识的价值，也正是基于此，才产生了当今学校走进社区、学校走向社会、教育为了生活等呼吁；最后，社会是学校教育的实

---

① 陈礼江. 社会教育的意义与事业. 上海：中正书局，1937：3.

践地，同时，也是学校教育效果的检验场。学校对人才的培养是否适合社会的需要，尽管不是评价学校教育成败的唯一标准，却是非常重要的评价维度，不能适应社会需要的教育几乎不可避免地要遭到社会的排斥和民众的批判。

（三）对社会民众来说，社会为所有民众提供受教育的机会，是提高民众智识、提升民众生存技能和生活质量的场所

在人类文明的早期，社会几乎是民众获得教育的唯一场所，在社会中，个体通过耳濡目染或模仿、学习，获得了生活的常识、生存的技能以及抵御危险的能力。进入现代社会，社会所具有的民众教育功能并没有因为学校教育的发展而丧失，相反在这一过程中得到了加强。首先，现代社会的复杂性使有限的学校教育显得捉襟见肘，学校教育满足不了现代人日常生活的基本需求。同时，现代社会瞬息万变，在学校教育中获得的某些知识和技能随时面临着时代的淘汰，学校教育需要从社会中汲取营养来丰富自身，而社会本身的发展也确实为学校教育提供了变革的素材和自我发展的动力。其次，在当代社会，学习已经不是青少年的专利，那些已经踏入社会大门的人也同样需要接受继续教育。学习不再是一时的愿望，而是终身的需求，在社会中实现终身学习对个体而言是不断地增强自身的生存技能和满足自我的精神追求，终身学习就意味着自我的终身进步；对国家而言则是当务之急，只有通过在社会中实践终身教育才能切实地把我国从人口大国转变为人力资源强国。最后，社会中由政府、公共团体、私人机构等举办的教育培训机构为民众教育提供了现实条件，如公共图书馆通过收集和保存大量书籍文献资料，并面向社会民众开放，承担了重要的教育职能，其他如电视、报纸、网络以及公共教育培训机构无不体现着社会的民众教育职能。

（四）社会为人与人之间的相互交往提供平台，是个体从生物人到社会人的历练场

人的社会化是在与他人的交往过程中完成的，家庭和学校都承担着个体社会化的教育责任，但家庭和学校的社会化无不表现出内容上的简单性和交往对象的单一性。随着个体的成长，社会教化必然从家庭走向学校，并最终走向社会，只有在社会中个体才能完成完全的社会化。社会提供了个体与他人进行交往的最广泛的平台，社会交往的广泛性首先体现为社会交往对象的多样性，在家庭中交往的对象主要是父母兄弟姐妹等具有血缘关系的家庭成员，在学校中的交往对象是同学和老师，而在社会中，交往的对象可能从事各种不同的行业、处于不同的年龄等，其多样性是家庭和学校所无法比拟的；其次，体现为交往场所的复杂性，社会的任何一个角落都可能是个体之间进行交往的空间，无论是图书馆，还是专门的娱乐场所，抑或是旅途都是交往的场所；最后，体现为交往内容的多元性，交往不局限于学习和同伴游戏等。社会交往的广泛性使个体的社会化更加完全、更加充分也更加真实。而且，社会化是贯穿人的一生的，不仅青少年需要社会化，中老年人也同样需要社会化。在不同阶段，社会化的形式和内容各不相同。家庭是个体社会化的第一个场所，个体需要完成从依赖到独立的精神转化；学校是个体社会化的第二个场所，主要通过有目的、有计划、有组织地向青少年传递社会规范、价值观和知识技能等，使其形成对社会生活的基本认知和基本能力；但只有在社会中个体才有机会检验自己对社会的认识，也只有在社会中，个体才能把各种技术和能力应用到现实的社会实践中。

三、超越制度化教育的学习化社会

学校是人类社会发展到一定阶段的产物。学校的诞生，是教育文明史上的重大事件，它使教育从社会中独立出来，成为一种专门的活动。尤其是随着制度化教育的发展，学校逐渐成为一个封闭的系统，把社会教育完全排除在学校之外，使学校成为“教育”的代名词。当学校垄断了教育，教育就不再是人人都能够接受的社会教育，而是为一部分人所具有。制度化教育把想接受教育而不符合条件的人排除在外。“教育通常有利于社会上、经济上特权经济的成员和那些在学业上最富有秉赋的人们，因而破坏或损害了大量学生的前途”①。在社会教育中，生活本身就是教育，但在学校教育中，能够作为教育内容的并非生活本身，而是对生活进行理性抽象的科学世界。科学世界垄断了教育内容，书本知识成为教育内容的表现形式，“书本代替了这些直接传递知识的方法，使人养成一种偏见，认为书面文字（及其口头背诵）是一切称得上知识的表示，它比那些从日常生活中学来的经验要优越得多”②。能够进入学校教育体系的内容是知识，日常生活的经验则难以成为教育的内容，社会教育则难登教育的“大雅之堂”。伊万·伊利奇批判道：“强制性学校的存在本身便把任何社会都划分为两个领域，即：有些时段、有些过程、有些安排、有些职业是‘学术的’或‘教育的’，其他的则不是。这样，学校便具有了划分社会现实的无穷力量：教育成了非世俗领域，而世俗领域则成了非教育领域。”③社会教育作为世俗领域被排除在教育之外。

伊万·伊利奇在《去学校化社会》一书中质疑学校存在的三个依据：“儿童隶属于学校、儿童在学校中学习、儿童只能在学校中接受教育”。之所以要建立学校，是因为“有价值的学习是上学的结果”“学是教的产物”。伊利奇驳斥这种学校的制度性常识：“我们所知道的大部分东西都是在学校之外学到的。学生的大部分学习都是教师不在场时自己进行的；即使教师在场，学生也经常是自己进行学习的”。“越来越多的教育研究表明，儿童是从同辈群体、连环画杂志以及偶然观察中，且尤其是从参加学校的例行活动中，学习着

---

① 联合国教科文组织国际教育发展委员会. 学会生存：教育世界的今天和明天. 北京：教育科学出版社，1996：113.

② 同①29.

③ 伊万·伊利奇. 去学校化社会. 北京：中国轻工业出版社，2017：30.

教师自诩要教给他们的大部分东西的"①。

为解决学校与社会的割裂，伊万·伊利奇给出了"废除学校"的解决方案。"取代学校的最根本的办法将是提供一种网络或者一种服务，这种网络或服务将为每个人提供能与他人探讨共同关心的问题的平等机会。"② 伊利奇在这里提到的网络并非互联网，而是社会网络，其目的是"打破学校的法定垄断地位"，提升"所有社会制度的教育品质"，通过"传递改变教育结构来解放所有社会的重要意义"，"创造出人与环境之间的新型教育关系"③。

伊万·伊利奇对学校激进的批评固然令人震撼，但他提出的"废除学校"的解决方案未必可行。联合国教科文组织在《学会生存：教育世界的今天和明天》中这样评论伊利奇的观点："这种见解，就其绝对形式而言，看来并不符合世界上任何现有的社会政治范畴……即使赞同这种见解的人也认为，尽管青年人能够养成他们自己的品格，并且能够通过社会生活和实际任务的完成来学习，但这种学习还是需要某种形式的学校教育的。"④

联合国教科文组织不赞成伊利奇激进的"废除学校"的方案，而是主张要超越制度化教育体系，走向学习化社会。"社会不能通过一个单独的机构对它的所有一切组成部分（无论在任何领域内）发挥其广泛而有效的作用，不管这个机构多么广大。如果我们承认，教育现在是，而且将来也越来越是每个人的需要，那么我们不仅必须发展、丰富、增加中小学和大学，而且我们还必须超越学校教育的范围，把教育的功能扩充到整个社会的各个方面。学校有它本身的作用而且将有进一步的发展。但我们越来越不能说，社会的教育功能乃是学校的特权。所有的部门——政府机关、工业交通、运输——都必须参与教育工作。"⑤ 教育正在超越学校教育的局限，"它正在时间和空间上扩展到它的真正领域——整个人的各个方面"⑥。这就是终身教育。

不同于伊万·伊利奇激进的"废除学校"的方案，联合国教科文组织提出走向学习化社会的终身教育。"学校在继续不断地发挥着它们在教育体系中的重大作用，但是学校和其他各代之间的教育手段和通讯工具比较来说，它所具有的重要性不是正在增加而是正在减少。"⑦ 这意味着，教育不再只是学校的事情，社会的教育力量正在不断增强。"所有的

---

① 伊利奇. 去学校化社会. 北京：中国轻工业出版社，2017：37.

② 同①25.

③ 同①XI.

④ 联合国教科文组织国际教育发展委员会. 学会生存：教育世界的今天和明天. 北京：教育科学出版社，1996：45.

⑤ 同④201.

⑥ 同④200.

⑦ 同④112.

集体、协会、工联、地方团体和中间组织都必须共同承担教育责任”①，我们的目的就是要建立一个彻里彻外地渗透着终身教育原则的学习化社会。

专栏 9-3　　学校教育真的结束了吗?

现在有些人认为，由于电子学习、移动学习和其他数字技术提供了大量学习机会，学校教育模式在数字时代是没有前途的。关于这个问题，我们不妨重温 20 世纪六七十年代关于反学校化的辩论，特别是保罗·古德曼 和伊万·伊利奇的著作。学校教育目前的产业模式的确是为了满足一个多世纪前的生产需求而设计出来的，学习模式在过去二十年里发生了巨大的变化，知识来源改变了，我们与知识之间的交流互动方式也改变了。正规教育系统变化缓慢，目前的状态与其过去二百多年间的情况依然非常相似，这也是事实。但学校教育的重要性并没削弱。学校教育是制度化学习和在家庭之外实现社会化的第一步，是社会学习（学会做人和学会共存）的重要组成部分。学习不应只是个人的事情，需要与他人共同学习，以及通过与同伴和老师进行讨论及辩论的方式来学习。

无论如何，当今世界教育格局的变革促使人们越来越清晰地认识到，正规教育机构之外的学习具有重要性和相关性，目前的发展趋势是从传统教育机构转向混合、多样化和复杂的学习格局，在这当中，通过多种教育机构和第三方办学者，实现正规学习、非正规学习和非正式学习。我们需要一种更加流畅的一体化学习方法，让学校教育和正规教育机构与其他非正规教育经验开展更加密切的互动，而且这种互动要从幼儿阶段开始，延续终生。学习空间、时间和关系的变化有利于拓展学习空间网络，让非正规和非正式学习空间与正规教育机构相互影响、相互补充。

资料来源：联合国教科文组织. 反思教育：向“全球共同利益”理念的转变?. 教科文组织出版，2015.

第三节　学校及其教育职能

学校的类型多种多样，按阶段分，有大、中、小各级学校；按性质分，有实施普通教育的中小学校、实施专门教育的中等专业学校、技工学校、大学，以及实施特殊教育的特殊学校。但无论类型如何多样，学校有其共同的特征，即所有学校都是进行教育的专门机构设施，育人既是学校的主要目标，也是学校的基本职能。对于现代教育而言，相对于家庭教育和社会教育，学校教育毫无疑问处于核心地位，是青少年获得教育的基本途径。学

① 联合国教科文组织国际教育发展委员会. 学会生存：教育世界的今天和明天. 北京：教育科学出版社，1996：202.

校不仅在人才培养的规模、效益等方面大大优于其他的教育形式，而且学校的形成和完善，尤其是发展至现代所形成的完备的学校系统，极大地改善了国家的教育状况，同时也极大地促进了个体的自我完善。

一、学校的特征

学校作为一个教育组织，有着与家庭和社会不同的特征，其教育性更为突出，其教育也更为专业。

第一，学校是培养人的专门机构。作为专门的教育机构，学校的核心职能在于育人。就学校系统内部，存在诸多不同类型的学校，发挥着不同的育人职能。学校的育人职能体现在两个方面：一是促进受教育者个体的自我实现，也就是使受教育者成为具有独立意识和自我精神的完整个体；二是通过提高每个人的素质来实现文化知识的全面普及和国民素质的整体提高，这也是现代国家普遍重视教育、大力发展教育事业的根本原因。

第二，学校是一种具体化了的社会组织。作为一种社会组织，它有自己的目标、结构及相应的组织功能空间。作为一种特殊的社会组织，学校又有其独特性。一般的社会组织的功能目标主要是生产某种外在于组织自身的产品，要么提供某种服务或生产某种产品，要么制定某种制度或出台有关政策。学校的目标在于育人，也就是使人成为人，同时也使人成为社会需要的人才而服务于社会，因此，其目标不是脱离于或外在于组织，而是内在于教育系统组织，在于组织成员——学生自身的发展，其内在性使其完全不同于其他组织类型而获得了相对的独立性，这种独立性不仅体现在其自足的形式上，同时体现在其发展的相对自主性上。

第三，学校是由政府主导和控制的事业性机构。我国自民国时期教育获得完整的建制以来，学校一直是国家政府的事业性机构之一，学校经费由政府提供，同时接受政府领导，实行学校管理权和领导权的国有化。国家对学校的控制体现在诸多方面：一是课程标准设计、教育目标的制定、教师资格认定等要通过政府行为来实现；二是国家有审定教育内容的权力；三是国家控制着学校的人事任免权力；四是教育资源的配置主要依靠国家力量来实施；五是国家控制着教育制度的设立、修改和废除的权力。

二、学校的教育职能

学校作为专门的教育机构，其教育职能是任何其他的教育场所所不具备的，这不仅是因为学校教育的专业化特征，更是因为与学校紧密相关的学校教育的职能体现在方方面面，如学校教育承担着道德教育、身心健康教育、能力培养、智力开发、素质提升等诸多职能，但作为一种教育场所的学校是不同于学校教育的，学校教育是相对于家庭教育和社会教育的一种教育存在形式，学校则是指学校教育发生的环境和背景，是学校教育活动发生的空间。对作为教育场所的学校的教育职能的分析，是将学校作为整体来考察，将学校本身作为一个分析系统来剖析其教育职能，而不考虑具体的教学管理、课堂授课等活动。学校自身特征以及学校组织的结构层次很大程度上决定了学校的职能空间。学校特征的多样性使其在不同的层次上往往表现出不同的身份特征，也承担着不同的教育职能。

（一）学校是统治阶级实施意识形态教育的主要场所

意识形态是统治阶级为了维护自身统治而在理论上对其统治合理性所做的辩护和说明，因此意识形态教育是任何国家和政府的必然行为。意识形态教育可以加强民众对执政党执政理念和对国家、民族的认同，同时也使民众了解和认可国家和政府执政合法性。意识形态教育的对象是所有人，其教育场所既包括学校也包括社会，但学校必然地处于核心地位，统治阶级通过学校保证意识形态的代际传递，这就必然要求学校承担起传递统治阶级意愿的任务。学校是意识形态教育的主要场所，学校教育则是意识形态教育的主要形式和途径。失败的意识形态教育，不仅仅意味着教育的失败，还将危及执政党的执政地位，削弱政府的合法性基础。因此，任何政府都会通过对学校的控制保证意识形态教育的可能性和最终实现，其基本方式便是通过强制性的带有明显意识形态倾向的课程设置来传递统治阶级所期待的世界观、人生观、价值观等，同时也通过制度、宣传等文化形式对青少年进行意识形态教育，灌输统治理念。

（二）学校是公共教育的主要场所，承担着文化普及和提高国民素质的职能

学校的核心职能，甚至全部职能在于育人，缺失了育人职能的学校也就失去了其存在的价值。因此学校育人的效果和质量往往成为衡量学校优劣的主要标准。学校的育人职能不仅体现在促进受教育者的自我实现上，同时还体现在通过提高每个人的素质来实现文化知识的全面普及和国民素质的整体提高上。国民素质是一项综合概念，它包括文化素质、道德素质、身体素质等诸多方面。提高国民素质的核心在于形成核心的价值理念和精神诉求，使国民对自我素养的提高形成积极的诉求和正确的观念，如独立人格、创新意识、民主和自由的精神、公民观念、对法律的遵守和对公共道德的追求等。提高国民素质是一项伟大的工程，需要全体国民的共同努力，但学校教育是其中的主要途径，一个国家的学校教育的发展状况直接决定了国民素质的状况。总的来说，学校在提高国民素质上主要表现在三个方面：一是身体素质方面，主要体现在学校对个体身体素质的培养和锻炼。身体素质的好坏直接反映了人们在日常生活中承受能力的强弱，而学校体育运动对学生整个一生的身体状况具有重要的影响，是学生良好身体素质的形成基础。二是个体的文明素养方面，学校教育使个体具备良好的道德素质和法律意识，形成个体的内在德性，形成对家庭美德、职业道德、社会公德的基本认知以及遵守法律的意识。三是文化知识素质方面，这又包括两个具体内容，一个是综合知识素质，一个是专业知识素质。学校作为传授文化的场

所，通过文化传授，使个体具有良好的知识素养。

（三）学校为适龄青少年提供系统的知识学习和全面的能力培养

家庭和社会在一定程度上都承担着知识传递的功能，但在现代社会，它们无一能够完全取代学校。在知识传递和能力形成的过程中，学校是专门化的教育机构，学校所有的工作必须围绕教育来进行。学校所具有的“专门化”的特征保证了学生知识学习的系统性和能力培养的全面性：学校完善而科学的教学计划和课程体系安排保证了学生学习内容上的科学性和系统性；学校相对完善的管理制度和奖惩措施等制度设计从外部监督和促进着学生良好的学习习惯和学习态度的养成；藏书丰富的图书馆对于学生学习的自觉性的培养、知识面的拓展、知识内容的深化都有不可估量的影响；经过专业培训和严格筛选的专业化的教师队伍无疑增加了教育的科学性，也提高了知识学习的效率；类型齐全、种类繁多的专业化的实验器材和体育器材为学生实验操作能力的培养以及身体的锻炼、业余爱好的养成提供了极好的条件。显然，学校所具有的这些专业化的特征及其相应的教育职能都是家庭和社会所不能代替的。

（四）学校是师生联合生活的场所，通过将各自分散、孤立的青少年集中起来，为他们提供了一个进行相互交往的场所，从而为学生的充分社会化提供了良好的环境

人总在关系中存在。马克思在《1844 年经济学哲学手稿》中指出：“人对自身的任何关系，只有通过人对他人的关系才能得到实现和表现。”① 学校作为专门化的机构，提供学生公共交往的场所而使学生摆脱孤立、分散的状态，并赋予学生相互交往的机会。学生个体自我，总是在与他者的交往过程中实现的。在交往中，通过与不同学生的相互理解和相互认可，自我从他者那里获得了确证和完整的意识。因此，学校作为公共交往的场所，对学生的成长和发展意义重大。

每个人都有其独立的一面，但独立不意味着孤立。人首先是在作为社会关系存在的社会的人，并在与他人的交往过程中形成各种复杂的社会关系。每个人都会在不同的交往场合形成不同的社会关系，如家庭关系、伙伴关系、同学关系、师生关系等，在每个具体的关系中，个人与他人、集体、社会以责、权、利为内容相互协作、相互制约。每个人在自己的多种社会关系中，承担多种社会责任，受到多种约束，并享受相应的权利，这构成个人完整的社会生活。因此，每个人都是独立性与社会性的矛盾体。一个人对自己在某个具体的社会关系中承担的义务、拥有的权力、享有的利益如何认识、如何思考、如何实践，与他人会有所不同，这就形成了每个人独特的社会生活风格。互不相同的人互相联系、相互作用，构成人类社会。学生正是在与其他伙伴的交往过程中，在责任的承担中，在权利的享有中，实现了充分的社会化，而逐步实现从自然人向社会人的过渡。需要指出的是，家庭虽

① 马克思，恩格斯．马克思恩格斯文集：第 1 卷．北京：人民出版社，2009：164.

然也是个体社会化的途径，但家庭只是对个体社会化发挥初步的、有限的功能。一是因为家庭交往成员一般只限于父母等家庭成员，家庭交往形式多表现出简单性，家庭交往的内容多体现在生活中的衣食住行等方面；二是因为家庭交往呈现出交往主体之间的不对等性，这不如在学校里所具有的对等性。

（五）学校文化承担着个体的精神陶冶职能

学校文化是学校的生存和发展方式，它是由教师和学生在长期的教育教学活动中、在学校的共同生活中共同创造的具有个性特征的精神和物质共同体。一所学校的文化特质，既有与其他学校之间因为共同的社会背景、社会文化样式所体现出的共性，同时，又会因其构成或具体环境的不同而具有区别于其他学校的个性。学校文化从内涵上来说既包括精神和理念层面的教育和管理观念、历史传统、学校校风和学校精神，也包括学校各种规章制度、隐性习惯等制度文化，以及构成学校实体形式的物质文化。学校文化在长期的教育活动中演化而成，发挥着育人的重要作用。一般来说，学校文化中都包含着学校的教育理想、对学校功能和学校社会责任的认识，同时也从根本上体现着对人性的理解。

学校文化构成了学校得以存在的灵魂，同时也构成了生活于其中的人的一种内在生活形式。无论是精神文化、制度文化，还是物质文化都对个体的成长有着重要的影响。文化影响的途径主要是陶冶。所谓陶冶就是通过创设良好的情境，潜移默化地对学生产生影响的方法。陶冶不仅有利于学生道德品质的形成，同时也能够对学生的价值观的形成产生重要的影响。对于学生个体品德的形成来说，学校文化并不像课堂教学一样通过对道德知识的传授来达成，而是将道德的教化寓于一定的情境之中，通过学生对学校的精神内核的体验、理解得以实现。在雅斯贝尔斯看来，文化陶冶不仅是学生获得教化的一种途径，而且是教育的本质，他把对学生的精神陶冶看作学校的唯一功能。雅斯贝尔斯虽然过于强调文化的教育影响，但他肯定文化陶冶的教育价值则是值得肯定的。

专栏 9－4　　强化大学人才培养的根本职能

大学究竟应当承担什么样的职能？对于这个问题，高等教育界的认识虽然有一个变化的过程，但似乎最终都有比较广泛的共识，形成了主流观点。这就是大学应承担人才培养、科学研究及社会服务三大职能。

笔者对大学的“三大职能说”一直不敢苟同，因为这种大学职能观不仅在理论逻辑上存在问题，而且也成为影响我国大学作为“教育机构”合理、健康发展的一个观念因素.

“三大职能说”的主要问题在于把人才培养、科学研究及社会服务这三种职能相提并论。诚然，迄今为止极少有人说这三种职能同等重要，但在许多论著中，对于这三种职能的地位的论述实际上采取了一种“平等对待”的做法，俯拾皆是的“之一”的表述便可佐证。譬如，“教学作为三大职能之一”“科学研究作为大学的三大职能之一”“社会服务已与人才培养、科学研究并列成为研究型大学的三大功能之一”，如此等等，不一而足。既然都是重要的“之一”、并列的“之一”，相互之间也就并无主次之分。这样的三大职能说显然违背关于大学创办目的的基本常识。常识告诉我们，政府也好，私人也罢，或者是其他什么社会组织，创办大学的根本目的都应当在于培养人才，而并非科学研究与社会服务。如果根本目的是开展科学研究，那可以创办研究所、研究中心、研究院之类的专门研究机构，而不必创办大学。对此，纽曼有一句名言：“如果大学的宗旨在于科学发现和哲学探索，我就看不出它为何需要学生。”同理，如果创办大学的根本目的是提供社会服务，那就可以创办社会服务站、社会服务中心、社会服务连锁网之类的社会服务机构，也不必创办大学。

人才培养这一根本目的决定着大学同其他社会机构、社会组织之间的根本区别。事实上，大学的科学研究成就再巨大、社会服务贡献再伟大，我们也不会把科学研究与社会服务视为大学区别于其他类型的社会机构、社会组织的独特存在理由。任何一种类型的社会机构、社会组织，都有着其他类型的社会机构、社会组织所不具有的独特存在理由，这种独特存在理由同时也就成为社会机构、社会组织必须履行的根本职能。大学的独特存在理由与根本职能便是培养人才，是在中学的基础上培养高层次人才。

一旦承认大学的根本职能应当是培养人才，那么，从逻辑上讲，人才培养在大学中的地位就不能与科学研究及社会服务一样了，而应是作为教育机构的大学的一项中心工作与首要任务。这是从正常逻辑出发便可得出的结论，除非我们不承认正常逻辑，除非我们拒绝按正常逻辑来推论与分析。

与之相反，如果把人才培养、科学研究及社会服务相提并论，那么，在大学的实际办学过程中必然会导致削弱人才培养这一根本职能，人才培养就不可能成为大学的中心工作与首要任务。这些年来我国大学一直普遍存在的“重科研轻教学”的偏向便是明证。

不过，在科学研究与社会服务已经成为现代大学的活动中两个体量很大的板块时，重要的问题不仅在于究竟应该如何定位大学的人才培养职能，而在于究竟应该如何看待作为“教育机构”的大学所进行的科学研究与社会服务。

如果科学研究与社会服务的主要目的只是解决具体的科学或技术问题本身、政策或实践问题本身，如果教师在制订科学研究或社会服务的计划或方案时没有关于对学生进行有意识、有计划指导的专门考虑，如果教师在科学研究与社会服务过程中对学生的问题意识、科学态度、合理程序及道德规范没有给予实质性的悉心指导，那么，在主持或负责这些科学研究或社会服务的教师的眼中，学生也就并未成为指导的对象、培育的对象、教育的对象，而只是帮助教师个人完成科学研究与社会服务任务的助手或工具。

大学的科学研究与社会服务应当有助于人才培养。对于大学的科学研究与社会服务，有必要就其"人才培养贡献度"进行"教育性评价"。

资料来源：吴康宁．人才培养：强化大学的根本职能．江苏高教，2017（12）．

本章小结

教育场所是专门用来进行教育活动的处所，具有一定程度的专门属性，包括参与教育活动中的人和活动本身的物质空间依托两种因素。依据教育活动发生的空间特征，一般将教育场所分为家庭、社会、学校。

家庭是由婚姻关系、血缘关系或收养关系组成的社会生活的基本组织，是社会的微型细胞。家庭是个体面对的第一个场所，也是伴随其一生的重要场所，承担着重要的教育职能。

社会一般指由相互交往的个体构建而成的群体，占据一定的空间，具有其独特的文化和风俗习惯。社会的教育职能主要通过社会教育得以实现。

学校是国家有计划、有目的、有组织地通过一定的系统的教育措施，培养适应一定社会需要的人才的组织机构。教育职能是学校的主要职能，人才培养是学校的根本职能。

思考题

1. 家庭教育的职能有哪些？
2. 社会如何实现其价值导向和行为规范的职能？
3. 为什么说育人是学校的根本职能？
4. 如何实现家庭、社会和学校影响的统一，发挥它们的教育合力？

拓展阅读

1. 缪建东．家庭教育学．北京：高等教育出版社，2009．
2. 张良驯．青少年社会教育学．北京：人民出版社，2017．
3. 陈鹤琴．家庭教育与父母教育．上海：上海人民出版社，2016．
4. 吴重涵．家校合作：理论、经验与行动．南昌：江西教育出版社，2013．
5. 叶澜．终身教育视界：当代中国社会教育力的聚通与提升．中国教育科学，2016（3）．

第十章

当代教育改革与发展

学习目标

- 了解新中国教育改革与发展的历程。
- 了解20世纪西方教育改革与发展的历程。
- 了解21世纪教育面临的挑战，掌握教育发展的全民化、信息化、国际化走向。
- 掌握当代世界教育思潮的主要内容。

问题与思考

- 说说你对中西方教育的了解。
- 当代社会发展的哪些因素影响世界教育改革与发展？
- 世界教育改革与发展表现出哪些趋势？
- 教育如何应对全球化、信息化和互联网+的挑战？

第一节　新中国教育的改革历程

一、新中国教育制度的奠基与曲折发展

从1949年到1979年的30年，是我国教育事业取得较大成就与曲折发展的一段时间。1949—1965年，我国开始探索并形成了适合中国国情的社会主义教育体制和教育制度。“文化大革命”时期，是我国社会主义教育事业遭受严重挫折的10年。

（一）对“旧教育”的改造

中华人民共和国的成立，使得长期存在于中国社会的规模小、质量低、零乱无序的教育，获得了发展的生机。我国开始建设“科学的、民族的、大众的文化教育。有计划、有步骤地实行普及教育以适应革命工作和国家建设工作的广泛需要”①。1949年12月，第一次全国教育工作会议提出当时教育改革的方针是“以老解放区教育经验为基础，吸收旧中国教育的有用经验，借助苏联教育的先进经验，建设新民主主义教育”②。因此，从1949年开始，新政权有计划地改造“旧中国教育”，建设“新民主主义教育”，这集中体现为对私立学校的接管、改造，当时称为“建立单一的国民教育体系”③。摆在新中国面前的，却是一个十分艰难的选择：一方面，必须尽快实现教育的国家化，体现新政权的特点和优越性；另一方面，新政府又缺少足够的财力和能力，无法在短时间内完成对庞大教育的改造，而且这些私立学校已经并正在继续为满足人民的教育需求发挥着作用。

在这种两难的抉择中，新政权采取了“渐进而坚决”的措施，并采取了“保护维持、加强领导、逐步改进”的方针。“坚决”，就是“消灭”私立学校目标的坚决性；“渐进”，就是通过逐步改造的方式，实现它们的身份更迭。第一次全国教育工作会议正式提出了国家对私立学校的政策。“目前私立学校及学生占很大的比例，除个别的反动特务学校应加以取缔外，我们对私立学校一般应采取‘保护维持、加强领导、逐步改进’的方针，对积极改进或办学有成绩的学校，政府应予以奖励。”④

随着国家经济建设的发展、政权的不断巩固，1952年6月，根据毛泽东“如有可能，应全部接管私立中小学”⑤ 的指示，教育部先后于1952年9月10日和1952年11月15日发出《关于接办私立中小学的指示》和《教育部关于接办私立中等学校和小学的计划》，决定将全国私立中小学全部由政府接办，改为公立。接办私立中小学的工作直至1956年，随着社会主义改造的基本完成才基本完成。这项工作的完成，确定了中国教育的社会主义性质，第一次收回了教育主权⑥。而曾经十分活跃、数量众多的民间教育机构、教育组织基本取消，民间教育空间不复存在。社会化、多样化的教育格局被大一统、高度集权的国家教育体制所取代。

（二）教育的普及与提高的冲突及其解决

新中国成立之初，国家面临着普及与提高的艰难选择。面对广大民众热切的教育需求，以及新政权建立民族的、大众的教育目标，国家有着普及教育的强烈愿望，而当时的

---

① 金铁宽．中华人民共和国教育大事记．济南：山东教育出版社，1995：3.

② 教育部办公厅．教育文献法令汇编（1949—1952）．北京：高等教育出版社，1958：14.

③ 建设新教育和改造旧教育是双轨制吗．人民教育，1950（2）.

④ 何东昌．中华人民共和国重要教育文献．海口：海南出版社，1998：11.

⑤ 中央教育科学研究所．中华人民共和国教育大事记（1949—1982）．北京：教育科学出版社，1984：59.

⑥ 张晨．吐故纳新育英才，中国教育报，2011-06-27.

情况是，无论是从教育的条件看，还是从扩大办学规模的经济能力看，新政权都显得力不从心。新政权试图通过“两条腿走路”与采取“两种教育制度”这一特殊方式，解决这一矛盾。

“两条腿走路”与“两种教育制度”的实施，也表明了新中国逐步摆脱苏联模式，复归“本土”传统，探索适合中国特点教育制度的追求。所谓复归传统，实际上是指中国共产党力图用战争年代在延安等根据地创办教育的经验、办法来指导教育改革。“两条腿走路”的思想源起于毛泽东的“根据地教育情结”，是其战争时期教育思想的延续。早在1944年，他在《文化工作中的统一战线》中提出：“不但要有集中的正规的小学、中学，而且要有分散的不正规的村学、读报组和识字组。不但要有新式学校，而且要利用旧的村塾加以改造。”① 新中国成立以后，毛泽东在多个场合继续强调了这一观点。1953年，中共中央政治局会议讨论决定：允许小学民办，不限定几年，能办几年就办几年。不可能把小学都办成一样，不可能整齐划一，不应过分强调正规化，农村小学可分三类，中心小学、不正规的小学和速成小学。农村小学应便于农民子女上学。应允许那些私塾式、改良式、不正规的小学存在②。

20世纪50年代后期，随着国家“办学能力与办学需求”冲突的加剧，“两条腿走路”的思想被提出。1958年9月，中共中央、国务院发出《关于教育工作的指示》（简称《指示》）。《指示》将之前对“两条腿走路”的零散观点系统化，并上升到党的教育工作指示的高度。《指示》强调要坚持正规教育与非正规教育相结合、普及与提高相结合、免费的教育与不免费的教育并举。这样，“两条腿走路”的思想在“大跃进”期间得到迅速传播，并成为教育“大跃进”的“指导思想”。由此，“公共事业集体办”成为“两条腿走路”办学思想的具体体现，成为教育发展的主要方式。1958年在北京召开的第四次全国教育行政工作会议指出，群众路线指的是放手发动群众办学③。此后，“两条腿走路”的办学方针得到了延续。“文化大革命”期间继续实行公办学校与民办学校并存、国家供给与集体供给并举的办学方式。有所不同的是，随着“农村公办学校下放到大队”“城市公办学校下放到街道”等办学形式的出现，国家在政治上不断强化对学校的集权性控制和管理的同时，对教育的投入不断减少，公办学校数量逐步减少，这造成了办学水平的不断降低和教育质量的严重下降。

“两种教育制度”，主要表现为重点学校制度的确立和民办小学、半工半读学校的大力发展两个方面。在建立何种类型的学校教育制度上，新中国在教育方面面临着是普及还是提高的艰难选择，之所以艰难主要是因为办学经费的异常紧张。面对工业化对各类专门人

---

① 毛泽东. 毛泽东选集：第3卷. 北京：人民出版社，1991：1011-1012.

② 金铁宽. 中华人民共和国教育大事记. 济南：山东教育出版社，1995：152.

③ 同②443.

才的需求，以及强烈的现代化赶超意识和广大民众对接受教育的强烈需求，国家通过实施“两种教育制度”的方式，将精英教育留给了“重点学校”和“正规学校”，而将普及教育的使命留给了民办小学和半工半读学校。

1953年，教育部建立重点中学制度。首批确定194所重点中学，占全国中学的4.4%。重点中学的主要功能是为高等学校输送合格新生，以与高等教育的需要配套。在20世纪60年代初教育调整、整顿的过程中，又一次强调重点学校建设，要求各地选定一批重点中小学，与高一级学校形成“小宝塔”，并集中精力先办好一批“拔尖”学校。

这一时期，国家还采取多种形式、通过多种渠道大办教育，包括发展民办教育、半工半读、半农半读、农业中学、简易小学等各类学校，加速普及和发展教育。1958年之后，在农村大力推广农业中学和耕读小学。在农村和牧区，大量发展办学形式灵活多样的简易小学、工读小学、耕读小学，到1965年，全国已有半工半读、半耕半读的小学84.9万所，在校生占全国小学在校生的21.7%①。与此同时，“两种劳动制度和教育制度”的试验也在很大范围内进行，在全日制学校之外，发展半工半读、部分时间学习的学校。1964年，教育部提出进一步贯彻“两条腿走路”的方针，逐步实行两种教育制度，城市一般不再发展全日制普通中学。

“文化大革命”期间，上述两个方向的改革均被否定。重点学校制度被认为是面向少数特权阶层、培养精神贵族的教育制度而取消。城市的半工半读教育被认为是“资产阶级双轨制”，限制了劳动人民子弟接受更高一级教育的权利，因而被取消。实际上，在“反对升学教育制度”的背景下，国家开始公开支持半工半读学校制度。因此，“文化大革命”期间反对的并不是“半工半读和全日制”两种教育制度，反对的是为升学做准备的“全日制”教育制度。自然，“文化大革命”期间倡导的半工半读教育，既不同于“文化大革命”前为解决升学压力开办的具有职业性质的初等和中等教育，更不同于改革开放以后出现的适应经济社会发展需要的职业技术教育，而是一种“不但要学文，也要学工、学农、学军，也要随时参加批判资产阶级的文化革命的斗争”② 的“革命教育”。

（三）“以俄为师”的高等教育制度的设计与解体

50年代初，国家采取“一边倒”“以俄为师”的方针，模仿苏联教育重建包括高等教育在内的新中国教育制度。

一是按照苏联模式重建高等教育制度，进行院系调整。为了适应工业化需要，加速培养专门人才，从1952年开始，高等学校进行大规模的院系调整。调整的方针是“以培养

---

① 高奇．新中国教育历程．石家庄：河北教育出版社，1996：105.

② 中国共产党中央委员会关于无产阶级文化大革命的决定．人民日报，1966-08-09.

工业建设人才和师资为重点，发展专门学院，整顿和加强综合性大学”①。按照苏联高等教育模式，取消原有系科众多的综合性大学，改为文理科或多学科性理工科大学；以建设单科性专门学院为重点，将经济建设迫切需要的系科专业，或集中或独立地建立新的专门学院；取消大学中的学院建制，改为校系两级管理，普遍设立专业，按专业培养人才。工科由此成为高等教育中发展最快、比重最大的类别。与计划经济体制相适应，建立起高度集中统一的高等教育管理体制。其基本特点是教育计划与国民经济计划紧密相连，国家对高校实行高度集中统一的计划管理。1953 年政务院颁布的《关于修订高等学校领导关系的决定》规定：高等教育部对高等学校的教学工作实行统一集中领导。高等教育部颁发的有关全国高等学校的建设计划、财务计划、财务制度、人事制度、教学计划、教学大纲、生产实习规程以及其他重要法规、指示或命令，全国高等学校均应执行。全国高等学校各类专业实行统一教学计划、教学大纲和统编教材。自 1952 年起，建立了全国高校统一招生考试制度，并形成高等学校毕业生统一分配工作制度。由此，高等学校的办学自主权基本不复存在。

二是确立了“党委领导下的校长负责制”。1949 年之前，根据地和解放区的院校均实行校（院）长负责制。1956 年，高等学校领导体制发生了重大变化，改为实行党委领导下的校长负责制。1958 年的《中共中央国务院关于教育工作的指示》明确规定：中央人民政府各部门所属的学校，在政治上应当受当地党委的领导。在一切高等学校中，应当实行学校党委领导下的校务委员会负责制；一长制容易脱离党委领导，所以是不妥当的。1961 年 9 月，中共中央批准试行的《教育部直属高等学校暂行工作条例（草案）》（“高校六十条”），变更了大学的领导体制，规定“学校中的领导权力集中在校党委会，实行党委领导下的以校长为首的校务委员会负责制”，意在加强一些校长的权威。到“文化大革命”期间，各单位均改为实行“党的一元化领导”。

“文化大革命”期间，一反以培养专家的高等教育为重的方针，伴随着又一轮全面下放教育管理权，高等教育受到严重破坏。1969 年 10 月，中共中央发出《关于高等学校下放问题的通知》，对高校管理实行以“块块为主”（地方为主），绝大多数院校由地方领导，比 1958 年曾实行过的高校教育管理权下放更为彻底。这次下放的同时，还进行了大规模的院校调整，调整的原则是：工科院校一般予以保留；农科、医科、师范院校多数予以保留，少数改为中专或合并；综合性大学一般先保留下来；政法、财经、民族院校拟多撤销一些。“文化大革命”期间，通过撤销、合并、搬迁、分散等方法，高等院校的数量大为减少，高校结构更加不合理，这是我国高等教育受到严重破坏的一个时期。

---

① 余立. 中国高等教育史（下册）. 上海：华东师范大学出版社，1994：36.

二、20 世纪 80 年代以来教育的改革与发展

1978 年开始的改革开放，在新中国教育历史上具有里程碑式的意义。这不仅是因为从此以后，“改革”与“发展”成为时代的主题，还因为这一时期所确立的一系列政策设计，深刻地影响着公共教育的发展方式。1985 年的《中共中央关于教育体制改革的决定》启动了教育领域具有实质性的变革。

（一）“地方办学、分级管理”的基础教育管理体制及其影响

这一时期，对教育发展产生重要影响的两个政策文件分别是 1985 年的《中共中央关于教育体制改革的决定》和 1986 年的《中华人民共和国义务教育法》。前者为基础教育的“地方办学、分级管理”确立了制度基础，后者为地方政府筹措义务教育经费提供了法律保障。

“地方办学、分级管理”的教育发展方式，带来了义务教育发展面貌的重大变化。到 2000 年，我国基本普及九年制义务教育，“两基目标”基本实现，体现了国家发展义务教育的强大决心和巨大成果。正是“地方办学、分级管理”的义务教育管理体制，强化了地方政府的义务教育供给责任，调动了地方政府的办学积极性。正是“亿万农民集资办教育”的巨大热情，推进了这一时期义务教育“一无两有”目标的快速实现，并在此基础上推动了义务教育更好更快发展。“人民教育人民办”的义务教育经费筹措方式，不但在全社会广泛确立了“支持教育、发展教育”的义务教育发展理念，也使得农民成为义务教育重要的支持力量，并在事实上起到了弥补政府办学经费不足、促进义务教育发展的重要作用。

与此同时，“地方办学、分级管理”的教育发展方式也带来了严重的发展困境，主要表现在三个方面：一是农民负担过重。就当时大部分农村地区而言，由于地方政府财力薄弱，“人民教育人民办”最终演化成了“农村教育靠集资”。二是出现了较为严重的教师工资拖欠现象。由于地方政府的财力紧张，以及国家“普九”对义务教育学校办学条件要求的提高，不少地方政府将有限的财力集中于改善办学条件，而无力应对庞大的教师工资需求。三是带来了教育的城乡差异和地区差异。这一方面根源于“农村教育靠集资、城市教育国家办”的制度设计；另一方面，“地方办学、分级管理”的教育经费筹措方式，使得地方财力的不同决定了地方教育发展水平的差异和发展质量的差异。正是从这个时候开始，教育的城乡差异和地区差异开始凸显。

（二）重点学校制度的重建

改革开放以来，教育制度设计的一个重要特点是恢复了重点学校制度。发展科学技术、实行国家赶超型战略、快速实现现代化发展目标，成为推动重点学校制度重建的重要动力。1978 年 1 月，教育部颁发了《关于办好一批重点中小学的试行方案的通知》；1980 年，教育部颁发了《关于分期分批办好重点中学的决定》；1983 年，教育部颁发了《关于

进一步提高普通中学教育质量的几点意见》。这些政策指出，要把全国所有学校都办得很好是有困难的，是不可能的，也是不符合事物发展规律的。因此，必须首先集中力量办好一批条件较好的重点学校。《关于进一步提高普通中学教育质量的几点意见》对重点学校的办学规模、办学条件、设备和实验室配备、教育经费、基建投资等都提出了明确的倾斜性意见，这在政策上为“小宝塔”的重建提供了进一步的授权和支持。1994 年 7 月，《国务院关于〈中国教育改革和发展纲要〉的实施意见》颁布，要求大城市市区和有条件的沿海经济发展程度较高地区，到 2000 年，“每个县要面向全县重点办好一两所中学。全国重点建设 1 000 所左右实验性、示范性的高中”。为贯彻《中国教育改革和发展纲要》精神，1995 年，国家教委推行“示范性普通高级中学评估验收”活动，决定在 2000 年以前分期分批建设并评估 1 000 所左右的示范性普通高级中学。这次评估活动对重点学校的发展又一次起到了巨大的强化和推动作用。

20 世纪 90 年代后半期以来，学术界对重点学校制度的批评之声日益强烈，教育行政部门也开始了对这一制度的反思工作。1997 年，上海市首先改革重点学校制度，全市各区县全部实行小学毕业生就近免试对口入学，初高中脱钩，重点中学停止举办初中①。此后，广东、北京等地也采取类似改革。国家教委宣布今后在义务教育阶段不搞重点学校，以缩小中小学之间实际存在的差距，并加强薄弱学校的建设。此后，国家再也没有出台义务教育阶段设置重点中小学的政策，并在 2015 年修正的《中华人民共和国义务教育法》中明确规定义务教育不得分设重点校和非重点校、重点班和非重点班。

（三）从恢复高考制度到高等教育的深刻变革

1977 年 10 月，全国高等学校统一招生考试的制度恢复了。恢复高考是对“文化大革命”时期的高校招生制度的果断终止与废弃，同时也是对“文化大革命”前的高校招生制度的平反与恢复。更为重要的是，这一政策决定紧紧地指向“文化大革命”结束后国家培养人才的需要。恢复高考的政策，就其内容而言，绝不仅仅是对文化考试的恢复，而是包含着对招生对象与条件、招生方法、毕业生分配方法等一系列的政策调整与改革。

恢复高考对拨乱反正的重要意义不仅表现在高等教育上，同时也表现在基础教育及其他教育上。1977 年恢复高考的重大政策变革之一是允许应届高中毕业生参加高考，这对激发中小学学生学习的积极性，端正中小学的教学之风起到了重要的作用。在一定意义上，恢复高考乃是指恢复普通中学的高考，这使“文化大革命”中也呈“乱象”的基础教育迅速复归到正常发展的轨道上。因此，恢复高考不仅作用于高等教育的拨乱反正，也作用于基础教育的拨乱反正，它作用于整个教育战线的拨乱反正。

正因为有了恢复高考的制度，才有了紧随其后的学位制度、留学制度等相关制度的建

---

①　基础教育改革翻开新一页．中国教育报，1997－07－17．

立，才有了 20 世纪 80 年代中期之后高等教育的重大变革，这种重大变革主要体现为高校办学体制和管理体制改革。

高校办学体制和管理体制改革主要体现在两个方面：一是确立了“党委领导下的校长负责制”，二是下放高等教育的管理权限。1985 年的《中共中央关于教育体制改革的决定》明确指出：“学校逐步实行校长负责制，有条件的学校要设立由校长主持的、人数不多的、有威信的校务委员会，作为审议机构。”根据这一精神，从 1985 年开始，我国一些高校进行校长负责制的试点工作。1985—1989 年年初，我国高校校长负责制的试点工作不断展开。1989 年后，校长负责制的试点工作终止。1998 年 8 月，九届全国人大四次会议通过了《中华人民共和国高等教育法》。《高等教育法》规定，高等学校内部实行中国共产党高等学校基层委员会领导下的校长负责制，高等学校自批准设立之日起取得法人资格，校长为高等学校的法定代表人；同时规定高等学校的办学水平、教育质量，接受教育行政部门的监督和由其组织的评估。

1985 年开始启动的高等教育管理体制改革，其核心特征表现为下放高等教育的管理权限，首要意义在于它开始打破政府对高等学校管理过多、统得过死的局面，使高等学校有了“自主意识的萌动”，从而也使高等学校开始变“被动发展”为“主动发展”。1986 年国务院颁发了《高等教育管理职责暂行规定》，明确了国家教委、国务院有关主管部门和省、自治区、直辖市的教育职能部门对高等学校的管理职责。1998 年通过的《高等教育法》规定，在办学体制上，国家举办的高校实行三级办学、中央和省级政府举办的高校实行两级管理的体制。

1992 年以来，高等学校宏观管理体制改革的另一个重点内容是高校的调整和合并。这被称为继 20 世纪 50 年代之后的“第二轮院系大调整”。这次院系大调整的指导方针是“共建、调整（划转、转制、下放）、合作、合并”，涉及的教育管理体制改革以合并为主要形式。本次高校合并于 1992 年拉开序幕，2000 年达到高峰，2000 年进行合并的高校共有 174 所（组建成 73 所新校）。在十余年中，经过深入的高校合并、调整，我国有 900 多所高校经合并调整为 400 多所。如 1998 年，机械工业部、煤炭工业部、冶金工业部等 9 个部门撤部改局，对其所属的院校进行了调整。1999 年，对兵器、航空、航天、船舶、核工业等五大军工总公司所属院校进行调整。2000 年，又对铁道部等 49 个国务院部门（单位）所属院校进行了调整。调整后，全国共有普通高等学校 1 018 所，其中教育部直属的 71 所和其他中央部门管理的 50 所，其余均以地方政府为主管理。至此，绝大多数中央部门不再办学，高校管理权的下放成为真正的现实。

（四）办学体制变革中的民办教育

新时期的民办教育发展是从 1985 年开始的。改革开放以来，从“政府垄断教育”的状态，到确立“以政府办学为主体，公办学校和民办学校共同发展”的政策，大约花了 14

年时间。民办教育的发展得到了政府的提倡、扶持与推进，有着包括增加教育经费、满足多样的教育需求、实施教育管理体制和办学体制改革的需要等多个方面的原因，但总体上是基于弥补政府投入不足的需要，即“民办学校是公立学校无法满足教育需求的反映，它一产生就是市场化的，主要依靠学费维持和发展”①。

1992 年邓小平的南方谈话尤如为处于徘徊状态的中国改革开放打了一针“强心剂”。“敢闯、敢冒”“不争论”“大胆实验”“大胆探索”成为引领中国改革开放事业的关键词，这极大地推动了办学体制改革的进程。由此，民办教育进入了新的发展阶段。

1994 年国务院颁发的《关于〈中国教育改革和发展纲要〉的实施意见》指出，基础教育主要由政府办学，同时鼓励企事业单位和其他社会力量按国家的法律和政策多渠道、多形式办学。有条件的地方，也可实行“民办公助”“公办民助”等形式。1995 年颁布的《中华人民共和国教育法》指出，国家鼓励企业事业组织、社会团体、其他社会组织及公民个人依法举办学校及其他教育机构。1996 年颁布的《全国教育事业“九五”计划和 2010 年发展规划》指出，“九五”期间，加强社会力量办学的立法工作，以中等和中等以下教育，特别是各级职业教育为重点，积极发展各类民办学校。现有公办学校在条件具备时，也可酌情转为“公办民助”学校或“民办公助”学校。到 2010 年，基本形成以政府办学为主、社会各界共同参与的办学体制及公立学校和民办学校共同发展的格局。1997 年 7 月 31 日，国务院颁布了第一个民办教育的行政法规——《社会力量办学条例》，明确了民办教育在整个教育体系中的法律地位，并指出：国家鼓励社会力量举办实施义务教育的教育机构作为国家实施义务教育的补充。

正是在这样的背景下，新时期的民办中小学获得了快速的发展，这一时期的民办中小学大致分为两种类型：一类是营利性的民办中小学，即由私人或私人组织举办的民办中小学，办学经费由私人或私人组织提供，办学过程具有强烈的营利性。另一类被称为转制学校。特指某些地方政府利用家长对优质教育资源的渴求心理，对少数优质学校进行市场包装，通过“国有民营”“公办民助”等方式，向学生家长收取高额学费的办学方式。90 年代以来，民办中小学发展的经验表明，在缺少政府政策支持特别是经费支持的情况下，营利性民办中小学步履维艰，困难重重。而转制学校的过度发展，日益显示出其对公办学校和民办学校发展的“双重挤压”。更为重要的是，转制学校这种动用公共教育资源、收取高额学费的民办中小学运作方式，加剧了教育市场的“择校热”。正是基于此，21 世纪以来，国家明令禁止转制学校的存在和发展。

2002 年 12 月，《中华人民共和国民办教育促进法》颁布。法律确立国家对民办教育实行“积极鼓励、大力支持、正确引导、依法管理”的方针，指出民办学校享受国家的税收

---

① 中国教育与人力资源问题报告课题组. 从人口大国迈向人力资源强国. 北京：高等教育出版社，2003：372.

优惠政策，同时允许民办学校从办学节余中取得合理的回报。2017 年 9 月 10 日起，新的《民办教育促进法》开始实施。新的《民办教育促进法》允许民办学校举办者自主选择非营利性或营利性民办学校。营利性民办学校可以取得办学收益，高校的办学结余依照公司法等有关法律法规的规定处理。

三、21 世纪教育的科学发展与深化改革

进入 21 世纪，我国确立了构建社会主义和谐社会的发展目标，科学发展观成为改革发展的指导思想，平民教育成为新时期教育的重要理念，教育均衡发展成为公共教育治理的价值追求，基础教育改革贯彻落实素质教育。一系列有针对性的政策措施和制度设计，有效推进了各类教育的科学发展。

（一）“均衡发展”的教育价值追求与基础教育管理体制的调整

20 世纪 90 年代以来，尤其是 21 世纪以来，国家将推进教育均衡发展列为义务教育发展的关键。将推进教育公平、办好“人民满意的教育”列为教育工作的重点。2001 年国务院颁布的《关于基础教育改革与发展的决定》、2003 年国务院颁布的《关于进一步加强农村教育工作的决定》，以及 2005 年教育部颁布的《关于进一步推进义务教育均衡发展的若干意见》等，分别将支持和发展农村教育、促进城乡教育均衡发展列为义务教育发展的重要指向。《关于进一步推进义务教育均衡发展的若干意见》还明确废止了义务教育阶段的重点学校制度和重点班级制度。2006 年颁布的新《义务教育法》为这种治理方式做了政策规范和法律授权。随着党的十七届三中全会关于“城乡一体化”目标的提出，我国义务教育的发展进入了城乡一体化的新阶段。2010 年教育部在《关于贯彻落实科学发展观，进一步推进义务教育均衡发展的意见》中明确提出了“力争在 2012 年实现区域内义务教育初步均衡，到 2020 年实现区域内义务教育基本均衡”的教育均衡发展“路线图”。这为进一步缩小教育差距、推进教育均衡发展提供了理念支撑和政策支持。

正是在这样的背景下，我国政府对义务教育管理体制做出重大调整，义务教育实现了由“人民教育人民办”向“人民教育政府办”的重大转变。

首先，这是对以往“地方办学、分级管理”的体制造成的“以乡镇为主”的治理方式的调整。2001 年 5 月国务院颁布的《关于基础教育改革与发展的决定》、2002 年颁布的《关于完善农村义务教育管理体制的通知》、2003 年国务院颁布的《关于进一步加强农村教育工作的决定》，分别确认并重申了“在国务院领导下，由地方政府负责、分级管理、以县为主”的体制。新机制的实施，实现了义务教育的两个转变：“把农村义务教育的责任由农民承担扭转到主要由政府承担；把政府对农村义务教育的责任从乡镇为主转到以县

为主。”① 2005 年 12 月，国务院发布了《关于深化农村义务教育经费保障机制改革的通知》，从经费保障的角度，细化了农村义务教育的供给机制；并重申，逐步将农村义务教育全面纳入公共财政保障范围，建立中央和地方分项目、按比例分担的农村义务教育经费保障机制。义务教育治理机制的转变，为政府全面承担义务教育的供给责任提供了政策规范和制度约束，推动了全国范围内“基本解决拖欠教师工资问题”和“终结农民供给义务教育历史”的目标实现。

其次，这是义务教育在历史上第一次实现了免费制。2001 年，教育部、财政部出台了《关于对全国部分贫困地区农村中小学生试行免费提供教科书的意见》，指出“2001 年秋季免费提供教科书所需的 1 亿元经费由中央财政从第二期‘国家贫困地区义务教育工程’专款中安排”②。2003 年 9 月，国务院做出决定，到 2007 年，争取全国农村义务教育阶段贫困家庭都能享受到“两免一补”。2004 年 8 月，财政部、教育部决定从当年秋季开始，中央财政再次大幅度增加资金投入，将免费教科书专项资金由原来的 3 亿元增加到 8.7 亿元（2004 年全年安排 11.7 亿元）③。2005 年 12 月，《关于深化农村义务教育经费保障机制改革的通知》指出，自 2006 年春季开始西部地区农村义务教育阶段学生全部免收学杂费。在新机制的作用下，2007 年开始，中东部地区相继宣布在农村、城市全面免除义务教育阶段学杂费和书本费。2008 年 7 月 30 日，国务院举行常务会议，做出在全国范围内免除义务教育阶段学杂费的决定。2008 年 8 月 12 日，国务院发布 25 号文件，正式公布了《关于做好免除城市义务教育阶段学生学杂费工作的通知》，决定从 2008 年秋季学期开始，在全国范围内全部免除城市义务教育阶段学生学杂费。对享受城市居民最低生活保障政策家庭的义务教育阶段学生，继续免费提供教科书，对家庭经济困难的寄宿学生补助生活费。2015 年，新的《义务教育法》第二条明确指出：义务教育是国家必须予以保障的公益性事业。实施义务教育，不收学费、杂费。这样，我国的义务教育在历史上第一次实现了完全的免费制，这意味着我们向公共教育目标的实现迈出了坚实的一步。

（二）高校扩招以及相关的政策调整

1999 年 6 月，党中央、国务院召开了改革开放以来的第三次全国教育工作会议，主题是振兴教育事业，提高全民族文化科学素质和创新能力，实施科教兴国战略。1999 年起，我国高校连续三年大规模扩大招生，年均增幅达 30%左右。在高校扩招政策的作用下，我国 2002 年高校毛入学率达到 15%，从而进入“高等教育大众化”的阶段。

从总体上看，高校扩招引起了高等教育面貌的根本性变化，这种变化不但体现在规模和数量的变化上，也体现在高等教育对社会发展的影响力上。据统计，改革开放 30 多年

---

① 李岚清近期关于基础教育的谈话. 人民教育，2002 (6).

② 中国教育年鉴编辑部. 中国教育年鉴 2002. 北京：人民教育出版社，2002：780.

③ 中国教育年鉴编辑部. 中国教育年鉴 2005. 北京：人民教育出版社，2005：452.

来，我国高校录取率大幅提高，1977 年报考人数约 570 万，录取人数约 27 万，录取率为 4.7%；2006 年报考人数约 950 万，录取人数约 540 万，录取率为 56.85%[①]。1977 年录取比例为 21∶1；2007 年，高校计划招生 567 万人，与 30 年前报考人数极其接近，录取比例约为 2∶1[②]。高校扩招所造成的影响与日俱增。从 2003 年开始，尽管国家采取了系列调控措施，但由于扩招惯性及人口基数的双重作用，高等教育毛入学率仍然一路攀升。2016 年，全国各类高等教育在学总规模达到 3 699 万人，高等教育毛入学率达到 42.7%，提前实现了《国家中长期教育改革和发展规划纲要（2010—2020 年）》提出的到 2020 年高等教育毛入学率达到 40%的目标。

与此同时，快速扩招的高等教育也带来了诸如少数学校办学条件滞后、教学质量下滑以及高校毕业生就业困难等问题，这为高校进一步调整扩招政策提出了新的要求。基于此，自 2001 年开始，国家实施和推进高等教育的“质量工程”，将提高高等教育质量作为高等教育发展的重中之重。教育部 2001 年出台的“4 号文件”和 2005 年发布的“1 号文件”，以及 2004 年底召开的第二次全国普通高校本科教学工作会议，均为加强高校教学工作、大力提高人才培养质量起到了重要推动作用。2007 年 1 月，教育部、财政部联合实施“高等学校本科教学质量与教学改革工程”，国内高教界称之为“质量工程”。作为“质量工程”的重要组成部分，教育部还正式启动了全国高等学校教学质量评估制度，包括北京大学、清华大学等国家重点建设的大学以及新建高校在内的 589 所本科高校，近千万名师生、员工积极参与了“以评促建”工作。

高校扩招及其“质量工程”建设的实施，扩大了高校规模，满足了广大民众对高等教育的需求，推进了我国高等教育大众化的进程。伴随着高等教育大众化进程的还有声势浩大的以高等教育管理体制改革为核心的众多体制、机制的改革。众多高等教育“工程”的推进，使 21 世纪我国高等教育呈现出波澜壮阔的发展特征。

（三）基础教育课程改革

世纪之交发生在我国基础教育领域的课程改革，对基础教育课程设置、教学组织、学校管理，以及教育的其他层次的诸项活动都产生了深刻的影响。这次课程改革既是我国改革开放以来一系列课程改革政策的继续和深入，也是 21 世纪我国把握教育发展机遇、应对时代教育挑战而主动做出的政策选择。

2001 年国家颁布了《基础教育课程改革纲要（试行）》，同时印发了《义务教育课程设置实验方案》和语文等 21 个学科课程标准（实验稿）。从 2001 年 9 月起，全国 27 个省（自治区、直辖市）的 38 个国家实验区（以县区为单位）开始了基础教育课程改革实验。

（1）制定课程标准。改变课程目标中仅注重知识传授的倾向，强调形成积极主动的学

① 袁新文. 高考须改革 不能轻言废. 人民日报，2007-03-29.

② 唐景莉. 录取人数从 27 万到 567 万. 中国教育报，2007-06-07.

习态度，使获得基础知识与基本技能的过程同时成为学会学习和形成正确价值观的过程。从现行课程事实上只重视知识传授转变为通过知识传授引导学生学会学习，学会合作，学会生存，学会做人，关注人的全面发展。为了使课程功能得到切实转变，新课程在各科课程标准的研制中从知识与技能、过程与方法、情感态度与价值观三个维度来具体设计课程目标，以使课程功能的转变在学科层面得以体现和落实。

（2）改革课程结构，体现课程结构的均衡性、综合性、选择性。为凸显新课程的均衡性，新课程从整体上设置九年一贯制的义务教育课程，调整了各门课程的课时设置，增加了自然科学和艺术类课程的课时，适当减少了语文、数学、外语等工具性课程的课时。在课程的综合性方面，新一轮基础教育课程在小学开设品德与生活、艺术、思想品德与社会、科学、综合实践活动（包括信息技术教育、研究性学习、社区服务与社会实践以及劳动与技术教育）等综合课程；初中设科学、历史与社会、体育与健康、艺术、综合实践活动等综合课程；高中阶段，课程结构由学习领域、科目、模块组成，设综合实践活动。在课程的选择性方面，新一轮基础教育课程改革倡导开设地方课程和校本课程，鼓励开设选修课程。在普通高中阶段，新课程的选择性主要通过科目的模块化设计和学分制管理，即将最低总学分分为必修和选修两部分，选修又分“选修学分Ⅰ”（科目中的选修模块）和“选修学分Ⅱ”（校本课程的学分）来体现。

（3）改革课程内容。改革现行基础教育课程内容“难、繁、偏、旧”以及与学生生活、现实世界相脱节的现状，增强课程内容与学生生活以及现代社会和科技发展的联系，关注学生的学习兴趣和经验，精选终身学习必需的基础知识和技能。新课程的内容力求体现当代社会进步和科技发展以及学科发展的趋势，不刻意追求学科体系的严密性、完整性、逻辑性，关注学生的经验和现实的社会生活。

（4）改革课程实施。传统的教学观把学生视为单一的知识传递对象，教学被窄化为知识的积累和技能的训练。新课程改革认为，课堂教学不只是课程传递和执行的过程，更是课程创生和开发的过程，是教师和学生交往、互动的对话过程。在这个过程中，学生不仅仅是知识的接受者，他们必须具备批判意识，敢于直面现实生活中的问题，并设法加以解决，形成发现、分析、解决问题的能力。因此，新课程倡导学生主动参与、乐于探究、勤于动手，改善学生的学习方式，使学生在教师的指导下主动地、富有个性地学习。新课程立足于培养学生搜集和处理信息的能力、获取新知识的能力、分析和解决问题的能力以及交流与合作的能力。为了使学生学习方式的转变落到实处，新课程力求实现教学内容的呈现方式、学生的学习方式、教师的教学方式和师生互动方式的变革，使每个学生都能得到发展。

（5）改革课程评价，建立促进学生全面发展、促进教师不断提高与促进课程不断发展的评价体系。新课程倡导的课程评价不仅要关注学生的学业成绩，而且要发现和发展学生多方面的潜能，促进学生在原有水平上得到发展。在教师评价方面，建立以教师自评为主，校长、教师、学生、家长共同参与的评价制度，使教师从多种渠道获得信息，不断提高教学水平。在课程自身评价方面，力求能够对学校课程执行的情况、课程实施中的问题进行科学的分析评估，形成课程不断革新的机制。

(6) 改革课程管理，实行国家、地方、学校三级课程管理制度，以增强课程对不同地区、学校及学生的适应性。新一轮课程改革重新划分了国家、地方、学校在基础教育课程管理中的职责分工：教育部的职责在于总体规划基础教育课程，制定基础教育课程管理政策，确定国家课程门类和课时，制定国家课程标准，积极试行新的课程评价制度；省级教育行政部门依据国家课程管理政策和本地实际情况，制定本省（自治区、直辖市）实施国家课程的计划，规划地方课程，报教育部备案并组织实施。经教育部批准，省级教育行政部门可单独制定本省（自治区、直辖市）范围内使用的课程计划和课程标准。学校在执行国家课程和地方课程的同时，可以根据当地社会、经济发展的具体情况，结合本校的传统和优势、学生的兴趣和需要，开发或选用适合本校的课程。为了具体实行三级课程管理制度，新一轮课程改革调整了国家课程在整个课程计划中的比重。在义务教育阶段，新的课程计划规定地方与学校开发或选用的课程要达到九年总课时的10%～12%，而高中则必须在学校开设的选修模块中拿到至少6个学分（总学分为144个，必修学分为116个）。

基础教育新课程改革自2001年开始，经过了10年的实践探索，2011年，教育部组织专家对2001年印行的义务教育各学科课程标准进行了修订完善，并颁布实施。与改革之初颁行的课程标准相比，新课标有如下特点：一是各学科把落实科学发展观、社会主义核心价值体系作为修订的指导思想，结合学科内容进行了有机渗透。二是努力从儿童身心发展的特点和需要出发，科学合理地安排课程容量和难度。三是突出了学生能力特别是学习能力、实践能力、创新能力的培养。

2003年，普通高中各科课程标准（实验版）颁布，同时，从2004年9月开始，山东省、广东省、海南省与宁夏回族自治区的高一新生率先进行普通高中新课程实验和新高考，拉开了我国普通高中新课程改革的帷幕。此后，这一改革阵营逐年扩大，至2012年，全国所有省份都加入了普通高中新课程。

普通高中课程标准（实验版）实施十余年来，基本建立了适合我国国情、适合时代发展要求的高中课程体系。党的十八大提出“立德树人是教育的根本任务”。2014年，教育部颁布了《全面深化课程改革，落实立德树人根本任务的意见》，决定深化高中课程改革，启动普通高中课程方案和各科课程标准的系统修订工作。修订后的普通高中课程方案和语文等学科课程标准（2017年版）于2017年底印发，并于2018年秋季开始执行。与2003年颁布实施的普通高中课程方案相比，新的课程方案进一步明确了普通高中教育的定位，强调普通高中教育是在义务教育基础上进一步提高国民素质、面向大众的基础教育，不只是为升大学做准备，还要为学生适应社会生活和职业发展做准备，为学生的终身发展奠定基础；进一步优化了课程结构，考虑到高中学生多样化的学习需求及升学考试要求，在保证共同基础的前提下，适当增加了课程的选择性，为不同发展方向的学生提供有选择的课程；强化了课程有效实施的制度建设，从选课、走班等新要求出发，进一步明确课程实施环节的责任主体和要求，增设了“条件保障”“管理与监督”内容，强化各级教育行政部门和学校课程实施的责任。在课标内容方面，各学科课标进一步强化社会主义核心价值观教育，中华优秀传统文化、革命文化和社会主义先进文化教育等内容；充分反映马克思主义中国化最新成果以及经济社会发展、科技进步新成就；更加关注学科内在联系及学科间的相互配合，克服碎片化及彼此间的脱节等现象。

第二节　20 世纪国外教育的改革历程

20 世纪是教育改革的时代。在 20 世纪，西方教育发展经历了“探索与起步”“重建与扩展”“挑战与创新”三个重要时期。这三个时期的教育改革推动了世界教育现代化的进程，对人类社会的发展产生了巨大影响。

一、探索与起步阶段（19 世纪末—20 世纪 30 年代）

19 世纪末 20 世纪初，随着科学技术的发展，欧美国家开始了实现工业化的进程。欧洲国家工业化的发展对教育提出了新的要求，集中表现为用新的教育取代传统教育。这种新教育应能培养合乎时代精神的、能干的、足智多谋的事业家和统治人才，并且要培养出大批在多方面得到训练的劳动力。这种新需求促成了 19 世纪末到 20 世纪 30 年代欧洲大批“新学校”的建立和“新教育运动”的广泛发展，很快，美国的“进步教育运动”与之相汇合，形成了 20 世纪现代教育的开端。

（一）欧洲新教育运动

“新教育运动”亦称“新学校运动”，是指 19 世纪末 20 世纪初在欧洲兴起的教育改革运动，初期以建立不同于传统学校的新学校作为新教育的“实验室”为特征。第一次世界大战以后，在教育实践不断推广的基础上，新教育理论进一步发展。第二次世界大战以后，新教育运动逐步走向衰落。新教育运动的代表人物有英国教育家雷迪（C. Reddie）、德国教育家利茨（H. Lietz）、法国教育家德莫林（E. Demolins）、瑞典教育家爱伦·凯（Ellen Key）、意大利教育家蒙台梭利（M. Montessori）、比利时教育家德可乐利（O. Decroly）等。他们的思想对新教育运动的发展起到了直接推动的作用。

欧洲新教育运动对西方教育传统进行了全面反思，反对传统的学校课程，反对过分灌输知识，反对僵化的教学组织形式，反对学校在精神上对学生的压抑，从而逐步改变了人们原有的对儿童、知识、教学、课程等的认识，相应地形成了一系列新的思想观念，这对20世纪欧美国家的教育发展产生了深刻影响，构成了20世纪西方教育发展的重要起点。

(二) 美国进步教育运动

“进步教育运动”是指产生于19世纪末并持续到20世纪50年代的美国的一种教育革新思潮，亦称“进步主义教育运动”。受儿童研究运动、欧洲新教育运动及美国本土进步主义社会政治思潮的影响，美国教育家纷纷开展革新教育的实验。进步教育运动的代表人物有美国教育家帕克（F. W. Parker）、沃特（W. A. Wirt）、华虚朋（C. W. Washburne）、克伯屈（W. H. Kilpatrick）、杜威（J. Dewey）等。其中，杜威的实用主义教育理论是进步教育运动的指导思想。

杜威主张“教育即生活”“教育即生长”。他认为，生活和经验是教育的灵魂，离开了生活和经验就没有生长，也就没有教育。因此杜威呼吁把儿童从传统教育中解放出来，提出在儿童的现实生活中进行教育，激发儿童的学习需要和兴趣，调动他们的学习自觉性和积极性。杜威提出改变教育的重心，宣扬用“儿童中心”取代“教师中心”或“教材中心”，围绕儿童进行一切教育。他认为教师应是儿童生活、生长和经验改造的启发者和指导者，应彻底改变当时压制儿童自由和窒息儿童发展的传统教育。杜威主张“学校即社会”。他指出，旧学校采取直接传授知识的方式，学生被动地接受与其生活经验无关的书本知识和一些抽象的、枯燥的符号；而新学校则把参加现实生活作为媒介，把课堂改造为儿童活动的园地，引导儿童积极投入活动，在活动中学习，不知不觉地养成品德和获得知识。此外，杜威提倡“做中学”的教学论思想。传统观念认为教学就是传授知识。然而杜威认为学生从教师口中被动听来的知识不是真正的知识，这种教学方法只会抑制儿童的活力和阻碍儿童创造才能的发展。杜威提出教学要充分利用儿童的游戏本能，诱导儿童全身心地参加活动，让他们以活动为媒介间接学到知识。杜威的实用主义教育思想充满了现代精神，不仅塑造了美国的现代教育，而且影响了全世界。

二、重建与扩展（20世纪40—70年代）

第二次世界大战结束后，许多国家都面临医治战争创伤，恢复由于战争而中断的经济与社会的正常秩序的艰巨任务。同时，新技术革命的兴起对教育发展提出了新的要求。因此，重建与扩展成为这一时期教育改革的主要内容。

(一) 出台国家教育改革的政策法规，推动教育的重建与扩展

重建与扩展时期是从1944年英国教育改革开始的。英国在二战即将结束时就着手对国家的未来发展做了主要的政策上的准备，教育改革便是其中之一。1944年英国公布了

以当时的教育署主席巴特勒（R. A. Butler）的名字命名的《巴特勒法案》。这一法案加强了国家对教育的领导，规定了以年龄、能力、性向为基础的学制改革。该法案成为二战后期英国教育改革总的指导方针和法律基础，也成为二战后各国开展教育改革，特别是以国家干预、颁布教育改革法与政策的形式进行教育改革的先例。

20 世纪 40 年代末 50 年代初，美国开始了二战后的第一次教育改革。其中心是教育体制各层次的发展，目的是满足青年人的迫切要求。美国教育总署公布了全国教育协会教育政策委员会的题为《为了全体美国青年的教育》的报告。该报告体现了教育的革新主义精神，摒弃了作为大学预备的课程，提出了以“教育为了调节生活”为中等教育的主要内容。为应对新技术革命的挑战，美国于 1959 年颁布了《国防教育法》，实行了二战后的第二次教育改革。1974 年，在教育总署署长马兰的倡导下，美国出现了以“生计教育”为内容的教育改革。1976 年，美国又开始了名为“恢复基础运动”的中小学新一轮教育改革。

1947 年，法国公布了《郎之万-华伦教育改革方案》，规定所有儿童都能依年龄顺序接受各级各类学校教育，而且各级公立学校都在免费的前提下，组建新的学校结构与组织系统。1959 年，颁布了《教育改革法令》，重点进行教育结构方面的改革，将义务教育延长至 16 岁。1968 年，颁布《高等教育立法指导法案》，规定“大学是享有教学、行政和财政自治的国家机构”，要求对法国高等教育进行改革。1975 年，颁布《法国学校体制现代化建议》，着重对法国中小学体制、课程设置、教学内容、方法和手段进行现代化改革。

日本也于 1945 年在美国教育使节团的建议下进行了历史上第二次教育改革，其目的是清除军国主义教育，建设和平民主的文化国家，实现民主、自由和平等，谋求培养具有高尚人格、充满民主精神、身心健康的国民。1947 年，日本颁布了《教育基本法》和《学校教育法》，废除了双轨的学校教育制度，确立了单轨的教育体系，并规定小学六年与初中三年为义务教育阶段。1958 年日本提出《充实基础学力，提高科学技术教育》的教学改革方案，修订了中小学教学大纲，并使教学计划和教学大纲具有法定的约束力，全国统一执行。

（二）层出不穷的新教育理论

二战后，各国对教育问题的探索不断深入，教育思想领域日益繁荣，新教育理论层出不穷，推动了各国的教育改革。

法国哲学家、教育家马利坦（J. Maritain）于 1955 年发表论文《托马斯主义教育观》，1959 年出版专著《关于一门教育哲学》，1969 年出版讲演集《人的教育：马利坦的教育哲学》，强调要以人自身的价值为教育的主要目的，重视学习者的主体作用，提出教育是自我教育与修身教育的过程，主张以普通文化知识提高全面素质，强调高等教育的统一性。这些思想对这一时期乃至以后的法国教育改革与发展都产生了深刻的影响。

1959年，美国心理学家、教育家布鲁纳提出了结构主义教育理论，主张教学的重点在于发展学生的认知能力即智力，应传授学科的基本结构，即学科的基本概念、原理和原则。他所倡导的发现法曾在20世纪50年代末至70年代风靡全球。同期，心理学家、教育家布鲁姆的掌握学习理论，斯金纳的程序教学理论等对美国中小学教育实践影响极大。此外，著名教育家科南特（J. B. Conant）关于中等教育和师范教育的论述对这一时期美国的教育改革也有着重要影响。

日本著名的教育家小原国芳的全人教育理论有了新的发展。他主张使学生得到全人教育，倡导尊重个性的教育，自学自律、高效率的教育，立足于学生的教育，温暖的师生关系，劳作教育，国际教育等，坚决反对“偏重智育”“考试地狱”“学历社会”等损害年青一代健康成长的社会教育政策。他的思想深深影响了这一时期以及以后的历次日本教育改革。

苏联教育家赞可夫组织领导的“教育与发展问题实验室”在1957—1977年进行了规模空前的教育实验，这一实验被美国称为一场“静悄悄的革命”。赞可夫提出了著名的发展性教育理论，强调学生的一般发展，主张教学要走在儿童发展的前头，促进儿童的发展。这一理论对中小学教育实践产生了广泛影响。另一位苏联著名教育家苏霍姆林斯基也在这一时期提出了全面和谐发展的教育思想，认为学校教育的理想是使学生达到个性的全面和谐发展，为此必须使德、智、体、美、劳诸育协调一致。他的思想对苏联教育改革与发展有着持久的影响。

三、挑战与创新（20世纪80年代以来）

20世纪80年代以来，世界教育改革进入了一个新时期。各国对当代教育问题进行了再思考，力求通过改革，开辟教育新时代，促进经济与社会的发展。

（一）对教育改革普遍高度重视

20世纪80年代以来，各国普遍意识到要想在当今世界日趋激烈的国际竞争中立于不败之地，就必须依靠教育来提高人才素质，进而提高本国的综合国力。所以，各国均把提高教育质量，进行教育改革当作紧迫的任务。

美国于1983年4月由高质量教育委员会提交的《国家处在危险之中：教育改革势在必行》的报告中指出，“我国一度在商业、工业、科学和技术上的创造发明无异议地处于领先地位，现在正在被世界各国竞争者赶上”，教育问题“关系到美国的繁荣、安全和文明……我国社会的教育基础目前受到日益增长的庸庸碌碌的潮流的腐蚀，它威胁着整个国家和人民的未来。上一代还难以想象的情况开始出现了——其他国家正在赶超我们教育上的成就”①。自该报告发表以来，教育改革已被美国各届政府列为国家优先重视的目标。

① 吕达，周满生．当代外国教育改革著名文献·美国卷：第1册．北京：人民教育出版社，2004：1.

如1991年布什总统颁布的《美国2000年教育战略》、1994年克林顿总统颁布的《2000年目标：美国教育法》及2002年小布什总统颁布的《不让一个孩子落后》等教育改革法案，均突出了教育的战略地位，确立了不同时期的教育发展目标。2006年1月，小布什总统又发布《美国竞争力计划》，指出保证美国持续领先于世界的根本是基础研究、创新和改革，提出要更加关注教育发展和人才培养。

英国政府于1985年发表的题为《把学校办得更好》的白皮书指出，英国普通教育的质量十分令人担忧，“现在我国的学生取得的平均成绩，既没有达到应当达到的标准，也不能适应面对21世纪世界的需要”①。英国政府同年提交议会的《20世纪90年代英国高等教育的发展》绿皮书也提出：“与其他国家的成就相比，英国的经济形势自1945年以来，一直令人失望。但政府相信，使高等教育对更有效地改善国民经济做出贡献是至关重要的。”② 1988年，英国颁布了战后最为重要的教育立法——《1988年教育改革法》，重点也在于推进全面的教育改革。1998年英国发表了《我们竞争的未来：建设知识经济》，强调了教育在知识经济中的重要作用。2004年7月，英国公布了影响很大的《为儿童和学习者的五年战略》，决意彻底改革英国的教育体系，从而加强教育所培养出来的各级各类劳动者的基础素质，为经济发展注入强劲的活力。

随着社会和科学技术的发展，日本政府和民间对教育的认识也越来越深刻，对教育改革的要求也越来越高。1987年8月，日本临时教育审议会最终报告指出：“这次教育改革成功与否，将关系到21世纪日本的命运问题。”③ 自第一次报告发表后不久，日本政府便设置了由全体内阁成员组成的推进教育改革内阁成员会议，从而形成了整个政府都抓教育改革的体制。1990年，教育白皮书《建立新的高等教育体系，向21世纪迈进的教育方针》为21世纪日本教育发展确定了重点和方向。2006年12月，日本修改了《教育基本法》，确立了新世纪教育发展的重要理念和主要价值目标。2008年7月，日本内阁会议通过了《教育振兴基本计划》，展望了今后十年日本教育发展的目标远景——培养所有孩子具备自立并生存于社会之基础的义务教育以及培养能够支撑和带动社会发展并能够引领国际社会之人才的高等教育，阐述了今后五年教育振兴的基本思路、基本方向及具体措施。

发展中国家也非常重视教育战略。它们深刻意识到要摆脱贫困，赶超工业化国家，唯一的捷径就是发展教育和科技。如印度把教育改革看作社会发展的重要推动力。1985年1月，时任印度总理的拉・甘地向全国发表广播讲话，宣布要在印度全国发起一场全面的教育改革。同年8月，联邦政府教育部长帕特向拉・甘地提交了一份报告书，名为《教育的挑战：政策透视》。这份报告对印度教育现状做了概括分析并指出了教育的未来发展方向，

---

① 吕达，周满生．当代外国教育改革著名文献・英国卷：第1册．北京：人民教育出版社，2004：4.
② 同①25-26.
③ 吕达，周满生．当代外国教育改革著名文献・日本、澳大利亚卷．北京：人民教育出版社，2004：72.

一经公布，就在印度全国引起了强烈反响。正是在全国广泛讨论的基础上，印度政府又于1986年公布了经议会通过的《国家教育政策》以及实施政策的具体细则，由此拉开了新时期印度教育改革的序幕。作为今后印度教育发展和改革的指导性文件，《国家教育政策》提出了许多改革建议，而追求教育优质和教育机会均等是它的主导思想，也是20世纪80年代以来印度教育改革所要努力实现的最主要目标。1992年，印度颁布了旨在贯彻《国家教育政策》的《行动计划》，再次强调教育改革的重要性。

（二）教育目标的调整

20世纪以来，科学技术的迅猛发展带来了社会的空前繁荣，人们对科学技术的推崇达到了极致，这对教育产生了深刻影响。20世纪50年代后期，科学至上主义路线支配了学校教育。到20世纪60年代，现代科技的迅猛发展带来了一系列社会问题和危机，如环境的恶化、人在生理和心理上的失调等。这使人们对“科学能解决一切问题”产生了怀疑。人们开始日益关注人自身存在的价值、人的精神需要和人性的完善，并对教育进行了反思，最终认识到教育只有一个目的，那就是培养人。“把一个人在体力、智力、情绪、伦理各方面的因素综合起来，使他成为一个完善的人，这就是对教育基本目的的一个广义的界说。”①

根据对教育目的的这一基本认识，20世纪70年代初以来，国际社会对教育目标进行了不断调整。

1972年，联合国教科文组织国际教育发展委员会发布了《学会生存：教育世界的今天和明天》的报告。报告针对科学技术发展的正负面影响，提出教育的目的在于使人“学会生存”，即通过受教育权的民主化实施终身教育，以使每个人有机会去终身学习如何建立一个不断演进的知识体系以获得生存技能，从而使人日臻完善。

1989年11月，联合国教科文组织在中国召开了“面向21世纪教育国际研讨会”，大会通过了《学会关心：21世纪的教育——圆桌会议报告》，认为通向未来的道路是人走出来的。在走出这条道路的过程中，人们要具备三本教育护照。一是学术性护照，即强调读、写、算能力，强调人要获得能使自己在社会上有意义、满足自我发展的知识。二是职业性护照，这是在一个技术快速变化的世界上进行劳动所需要的。三是事业心和开拓技能护照，即培养人的思维、规划、合作、交流、组织、解决问题、跟踪和评估的能力。要把第三本教育护照提高到目前学术性护照和职业性护照所享有的地位。

1996年，国际21世纪教育委员会向联合国教科文组织提交了报告《教育：财富蕴藏其中》（《德洛尔报告》）。报告从全球范围对科学技术的发展进行了客观、全面的审视，提出了教育的新使命，主张教育应围绕四种基本学习加以安排，这四种学习将是每个人一

---

① 联合国教科文组织国际教育发展委员会．学会生存：教育世界的今天和明天．北京：教育科学出版社，1996：195.

生中的知识支柱：(1) 学会认知，实际上就是指学会学习。(2) 学会做事，更多地与职业培训相联系。即要求教会学生如何实践所学的知识，或者在不能完全预计到未来工作变化的情况下，如何使教育与未来的工作相适应。(3) 学会共同生活，是指在多元的社会形态下，学会如何与人沟通、相处。(4) 学会生存，是在学会学习、学会做事、学会共同生活的基础上提出的，它旨在培养人的人格，使其能以不断增强的自主性、判断力和个人责任感来行动。

2001 年 9 月，联合国教科文组织第 46 届国际教育大会在日内瓦召开，会议指出，为了应对全球化的挑战，解决人类所共同面临的严峻问题，以确保一个更安全、更健康、更繁荣的世界，人们需要在尊重文化差异的基础上寻求普遍共识，共同承担起对全球共同体 (global community) 的责任。所以，学会共存应成为新时期教育的最高目标，即要促进各级教育中的和平文化与跨文化理解，教会儿童和平融洽地共处，并相互尊重独立性与文化差异。可以说，这次会议所提出的“学会共存”的口号进一步突出了教育四大支柱中的“学会共同生活”，这正是反映时代特征的教育目的。

2016 年，联合国教科文组织发布了第三份重要的教育报告《反思教育：向“全球共同核心利益”的理念转变》，重申 1996 年《德洛尔报告》提出的教育四大支柱。这四大学习支柱对于综合教育方法依然具有现实意义，但可以根据时代的变化，对支柱本身做出新的解释。报告重申联合国教科文组织一贯倡导的人文主义教育观，指出“维护和增强个人在其他人和自然面前的尊严、能力和福祉，应是二十一世纪教育的根本宗旨”①。

(三) 终身教育的发展

终身教育的思想自 20 世纪 60 年代提出以来，逐渐得到各国的认可，日益深入人心。

法国是世界上首先提出“终身教育”术语，并第一个为继续教育立法的国家。1956 年，法国颁布《关于延长义务教育年限和公共教育改革的法案》，该法案首次提出了“终身教育”一词，并对终身教育的具体目标和方法等做了明确的解说。1984 年颁布的《高等教育法》赋予公共高等教育事业基础教育和继续教育的双重使命。1989 年公布的《关于教育指导法的附加报告草案》中又明确提出“介入终身教育是学校、大学及其工作人员的一项使命”②。随后的 1991 年，法国就在大学附设了职业训练中心，使 40 多万成人得以到这里学习。

英国虽然较少使用“终身教育”一词，但以成人为主要对象的继续教育却一直比较发达。《1988 年教育改革法》对继续教育的职责和定义重新做了明确的规定，指出：每个地方教育当局有为本地区提供继续教育设施的义务；继续教育涉及职业的、社会的、体力的、娱乐的训练和活动，对象是 16 岁以上的成年人；其组织形式既有正规的，也有非正

---

① 联合国教科文组织. 反思教育：向“全球共同核心利益”的理念转变. 北京：教育科学出版社，2017：30.

② 吕达，周满生. 当代外国教育改革著名文献·德国、法国卷. 北京：人民教育出版社，2004：339.

规的，既有全日制的，也有部分时间制的。在 1998 年发表的《学习时代：为了新不列颠的复兴》绿皮书中，强调了终身学习的重要性，提出要增加终身学习的机会，并对创办工业大学在内的终身教育的途径做了具体的阐述。

日本临时教育审议会的 4 次审议报告都提出要向“终身教育体系过渡”，并将此作为今后教育改革的基本方向和重大目标之一。日本政府于 1988 年底提出的教育白皮书就是以“我国的文教政策——终身学习的新发展”为题的。该白皮书提出要放弃以学校为中心的做法，面向人们提供多种多样的学习机会。也就是说，在学校教育的基础上，每个人可根据自己的岗位和责任，自由地选择贯穿其终身的多样化的学习机会。为此，白皮书详细地阐述了向终身学习体系过渡的背景、目的和具体的政策措施。1990 年日本国会通过了《终身学习振兴法》，从法律上保证了终身学习的实施。之后在日本国内兴起了终身学习的热潮。

除了发达国家之外，发展中国家的政府也同样注意通过立法或行政手段实施终身教育。自 20 世纪 70 年代以来，拉美许多国家在制定教育计划的过程中，已将终身教育作为一种主导思想并努力开始实施。巴西、智利、哥伦比亚、墨西哥、秘鲁等国已颁布了终身教育法和终身教育计划，将成人教育纳入终身教育的体系中去，并将终身教育的理论作为成人教育的理论和实践基础，不仅注重成人教育在数量上的发展，而且要求在质量上有所突破。近年来，亚洲的许多发展中国家也在实践着终身教育的理念，注重发展非正规教育。印度尼西亚在 2003 年颁布的国家教育制度法令中，将正规教育、非正规教育列在同一系统之中，使非正规教育与正规教育正式、合法地具有了同等地位，获得了同等的发展权。老挝目前实行的《教育法》规定，非正规教育是一种不论学习对象、学习时间、学习场所的教育形式，与正规教育具有相同的层次。菲律宾在 2001 年颁布的《基本教育法》中承认替代性学习系统，将其作为与正规教育平行的、为教育系统的边缘人群提供学习干预的另一学习系统。乌兹别克斯坦通过了新的教育法和国家人才培训计划，其最重要的创新之一就是引入由继续教育、正规教育、非正规教育和非正式教育构成的终身教育体制。

（四）中小学教育改革成为重点

中小学教育是基础教育，关系到整个民族文化素质的提高。要从根本上解决教育问题，从战略角度考虑，教育的整体改革就不能不从中小学抓起。因此，各国均把中小学教育改革作为当代教育改革的重点。

美国 1985 年公布了以提高中小学教育质量为目的的并包括教育改革基本方向的白皮书。1990 年，时任美国总统布什和美国州长协会提出了美国 2000 年要实现的六大目标，其中五大教育目标都与中小学教育有关。2002 年小布什总统签署的《不让一个孩子落后》被普遍认为是继 1965 年基础教育法颁布以来的最重要的一部基础教育法律。美国联邦教育部在《2007—2012 年教育战略规划》中提出了未来一个时期美国教育的三个重要目标，其中两个均与中小学教育有关：一是在初等教育阶段，提高学生学业成绩，奖励高水平教师，改善不合格学校，争取到2014年使所有学生阅读和数学技能都能达到年级合格水平；二是鼓励在初中和高中阶段开设更多高水平课程，并提高学术水准。

20世纪80年代以来，英国试图通过抓基础教育，在21世纪重振所谓大英帝国的雄风。在此思想指导下，中小学教育改革成了英国最活跃的领域。2007年1月，一个由英国政府委托的专家组发布了改革英国基础教育的重要报告——《2020愿景：2020年教与学评议组的报告》，为英国中小学未来15年的发展勾勒了一幅清晰的蓝图，并提供了教育改革的战略路线和实践步骤，目的是使学校教育更好地满足儿童和年轻人的需要，使他们将来的成功不受其家庭出身、性别和种族的影响。2007年12月，英国又公布了一份针对0～18岁青少年事业与基础教育发展的十年规划——《儿童计划：创造更美好的未来》，旨在为英格兰地区儿童营造世界一流的教育与成长环境。

日本政府于1987年10月通过了《关于教育改革的具体方案：教育改革推进大纲》，明确地把推进普通教育改革作为自20世纪80年代兴起的第三次教育改革的重要的方针政策。2000年9月，日本教育改革国民会议提出了有关教育改革的17个提案的报告，其中将改革基础教育、培养人格丰富的日本人放在提案的首位。2001年3月，文部省制定《21世纪日本教育新生计划》，对基础教育发展进行了规划。2008年，日本公布了《教育振兴基本计划》，基础教育也是该计划中的一个重要内容。

许多发展中国家为了全面提高教育质量，增强国力，逐步追赶世界先进国家的教育水平，也十分重视中小学教育，竞相以中小学教育改革为突破口，来推动整个教育的改革。印度的第六个五年计划及第七个五年计划，都把初等教育作为教育发展的重点，提出通过正规学校教育和非正规学校教育的计划来扩大儿童的入学规模，并增加了初等教育的经费。2005年7月，印度发表《中央教育咨询委员会关于普及中等教育的报告》，这标志着印度政府正式把普及中等教育提到国家发展战略的议事日程上来。非洲国家也相继制定了发展基础教育的具体规划，并通过改革高等教育，减少用于高等院校方面的高额补贴等办法来为基础教育提供更多的经费。拉美国家中小学的平均入学率虽然已经高于亚非国家，但近年来也提出加速发展基础教育的具体规划，延长义务教育的年限。

在各国中小学教育改革中，课程改革又是最引人注目的部分。如日本先后于1989年、1998年、1999年修订颁布了从幼儿园到高中阶段的“学习指导要领”，对中小学教育课程进行了调整，以适应未来社会的需要。2008年1月，日本中央教育审议会又发表了题为《关于幼儿园、小学、初中、高中及特别支援学校学习指导要领的改善》的咨询报告，对新的课程框架、小学及初中和高中各科的主要内容进行了阐述。英国实施了《1988年教育改革法》，把义务教育阶段中小学的课程由学校自行规定改变为全国统一规定，以提高中小学的教学质量。法国于1985年做出了改革初等教育课程的决定，恢复分科教学，并规定全国小学均必须开设法语、数学、科学与技术、历史与地理、公民教育、艺术、体育七门独立的课程。美国 1989 年发布了一份文件，题为“2061 计划：为了全体美国人的科学”，这份报告详细论述了以课程改革为重点，全面改革美国初、中等教育体系的设想。在 1991 年颁布的《美国 2000 年教育战略》中则确定英语、数学、科学、地理、历史为五门核心课程。小布什总统在 2006 年发布的《美国竞争力计划》中，要求中小学生学习更多更大难度的数学和科学课程。印度先后颁布了《2000 年国家课程框架》和《2005 年国家课程框架》，不断对中小学课程进行改革，力图提高中小学教育质量，推进教育现代化进程。

（五）道德教育受到重视

世界正处在一个急剧变化的时代，中小学生道德危机是大多数国家所面临的最大危机之一。重视和加强青少年的道德教育成为 20 世纪末各国普遍关注的热点问题。

联合国教科文组织于 1989 年 11 月在中国召开了“面向 21 世纪教育国际研讨会”，认为“学会关心”是 21 世纪教育的发展主题，指出人类在迈向 21 世纪之际，需要调整教育目的以适应 21 世纪的需要，即必须恢复具有早期时代特征的关心价值观，倡导学会关心。只有人们学会关心，人类社会所面临的问题才可能被提出并解决。人们需要学会的关心有：关心自己（包括关心自己的健康），关心自己的家庭、朋友和同行，关心他人，关心社会和国家的利益，关心人权，关心其他物种，关心地球的生活条件，关心真理、知识和学习。

在美国，人们把缺乏道德认知的人称为“德盲”，并认为一个“德盲”远比一个文盲对社会更具负面效应。20 世纪 80 年代末，美国中学校长协会首次提出青少年“道德品质教育”（“品格教育”）活动，要求在公立学校加强青少年的品格教育。这一教育活动得到了美国政府的支持及教育界的积极响应。联邦政府自 1996 年起每年拨款 270 万美元，资助全美数十所中小学创立青少年品格教育的样板。美国教育部还专设“蓝带奖”，每年对在青少年品格教育方面做出杰出贡献的集体进行表彰奖励。各州政府也制定了相关法律法规，要求中小学试行道德品质教育课程。同时，各地还纷纷建立起了青少年品格教育研究机构和实验基地。

自 20 世纪 80 年代起，英国开始在中小学开设公民教育课程，以“促进年青一代精神与道德发展”。1990 年成立的国家课程委员会专门发布了题为《公民教育》的文件，阐述公民教育的目标与内容。1992 年的教育白皮书中指出：学校在道德教育方面必须不断地进行检查和更新，以促进儿童精神的、文化的、心理的和身体的发展，作为为他们成人生活做准备的一部分。1999 年，英国又发表了《英格兰国家课程复审意见》，提出中小学公民教育的教学任务主要包括：（1）发展学生的自尊心、自信心、独立性和责任感；（2）使学生发挥作为未来公民和社会成员的积极作用；（3）使学生养成健康的生活方式，保护自己与他人的健康；（4）使学生发展积极有效的合作态度，学会尊重人与人之间的差异性；

(5) 使学生养成探究与交流的能力，掌握有关民主社会、权利与义务、政府职能、法律制度等方面的知识。

在二战结束后的很长时间里，日本学校教育目标一直是按照“智、德、体”的次序，结果，日本在1951年和1964年出现了青少年犯罪高峰，尤其是20世纪80年代以来，日本青少年道德水平普遍下降，犯罪率日增。因此日本下决心把培养目标的次序改为“德、智、体”。日本文部省也承认，日本教育出现荒废现象的原因是“战后教育忽视了德育”。日本1998年颁布的学习指导要领指出，学校道德教育的目标是：培养学生的基本道德素质，使他们基于《教育基本法》和《学校教育法》的核心理念，将尊重人的精神和对生命的敬畏之观念广泛实践于家庭、学校及其他社会生活中，创造独特的新文化，为建设民主的社会和国家、建设和平的国际社会做贡献，从而成为有主体性的日本人。

新加坡自建国后就非常重视道德教育。1993年2月修订的《新加坡教育法》指出：“教育的宗旨是充分发挥每一个学生的潜力，培养每一个学生的健康的道德价值观，使学生具备雄厚的基本技能基础以适应飞速发展的世界的需求。”① 新加坡在《公民与道德教育课程纲要》中规定，中小学实施公民道德教育的目标是，培养身心健康的个人，使他具有强烈的道德意识、良好的人际关系，同时能对社会做出贡献。新加坡据此开发了七个目标：培养坚强的个性，发挥个人潜能，培育和谐的人际关系，珍视家庭生活，发展社会协作精神，尊重文化和宗教，形成建设祖国的责任感。

第三节　当代教育发展的走向

进入21世纪后，国际社会面临着新的挑战，世界教育改革日益广泛和深入，一场全球性的教育改革浪潮波及世界各国，世界教育改革正走向全民化、信息化、国际化。

一、教育的全民化

教育的全民化是世界教育改革与发展的重要趋势之一，它的主要内容就是提倡全民教育，主张教育向所有人开放，人人都有受教育的权利，且必须受过一定程度的教育。

1990年3月，在泰国宗迪恩，由联合国教科文组织、联合国儿童基金会、联合国开发计划署和世界银行共同发起召开了“世界全民教育大会”。大会讨论通过了《世界全民教育宣言：满足基本学习需要》（简称《宣言》）和《满足基本学习需要的行动纲领》，提出了全民教育的目标，代表世界各国和国际教育界做出了一项范围最为广泛的承诺。《宣言》

① 冯生尧．亚洲“四小龙”课程实践研究．福州：福建教育出版社，1998：223-224.

还呼吁，满足基本学习需要已成为一种人类共同的责任，为了实现全民教育的目标，世界各国必须加强团结，共同合作，创设一个有助于满足基本学习需要的稳定、和平的环境。

专栏 10－1　全民教育的目标

最终目标：满足全体儿童、青年和成人的基本学习需要。

(1) 每一个人——儿童、青年和成人——都应能获得旨在满足其基本学习需要的受教育机会。基本学习需要包括基本的学习手段（如读、写、口头表达、演算和问题解决）和基本的学习内容（如知识、技能、价值观念和态度）。这些内容和手段是人们为能生存下去、充分发展自己的能力、有尊严地生活和工作、充分参与发展、改善自己的生活质量、做出有见识的决策并能继续学习所需要的。基本学习需要的范围及满足的方法因各个国家和各种文化的不同而不同，而且不可避免地会随着时代的变化而变化。

(2) 满足基本学习需要可以使任何社会中的任何个人有能力并有责任去尊重和依赖他们共同的文化的、语言的和精神的遗产，促进他人的教育，推动社会正义事业，保护环境，宽容与自己不同的社会、政治和宗教制度，从而确保坚持为人们所普遍接受的人道主义价值观念和人权，并为这个互相依存的世界建立国际和平与团结而努力。

(3) 教育发展的另一个但更基本的目的就是传递并丰富共同的文化和道德价值观念。正是从这些价值观念中，个人和社会发现了自己的特性和价值。

(4) 基础教育本身不仅仅是目的。它是终身学习和人类发展的基础，而各国可以在这一基础上系统地建立其他层次和其他类型的教育和培训。

资料来源：赵中建．教育的使命：面向二十一世纪的教育宣言和行动纲领．北京：教育科学出版社，1996：15-16.

2000 年 4 月，联合国教科文组织、联合国开发计划署、联合国儿童基金会、联合国人口基金会和世界银行在塞内加尔首都达喀尔联合召开了世界全民教育论坛，对世界全民教育的十年进行了全方位的评估。参加论坛者达 1 000 多人，来自 182 个国家、赞助机构、非政府组织及其他机构和团体。大会通过了以“全民教育：履行我们集体的承诺”为主题的《达喀尔行动纲领》，重新调整了世界全民教育战略并确立了在 2015 年或之前实现全民教育目标。

专栏 10－2　2001—2015 年的全民教育目标

(1) 全面扩展和改进早期儿童护理与教育，要特别关注那些处境最为不利的儿童。

(2) 保证到 2015 年时，所有儿童（特别是女童）、处境困难的儿童及少数民族儿童都能上学，并保证其完成高质量的初等免费义务教育。

（3）通过平等地接受适当教育与生活技能课程的学习，保证所有年轻人和成人的学习需要得到满足。

（4）到 2015 年时，使各级成人扫盲率达到 50%，特别是对成年妇女扫盲，并使她们完成基础教育学业；保证所有成人都能参与继续教育。

（5）到 2005 年，在中小学消灭性别差异；到 2015 年，在教育中实现性别平等，其重点是保障女童完全而平等地接受并完成高质量的基础教育。

（6）全面提高教育质量并保证所有人取得好成绩，以便所有人都能达到可以接受并可检测的学习成效，特别是在阅读、计算和主要生活技能方面。

资料来源：戴荣光．世界全民教育规划指南．世界教育信息，2002（7）．

这六个目标是 1990 年宗迪恩会议提出的目标的重申和延续，较为切实可行，内容更强调质量。

全民教育自 1990 年由“世界全民教育大会”提出后，受到了国际社会的重视。此后的历次国际教育会议和其他国际与地区范围的会议，如 1990 年的“世界儿童问题首脑会议”、1992 年的“联合国环境与发展大会”、1993 年的“九个人口大国全民教育部长级会议”、1994 年的“世界特殊需要教育大会”、1995 年的“联合国第四次世界妇女大会”等都在其宣言和行动纲领中重申了实现全民教育目标的承诺。另外，联合国系统的机构、政府间组织、非政府组织、多边和双边资助机构等国际机构也开始调整教育资助政策，把重点放在了实现全民教育目标上。许多发展中国家在一些全民教育项目上得到了国际社会的援助。

尽管自 20 世纪 90 年代以来，在国际组织和世界各国的努力下，全民基础教育取得了显著进展，但全民教育还没有达到所期望的水平，国际社会仍然面临着严峻的挑战，因此，必须继续为全民教育目标的实现而努力，否则全民教育将成为 21 世纪的一个空想目标。

二、教育的信息化

教育的信息化是现代教育最显著的特征之一，也是世界教育改革的一个重要趋势。为了应对现代信息技术的挑战，一场教育信息化改革运动已随着信息社会的出现而兴起。

20 世纪 70 年代初，联合国教科文组织就在大力倡导教育信息化。1972 年，联合国教科文组织国际教育发展委员会发布的报告《学会生存：教育世界的今天和明天》指出，现代科学技术革命是“第一次真正具有普遍意义的革命”，它使人们在任何距离之间都可以直接传递信息，已经极大地改变了传统的教育体系。在这一情况下，首要问题是建立一个满足广大人民群众需要的教育体系，科学技术应该成为为儿童、青年和成人设计的一切教育活动的组成部分。1996 年，国际 21 世纪教育委员会在向联合国教科文组织提交的报告《教育：财富蕴藏其中》里再次强调“今日的社会多多少少都成了信息社会”①，在教育系统中采用新的信息和传播技术“是个财政、社会和政治选择的问题，应该成为各国政府和各国际组织关心的重点”②。

教育信息化率先启动于欧美发达国家。美国在开展教育信息化方面始终走在世界前列。自 1946 年第一台电子计算机问世后，信息技术就被应用于教育领域，并在教学上发挥了很大作用。20 世纪 60 年代，美国开始进行计算机辅助教学。20 世纪 80 年代中期之后，随着微型计算机的进一步普及，更多的计算机进入了美国校园。1993 年克林顿政府正式提出国家“信息高速公路”（Information Superhighway）计划，其核心是推进信息技术在社会各领域的广泛应用，特别是把信息技术在教育中的应用作为实施 21 世纪教育改革的重要途径。美国的这一举动引起世界各国的积极反应，许多国家相继制定了推进本国教育信息化的计划。

日本也是积极推进教育信息化的国家。日本临时教育审议会在 20 世纪 80 年代发表的关于教育改革的四次审议报告中指出，教育信息化是日本教育改革的重点之一，必须实施符合信息化社会要求的教育：一要最大限度地发挥各种现代化信息手段的潜力，并注意形成新的信息伦理、信息道德，提高信息价值观。二要适应多样的学习要求，提高学习自觉性与创造性，积极运用信息技术，创造新的学习体系——“信息化社会型体系”。三要在初等教育、中等教育和社会教育中运用信息手段，培养信息运用能力；在高等教育和学术研究中运用信息手段来培养人才。以强大的技术实力为后盾，进入 90 年代以后，日本的教育信息化进程发展更为迅速。

由于起步早，美国已于 2000 年基本完成了中小学信息技术的基础设施建设。据统计，截至 2000 年秋，美国公立学校的入网率已经达到 98%，每一教室计算机与网络的联通率为 77%，平均约 5 名学生拥有一台计算机，7 名学生拥有一台上网计算机③。欧盟国家、日本等也在 2003 年前后完成了中小学信息基础设施的建设。据 2003 年统计，英国小学生平均 7.9 人拥有一台计算机，初中学生平均 5.4 人拥有一台计算机④。日本学校互联网连接的比例为：小学 99.4%，初中 99.8%，高中 99.9%；每台用于教育的计算机对应的学生数为：小学 12.6，初中 8.4，高中 7.4⑤。

中国教育信息化进程的起步较晚，但发展迅速。1985 年颁布的《中共中央关于教育

① 联合国教科文组织国际 21 世纪教育委员会．教育：财富蕴藏其中．北京：教育科学出版社，1996：167.
② 同①171.
③ 洪明．欧美国家教育信息化的现状与趋势．比较教育研究，2002（7）.
④ 孟庆军，董玉琦．英国基础教育信息化现状及推进策略探微．中国教育信息化，2007（4）.
⑤ 王保中，黄松爱．日本基础教育信息化：当前的举措与成果．外国教育研究，2006（5）.

体制改革的决定》中提出，“特别是在新技术革命条件下，一系列新的科学技术成果的产生，新的科学技术领域的开辟，以及新的信息传递手段和认识工具的出现，对教育产生了重大影响，发达国家在这方面的经验尤其值得注意”。教育信息化在这时初露端倪。此后，1993 年颁布的《中国教育改革和发展纲要》及 1995 年颁布的《教育法》等文件法规再次强调了对现代化教学手段的推广运用。2001 年颁布的《中华人民共和国国民经济和社会发展第十个五年计划纲要》中明确提出了教育信息化的要求，指出：“大力发展现代远程教育，提高教育现代化、信息化水平。”2010 年，《国家中长期教育改革和发展规划纲要（2010—2020 年）》颁布，提出“加快教育信息化进程”，把教育信息化纳入国家信息化发展整体战略，超前部署教育信息网络；到 2020 年，基本建成覆盖城乡各级各类学校的教育信息化体系，促进教育内容、教学手段和方法现代化。随后，《教育信息化十年发展规划（2011—2020 年）》出台。2016 年，教育部印发了《教育信息化“十三五”规划》，总结了“十二五”以来，特别是《教育信息化十年发展规划（2011—2020 年）》发布和首次全国教育信息化工作会议召开以来，教育信息化工作取得的突破性进展：学校网络教学环境大幅改善，全国中小学校互联网接入率已达 87%，多媒体教室普及率达 80%；优质数字教育资源日益丰富，信息化教学日渐普及；全国 6 000 万名师生已通过“网络学习空间”探索网络条件下的新型教学、学习与教研模式；教育资源公共服务平台服务水平日渐提高，资源服务体系已见雏形；教育管理公共服务平台基本建成覆盖全国学生、教职工、中小学校舍等信息的基础数据库，并在应用中取得显著成效。“十三五”期间，到 2020 年，基本建成“人人皆学、处处能学、时时可学”、与国家教育现代化发展目标相适应的教育信息化体系；基本实现教育信息化对学生全面发展的促进作用、对深化教育领域综合改革的支撑作用和对教育创新发展、均衡发展、优质发展的提升作用；基本形成具有国际先进水平、信息技术与教育融合创新发展的中国特色教育信息化发展路子。

教育信息化的主要表现形式是：（1）把现代信息技术运用于教育领域。如运用计算机互联网技术建立网络学校、虚拟大学、现代远距离教育网络，运用多媒体技术开展教学，制作教学软件等。（2）在中小学普及现代信息技术教育。信息技术对人们的生活产生了重大影响，个人获取信息和处理信息的能力对于自己进入职业界和融入社会及文化环境都将是个决定性的因素。因此，各国积极采取措施，在中小学普及现代信息技术教育，培养所有学生驾驭和掌握信息技术的能力，以使他们更好地适应信息社会。（3）对教师进行现代信息技术培训。现代信息技术的发展大大改变了教师的作用，教师已由某种知识的唯一拥有者转变成了集体知识的合作伙伴。教师必须站在变革的前沿，掌握现代信息技术，树立新的教育观念。因此，对教师进行培训，使他们掌握现代信息技术是必不可少的。各国都非常重视对教师进行现代信息技术培训，以应对信息社会的挑战。

随着现代信息技术的发展，教育信息化进程将不断深入。然而，现代信息技术的发展也不可避免地带来了新的教育问题，如青少年容易沉迷于网络而自我封闭，不易融入社会生活；网络所传递的不健康内容损害了学生的身心健康；昂贵的硬件设施将导致发达国家和发展中国家教育差距进一步拉大；等等。这些都是我们在推进教育信息化过程中所不容忽视的问题。今后的教育改革在面临更多机遇的同时，也面临着更严峻的挑战。

三、教育的国际化

教育的国际化是现代教育最显著的特征之一，也是全球教育发展的基本趋势。它必将持久地影响21世纪世界教育的变革走向，影响各国教育改革和发展的战略选择。

美国是较早推行教育国际化的国家之一。第二次世界大战一结束，美国就颁布了《1946年富布赖特法案》，明确规定将美国出售军火物资所获外汇用于国际教育交流，以使美国人认识世界，使世界各国了解美国。此后，美国颁布了一系列法案，强调教育国际交流的重要性。如1958年的《国防教育法》、1966年的《国际教育法》、1994年的《2000年目标：美国教育法》都鼓励加强国际领域的教学和研究活动。

日本政府自1980年以来，就把教育改革的重点之一放在加快教育国际化的进程上。1984—1987年，日本临时教育审议会先后发表了四次审议报告，四次审议报告都强调教育国际化是日本教育改革的一项基本原则。如1987年的第四次审议报告中就明确指出："我国的教育必须以面向世界，培养能生存于国际社会的出色的日本国民、出色的人为目标，不断积累经验，反复探索与国际化相适应的教育模式。"同时，历次报告还指出教育国际化的对策包括完善外国留学生接纳体制，改革海外子女教育和归国子女教育，充实日语教育和外语教育，建立向国际开放的学校等。

中国在20世纪80年代提出了教育国际化的主张，1983年邓小平给北京景山学校的题词"教育要面向现代化，面向世界，面向未来"最具代表性。此后，1985年的《中共中央关于教育体制改革的决定》指出，教育必须"面向现代化、面向世界、面向未来，为九十年代以至下世纪初叶我国经济和社会发展，大规模地准备新的能够坚持社会主义方向的各级各类合格人才"。1993年中共中央、国务院印发的《中国教育改革和发展纲要》指出，"进一步扩大教育对外开放，加强国际教育交流与合作，大胆吸收和借鉴世界各国发展和管理教育的成功经验"。1995年公布的《教育法》中明确规定，国家鼓励开展教育对外交流与合作。这些政策文件、法规确立了我国教育面向国际的战略思想。

进入21世纪后，世界教育改革更为广泛和深入，各国都在继续推进教育国际化的进程。教育的国际化主要包含三个方面的内容：

第一，教育目标的国际化。教育目标的国际化即培养面向世界、面向国际的公民。不仅要培养学生的全球相互依赖的意识，以便增进国际间的理解，而且要培养学生将来在国际社会环境中生活、工作所需要的知识和技能。1948 年，联合国教科文组织就提出，当前教育的主要目的之一，是使儿童和青少年做好准备，能有意识地积极参与建设一个多元的、和平的、安全的及人人享有更完满生活这一共同目标的世界社会（world society）①。1996 年，联合国教科文组织大会进一步明确提出教育的最终目标是培养世界公民。

第二，教育内容的国际化。为了培养面向世界的公民，各国加快了对课程体系的改革，积极推进教育内容的国际化，这表现为：加强外语教育，许多国家把外语作为基础教育课，从小学阶段，甚至学前教育阶段就开始进行外语教育；加强国际理解教育，形成从全人类利益、全球观点出发考虑问题，理解国际社会，关心和宽容异国文化的品性和风貌。

第三，全球范围内国际教育交流与合作的扩大。现在，教育已经跨越民族文化和国家边界而日益联成一体，相互的交流和合作已成为一个国家教育健康发展所必不可少的条件。扩大国际教育交流与合作，不仅可以增进各国之间的相互理解，拓宽本国社会成员的文化视野，而且还可以学习别国的先进技术和经验，扩大本国教育资源，培养本国高层次人才。

专栏 10-3　　国际交流日益增多

自 20 世纪 70 年代以来，国际教育交流与合作领域中最活跃的是学生的交流。2006 年联合国教科文组织的统计资料表明，在高等教育层次上，从 1999 年到 2004 年，全世界留学生的人数从 175 万增加到了 250 万。接收外国留学生最多的国家多为发达国家，尤以美国为首，美国接纳留学生的份额为 23%，英国为 12%，德国为 11%，法国为 10%，澳大利亚为 7%，日本为 5%，仅这 6 个国家就接纳了世界留学生总数的 68%②。派遣留学生最多的国家则是中国，仅 2006 年度就达 13.38 万人。

过去，世界范围内留学生的流动主要是从发展中国家流向发达国家，而现在，随着国际交往的扩大，发展中国家加强了本国、本民族文化的传播，并推行吸引外国留学生的优惠的教育政策，因此发达国家去发展中国家留学的人也在逐年增多。1996 年到中国留学的人有 4.12 万人，2007 年有 19.55 万人，韩国、日本、美国、越南和泰国学生数量占来华留学人员的前五位③。

国际教育交流与合作的另一个重要方面是各国教育人员、教育专家的交流。1995 年，

① 全球教育发展的历史轨迹：国际教育大会 60 年建议书. 北京：教育科学出版社，1999：77.

② http://www.un.org/chinese/News/fullstorynews.asp? newsID=5759.

③ http://news.xinhuanet.com/newscenter/2008-03/13/content_7783626.htm.

欧盟推出一项跨国教育交流项目——“苏格拉底计划”，促进了教师、学生的出国交流。据统计，每年大约有12.7万名大学生和1万名大学教师参加了“苏格拉底计划”中的流动计划，大约有3万名中小学生参加了其中的语言旅居，大约有6 000名教师参加了其中的外语教师继续教育培训班①。2004—2005年，在美国高校从事科研与教学的国际访问学者达到8.96万人，其中中国大陆学者人数居第一，约1.7万人，其次是韩国、印度、日本、德国②。

国际教育交流与合作的第三个方面是开展跨国教育援助和合作项目。2007年4月，联合国儿童基金会和英国电信公司启动了一项全球合作项目，计划为南非、中国、巴西等发展中国家的农村儿童提供电脑和互联网设备，帮助他们缩小与发达地区学生之间的“数字鸿沟”，掌握未来发展的必要技能。欧洲各国在教育领域的合作不断深入。1998年，法国、德国、英国和意大利签署了《索邦宣言》，提出了建立“欧洲高等教育区”的设想。1999年，欧洲29个国家签署了《博洛尼亚宣言》，明确提出建立“欧洲高等教育区”的目标及具体措施，从而全面开启了欧洲教育一体化的进程。此后，欧盟于2001年签署的《布拉格公报》、2003年签署的《柏林公报》、2005年签署的《卑尔根公报》等，重申了2010年建立统一的“欧洲高等教育区”的重要性，并提出了推进欧洲高等教育一体化的具体改革措施。

在教育国际化的进程中，还必须考虑教育的民族性问题。发达国家的知识、技术、观念在教育的国际化进程中占据了主流地位，发展中国家在利用这些知识和观念来培养本国的新一代社会成员的同时，很容易导致本国成员对异国文化的亲近和对本民族文化的疏远，从而最终造成本国民族性的丧失，这将是一种无法估量的损失。尽管如此，教育国际化的历史潮流是不可逆转的，所以，教育的国际化必须与教育的民族性相结合。

第四节　当代教育思潮

20世纪后期以来，为了解决所共同面临的教育问题，世界各国在许多教育思想观念上达成了共识，树立了共同的教育理念，从而形成了一些影响较大的教育思潮。

一、终身教育思潮

终身教育（lifelong education）思潮是当今世界一种重要的国际性教育思潮，对世界

① 杨珊珊．欧盟教育合作机制及其启示．高教发展与评估，2005（11）．

② http://www.chuguo.cn/info/preview.aspx?id=51627.

各国的教育有着深远影响。“终身教育是正在使整个世界教育制度革命化的过程中的一种新概念”，“可以与哥白尼学说带来的革命相媲美的终身教育概念的发展，是教育史上最惊人的事件之一”[①]。

终身教育思潮产生于 20 世纪 60 年代，其标志是 1965 年法国教育家保罗·朗格朗（P. Lengrand）的《终身教育》报告书的发表。朗格朗在 1965 年于巴黎召开的联合国教科文组织成人教育会议上做了题为《终身教育》的学术报告，首次正式提出终身教育的概念，探讨了终身教育的体系。朗格朗主张调整教育过程，强调教育和训练的过程不应该随学校学习的结束而终结，而应该贯穿生命的全过程。朗格朗的这一思想引起了与会专家和有关组织的极大兴趣。此后，联合国教科文组织把终身教育作为教育领域活动的重要指导原则，组织了一系列的国际会议和地区会议，出版了大量的专著和文献，进行宣传推广。1972 年，联合国教科文组织国际教育发展委员会发布的《学会生存：教育世界的今天和明天》“建议把终身教育作为发达国家和发展中国家在今后若干年内制定教育政策的主导思想”[②]，从而在国际上确立了终身教育的原则，并使终身教育思想系统化。1996 年国际 21 世纪教育委员会向联合国教科文组织提交的报告《教育：财富蕴藏其中》是终身教育思潮发展到高峰的表现，标志着终身教育理论体系的最终形成，也标志着终身教育思潮开始向主流的教育指导思想发展和变化，使终身教育成为各种国际新教育思潮、理念等产生的重要前提和背景。同时，终身教育思想也为不同社会制度、不同发展水平的国家所接受。许多国家都以立法的形式明确了终身教育在教育改革中的重要指导地位，并结合本国的具体情况，以终身教育为指导，对教育结构、教育内容、教育方法、教育管理、教育研究、师资培训等一系列问题进行革新和实验。

终身教育思潮的主要观点可以概括为三个方面：

第一，终身教育是一种大教育观。终身教育的内涵非常丰富，它建立在民主化、普及化的教育理念的基础之上，具有整体性、综合性、开放性、多样性和生活化的特征。终身教育是持续的，它贯穿人的一生；终身教育包括各种形式的教育，它谋求正规教育与非正规教育、学校教育与社会教育等各种教育之间的联系和统一，把一切具有教育功能的机构都联结起来；终身教育面向全体人民，以全民为对象，向每个人提供学习和丰富知识的可能性；终身教育对人们授予多面性的教育，它既包括专业性的教育，也包括社会的、文化的、生活的等各方面的教育。总之，终身教育是改革现有教育机构的原则，其目标是组织一个提供终身学习的完善体系，提高人的素质和生活质量，促进社会的发展。

---

① 赫梅尔. 今日的教育为了明日的世界：为国际教育局写的研究报告. 北京：中国对外翻译出版公司，1983：22.

② 联合国教科文组织国际教育发展委员会. 学会生存：教育世界的今天和明天. 北京：教育科学出版社，1996：223.

第二，终身教育是现代社会发展的需要。现代社会所面临的一系列挑战向人们提出了新的教育问题和教育需求。在现代社会，将教育仅仅局限于人生某一阶段所接受的正规的学校教育是不适当的。教育必须是终身的。终身教育不仅可以满足人生各个阶段的需要，有利于个性的发展，而且弥补了学校教育的不足。通过终身教育，人可以在体力、智力、情感等方面做好准备，以便更好地应对新的挑战。

第三，终身教育是未来教育发展的战略。终身教育是当今各国教育改革的共同指导思想，教育的未来是与建立并实施终身教育制度联系在一起的。由于每一个国家的结构、传统以及条件各不相同，在历史不同发展阶段的重点也不相同，所以不可能为终身教育构建一个统一的、固定的模式，各个国家应该根据自己国家的具体情况来建立终身教育的模式。尽管如此，终身教育模式的建立必须遵循这样一个基本原则——使教育成为生活的工具，成为使人成功地履行其生活职责的工具。因此，要注重三个与终身教育有关的教育发展趋势，即面向成人的趋势、面向儿童的趋势和扫盲教育的趋势。

由于终身教育思想的合理性和时代性，终身教育思想对世界各国的教育改革产生了广泛的影响，它正在从一种教育思潮变为范围越来越广的社会实践。

二、全纳教育思潮

全纳教育（inclusive education）作为一种国际教育思潮，兴起于20世纪90年代，流行于20世纪末，并影响着21世纪的教育发展。

全纳教育是全民教育的深入发展。全民教育思想主张满足所有人基本的受教育需求，保证所有的人有平等的入学机会。然而，从许多发展中国家的教育发展来看，尽管大家有学可上，但问题仍然很多，尤其是留级和辍学这一痼疾。而且，仍有许多儿童（包括残疾儿童）被排斥在主流社会和主流学校之外。这充分说明，教育仅仅做到“全民”还不够，应进一步做到“全纳”，使所有的人都能参与到学校的学习和生活中去。基于此，国际教育界在20世纪90年代中期提出了全纳教育思想，并逐渐形成了一种在世界各国广为接受和实践的全纳教育思潮。

1994年6月，联合国教科文组织和西班牙政府在西班牙萨拉曼卡市联合召开了“世界特殊需要教育大会”。会议通过了《萨拉曼卡宣言：关于特殊需要教育的原则、政策与实践》和《特殊需要教育行动纲领》两份重要文件，强调了国际社会在1990年“世界全民教育大会”上做出的承诺，并首次提出了“全纳教育”和“全纳学校”这两个概念。全纳教育的中心思想是：每个儿童都有其特殊的个性、兴趣、能力和学习需求，学校应全面接纳所有类型的学生，不排斥任何人。学校不能只为一部分正常儿童服务，而将另一部分儿童拒之门外。一方面，普通学校应逐步成为“全纳学校”；另一方面，特殊教育学校应逐步减少，并加强同普通学校的联系。1995年召开的联合国教科文组织第28次大会要求所有成员国按照萨拉曼卡会议的建议，调整教育政策，通过教育主渠道满足特殊教育需要，向全纳教育迈进。进入 21 世纪以后，国际教育界对全纳教育的研究不断深入，有关全纳教育的著作、刊物日益增多。

全纳教育思想发端于特殊教育，但又超越了特殊教育。全纳教育是在将特殊儿童纳入普通学校的过程中发展起来的。以前，我们的教育将残疾儿童与普通儿童隔离开来，使残疾儿童只在专门为各类残疾人开办的特殊学校里学习，这种教育极不利于残疾儿童的个性和社会性的发展。因此，在全纳教育的发展过程中，特殊学校逐渐减少，特殊儿童大量地被纳入普通学校学习。随着研究的深入，人们对全纳教育有了新的认识。以托尼·布什为代表的英国全纳教育专家提出了对全纳教育的新观点，他们提倡“要加强学生的参与，减少学生被排斥”，主张促进学生参与就近学校的文化、课程、社区的活动。在 2000 年的世界教育论坛上，“障碍”和“参与”成为理解全纳教育的核心概念，全纳教育是“消除各种形式的学习障碍，促进所有容易被排斥和边缘化的学习者的参与”的过程，是“一个旨在便利所有儿童成功学习的策略”①。这一概念把全纳教育引入了更广、更深的领域。至此，全纳教育理念发生了根本性的转变，从探讨特殊教育领域的问题转到了解决普通教育的问题。

全纳教育的发展已经向普通教育提出了严峻的挑战，即全纳教育的思想已不再局限于特殊教育，而是要实施普通教育的改革。在我们的普通学校里，应做到真正关注每一个学生，促使所有人参与学校学习，不排斥任何学生，提供与他们个人的学习需求相适应的多样化的教育。因此，全纳教育要求普通教育进行根本性的改革，即在教育思想、教育体制、学校课程、教学方法等方面进行改革。全纳教育提出了改革普通教育的两大方针，即平等和多样化。教育平等主张取消特殊学校，在普通教育中尽可能地减少学生被排斥的情况；教育多样化要求我们的学校要根据学生不同的需求进行教学。

现在，全纳教育的思想已经为各国所接受。许多国家已遵照“世界特殊需要教育大会”上通过的《萨拉曼卡宣言：关于特殊需要教育的原则、政策与实践》的原则，开展了全纳教育的实践。例如，美国政府推出了《全纳教育法案》，要求全美 80％的残疾学生离开特殊教育学校进入常规课堂。此外，英国、澳大利亚、加拿大、西班牙等发达国家，也已在轰轰烈烈地开展全纳教育。南非、加纳、智利、秘鲁等发展中国家，也都在不同程度上实施了全纳教育，逐步将残疾儿童纳入普通学校之中，并在普通学校中要求教师掌握一些基础的特殊教育的技能等。

三、国际理解教育思潮

国际理解教育（education for international understanding）是第二次世界大战后联合

① BOOTH T. Inclusion in Education：The Participation of Disabled Learners. London：Routledge，2000：45.

国教科文组织为了促进世界和平与人类和谐发展而提出的一种教育理念。到了20世纪末，国际理解教育已成为一种重要的教育思想，不断促进着各国教育的改革与发展。

国际理解教育这一理念是随着1945年联合国教科文组织的成立而提出的。1946年，即联合国建立的第二年，基于对教育在争取和维护世界和平过程中重要作用的认识，“和平的缔造者们”在伦敦建立了联合国教科文组织，并在联合国教科文组织的首届全体大会上确立了国际理解教育的构想，提出“既然战争是起始于人的思想，所以必须在人们的思想中树立起保卫和平的信念”①。此后，联合国教科文组织发起的一系列项目奠定了国际理解教育的基础。1974年，联合国教科文组织第18次大会通过了《关于教育促进国际理解、合作与和平及教育与人权和基本自由相联系的建议》。该文件既是联合国教科文组织一贯倡导的和平与合作教育、国际理解教育精神的体现，同时又是在新的政治、经济和科技相互依赖的条件下对国际理解教育的深化和发展。该文件指出，国际理解教育理念不应停留在主权国家间的理解和合作上，必须认识到世界各国在人口、粮食、资源、环境、能源等问题上的相互依赖性，应加强学生的世界共同体意识教育。由此，超越国家框架、培养具备全球意识的“世界公民”成为各国国际理解教育的新议题。

1994年10月，联合国教科文组织在日内瓦召开第44届国际教育大会，对国际理解教育进行了总结和展望，为各国在新时期开展国际理解教育指明了方向。大会通过了《第44届国际教育大会宣言》及相应的《为和平、人权和民主的教育综合行动纲领》，指出在青少年中开展国际理解教育是为了使青少年在认同本民族文化的基础上，了解别国历史、文化、社会习俗的产生、发展和现状；学习与其他国家人们交往的技能、行为规范和建立人类共同的基本价值观；学习正确分析和预见别国政治、经济发展状况及其对本国发展的影响；正确认识和处理经济竞争与合作、生态环境、多元文化共存、和平与发展等方面的国际问题；培养善良、无私、公正、民主、聪颖、热爱和平、关心人类的共同发展的情操；担负起“全球公民”的责任和义务。出席大会的各国教育部长还希望各国开展更广泛的教科书交流，尤其是历史和地理教科书，并采取适当的措施修订教科书，以保证它们是正确的、平衡的、具有现实性的、没有偏见的，而且是可以增强不同民族之间的互相认识和理解的。1995年，联合国教科文组织扫盲教育十年有关国际会议在东京召开，“共存”（living together）一词首次作为大会通用语言得到使用。此后，“共存”成为国际理解教育的新热点。2001年9月召开的第46届国际教育大会再次强调了“学会共存”的重要性，要求促进各级教育中的和平文化与跨文化理解。

国际组织的推动及全球化趋势的加强为国际理解教育提供了广阔的发展前景。国际理解教育几乎包括与国际教育相关的所有重要问题，如人权教育、多元文化教育、教育与发

① 赵中建. 全球教育发展的研究热点：90年代来自联合国教科文组织的报告. 北京：教育科学出版社，1999：330.

展、人口教育、和平教育、国际问题研究等许多方面，引起了世界各国的极大关注。各国的国际理解教育研究也在蓬勃发展，研究领域包括国际理解教育的目的、内容、方法、理论基础、课程与教学、国别研究等各个方面。

国际理解教育的根本目的是促进人类的合作与和平，原则是促进不同社会文化背景的不同国家和人们之间的相互了解和尊重。国际理解教育的主要内容包括：首先，把公民意识教育融入学校课程，即在各年级课程教学中应含有建设和平的各种条件，不同形式的冲突和冲突的原因、后果，人权的伦理、宗教和哲学基础，人权的渊源、发展的方式以及人权如何被转变为国家准则和国际准则，民主的基础及各种体制模式，种族歧视问题以及反对性别歧视和所有其他形式的歧视与排斥的斗争历史等内容。其次，加强对不同民族文化及国际机构的理解，即拓宽学校教育内容，应特别注意文化、发展的问题和每一个民族的历史以及联合国等国际机构的作用。最后，特别加强外语教学。因为外语学习可以使公民获得准确的信息，清楚地了解他们生活于其中的环境，表达自己的需要，参加社会环境中的各项活动，并为更深入地理解其他文化提供工具，语言也是地区和国家之间加深理解的基础。

四、后现代教育思潮

20 世纪后半叶起，西方社会进入所谓的“后工业社会”，工业资本主义和商品生产逐渐被消费资本主义和信息生产替代。一方面，大众消费意识与消费文化使人日益商品化和物化；另一方面，随着信息时代和知识经济的来临，人类的主体性与个性得到了史无前例的彰显与张扬。后工业社会和信息时代也是大众文化的时代，昔日的等级制度、精英文化与现代观念都受到了前所未有的冲击与挑战。同时，人们正面临着一系列众多的社会问题与社会困境，科技伦理、人类自身的生存危机、个体自我价值等方面的问题更是层出不穷。

正是在对上述后工业社会文化危机的批判与思考中，作为一种哲学文化思潮的后现代主义得以诞生并迅速蔓延开来。20 世纪末，后现代主义浪潮已席卷全球，并成为深刻影响学术界的一支重要力量，其广泛的影响力在哲学、社会学、政治学、历史学、教育学、文化艺术、建筑和大众传媒等领域无所不在。后现代主义不是一种传统意义上的严密的思想体系，而是相当复杂和多元的，而且，它本身就拒斥简单化的还原论倾向。大体说来，后现代主义是一种对于“现代主义”或“现代性”的否定、反思或超越，是对一些不证自明的现代主流观点的批判和质疑，也是一种崇尚多元和差异性的思维方式。

后现代主义分支流派众多，观点纷呈，对于后现代主义思想很难取得一种共识性的认识。在教育方面，后现代主义教育思想庞大而复杂。这里仅简单探讨一些后现代主义教育学者关于教育本质、教育目的、师生关系等的基本主张。必须指出的是，这些观点只是后现代主义教育思想的冰山一角。

1. 教育本质观

后现代主义者对“现代教育”进行了深刻的批判，对教育的神圣性提出了质疑。后现代主义者认为，支撑现代教育思想的主要支柱是理性主义。理性主义认为人具有普遍的本质，因而主张用统一的手段达到统一的目标。这种教育上的“乌托邦情结”使人们误以为教育就是为了获取知识和发展能力。

现代批判教育学的重要代表人物吉鲁（H. Giroux）反对把教育定位于培养技术工人的层面，主张教育应培养具有批判精神的公民，使他们在新的民主社会的建设中发挥更大的作用。

布迪厄（P. Bourdieu）则指出，现代社会再生产的实质是文化再生产，而文化再生产是统治阶级通过文化霸权规定教育制度形式、教育目的的过程，同时也是统治阶级的文化对下层阶级的文化实施“文化暴力”的过程。尽管统治阶级常常通过“教育民主化”“教育大众化”等口号标榜其教育的合理性与合法性，但实质上，学校教育是社会不平等的再生产过程。或者说，教育是现代社会文化霸权的堡垒。

让-弗朗西斯·利奥塔（Jean-Francois Lyotard）选择从叙事的角度批判现代教育。他认为，现代教育思想依赖的是一种元叙事方式。元叙事即那些能“为科学立法”的哲学话语，现代性就是依赖它来证明自己的合法性的。但问题是，元叙事本身的合法性就是一个问题，而且也根本不存在天然合法的元叙事。科学和人文话语都只不过是一种叙事形式而已。

在抨击了现代教育的基础之后，后现代主义者提出的教育主张包括①：

（1）多样性。

后现代主义教育致力于寻求不同的声音，而不是现代主义中单一的权威的声音。后现代主义教育家反对普遍本质的人性论，重视能够培养个性的多样性和差异性的教育方式；反对从单一理念出发关照世界、阐释世界的做法，宣称所有的方法都有其局限性，没有千古不变的教条，教育没有预设的终极目标。后现代主义教育家主张允许任何方法，容纳一切思想，倡导以个性的差异性为基础，建立一个开放、多元的教育，塑造具有丰富自由个性的主体，使教育成为能动的、解放式的教育，使个体摆脱现代理性的桎梏，从社会禁锢中解放出来。这也意味着把教育从作为社会力量的工具地位解放出来，使其成为自主的社会力量，成为发展学生批判性思维和自由个性的真正的解放过程。

（2）平等性。

后现代主义教育家反对教育等级观念，主张大众的世俗的教育。他们认为，现代教育是社会生产关系和经济关系在文化教育中的反映和再生产。学校教育从观念、方法到学生

---

① 王治河. 后现代主义辞典. 北京：中央编译出版社，2004：224-225.

受教育的过程和程度，无不体现着统治阶级的意志和利益。这种不平等的教育无法实现人类自我解放和社会公正的目标，必须以适应大众利益的教育方式取而代之，真正无条件地给每个适龄儿童以符合其兴趣、个性特征和智力状况的充分的教育。教师应当充分尊重学生及其经验。课堂应成为学生社会交往实践和民主实践的场所，不应只是系统知识传授的场所。

（3）开放性。

在教育内容上，后现代主义教育者主张建设开放的课程，反对科学至上的观念。他们认为，科学至上是逻各斯中心主义和理性主义传统的产物，它所要维护的是现存的社会秩序。后现代主义主张人的解放，因此，必须以具有解放性质的知识来编制课程，开展教学，这样才能实现人的解放。

2. 教育目的观①

由于后现代主义崇尚差异性、偶然性和多元文化主义，所以其教育目的也是各种各样的。后现代主义教育学者往往根据各自对后现代主义基本主题的理解来阐述自己的教育见解。尽管他们对于教育目的的表述各不相同，但其基调都是对“现代性”的批评和反思，大都是围绕如何克服当代资本主义的社会危机，培养具有批判能力、多元文化意识的社会公民而展开。

（1）社会批判能力。

在后现代主义教育学者中，吉鲁的教育目的观具有代表性。他运用批判理论的观点和方法，认为必须把教育目的从优势文化决定论及其解释中解放出来。他希望通过教育造就一批具有批判能力的公民。这类公民能够认清优势文化的霸权以及文本的集权性，敢于向它们发起挑战，在认识多元文化的基础上实现文化边界的跨越，从而成就个人经验及其所代表的特殊文化。

（2）自我与社会意识。

麦克拉伦（P. Maclaren）从剖析知识与权力关系入手提出自己的教育目的观。他赞赏福柯的知识-权力理论，认为教育是获得个人与社会权力的工具，教育过程的一个先决条件是把获取个人与社会权力摆在知识积累之前。他认为知识是在权力实现的过程中获得的。因此，教育的一个重要目标就是促进学生对社会的认识和了解，尤其是对自我与社会的关系以及社会如何建构自我身份的机制和过程的深刻洞察。

（3）生态意识。

鲍尔斯（C. A. Bowers）运用后现代主义的观点和方法来研究教育生态问题。他提出应培养学生的生态意识，并在此基础上建立一种以生态为本的教育。他认为，现代文明对生活环境、生存空间具有破坏作用，科学技术的负面影响更是难辞其咎。他希望培养具有

① 陆有铨. 躁动的百年：20世纪的教育历程. 济南：山东教育出版社，1997：169-171.

生态意识的未来公民，使教育摆脱理性主义和“优势文化”的控制，建立一种与自然和谐的环境教育。鲍尔斯的环境教育是广义的，他认为所有的教育都是环境教育，他希望通过环境教育来培养个人的道德意识以及对自然甚至土地的伦理观念。

（4）和平共处。

女性主义教育学者马丁（J. R. Martin）以女性特有的思维方式审视了美国的教育制度，提出教育的目标在于求得一种和平相处的宁静。马丁是从社会问题、社会背景以及社会整体的发展来确立其教育目的的。这种教育目的是希望把家庭中的平和安定拓展到整个社会及其成员之中，消除社会矛盾和社会冲突，使得整个社会走向和谐。

（5）学会关心。

美国女性主义教育学者奈尔·诺丁斯（Nel Noddings）提出，教育的目的是教会学生学会关心。她认为，关心和被关心是人类的基本需要。我们需要被他人关心，同样我们也需要关心他人。问题是，并非所有的人都学会了如何关心他人。有些人真诚地关心知识、事业以及物质世界，但却对人类缺乏同情。有些人则对任何人、任何事都漠不关心。还有一些人缺乏关心他人的能力，以“关心”之名做了危害他人的事情。因此，她认为，教育应当围绕关心来组织，引导学生学会关心。

3. 师生观

在对教师使命、教师作用和师生关系问题的看法上，后现代主义教育学者的观点不尽相同。利奥塔认为，“叙事危机”大大动摇了现代教育的合法性，因此，教师的使命也就很难谈得上荣光和崇高，因为教师的工作无非是要通过话语霸权来确立知识的等级秩序和思想界的特权阶层。数据库，特别是百科全书的知识容量足以满足学生的好奇心和求知欲，传统的教师传授法将会被淘汰，甚至教师的角色也可能被取代。学生不再接受过去掌握信息控制权的教师们的耳提面命，而是像选购商品一样在网络上主动搜寻对自己有用的信息与知识。以往被视为人类心灵园圃的学校和图书馆也将在网络的冲击下遭到遗弃，成为历史的凭吊场。即便教室里还存在教师，师生关系也是一种平等的对话关系。在对话过程中，师生围绕着具体的问题情境均需做出自己的思考和努力，双方的角色和身份总在不停地转换和变化。师生共同对求知的过程负责，教师的角色充其量只是一个“节目主持人”。

在师生观方面，多尔（W. W. Doll）认为，教师在师生共同组成的学习共同体中的角色是“平等中的首席”。教师的作用和权威没有被抛弃，而是得以重新建构，从外在于学习情境转向与情境共存，教师是内在于学习情境的领导者，而不是外在的专制者。

本章小结

新中国的教育，是在改革旧教育中奠定了社会主义的方向，改革开放前经历了曲折探索，改革开放之后在拨乱反正中发展，在革故鼎新中前行，尤其是进入 21 世纪后，得益于基础教育改革，高等教育无论是数量还是质量都迎来了大的发展，我国初步实现了教育现代化。

20 世纪是教育改革的时代。西方教育发展经历了探索与起步、重建与扩展、挑战与创新三个重要时期。这三个时期的教育改革推动了世界教育现代化的进程，对人类社会的发展产生了巨大影响。

进入 21 世纪后，世界教育改革日益广泛和深入，一场全球性的教育改革浪潮波及世界各国，世界教育改革正走向全民化、信息化、国际化。

20 世纪后期以来，为了解决共同面临的教育问题，世界各国在许多教育思想观念上达成了共识，树立了共同的教育理念，从而形成了各种教育思潮，其中影响较大的国际教育思潮主要有终身教育思潮、全纳教育思潮、国际理解教育思潮、后现代教育思潮等。

思考题

1. 当前我国教育改革的主要内容有哪些?
2. 当代世界教育发展的基本走向是什么?
3. 具有国际影响的教育思潮主要有哪些?
4. 如何理解当代社会终身教育、全纳教育和国际理解教育出现的意义与价值?

拓展阅读

1. 高奇. 新中国教育历程. 石家庄：河北教育出版社，1996.
2. 黄志成. 国际教育新思想新理念. 上海：上海教育出版社，2009.
3. 联合国教科文组织国际教育发展委员会. 学会生存：教育世界的今天和明天. 北京：教育科学出版社，1996.
4. 联合国教科文组织国际教育发展委员会. 教育：财富蕴藏其中. 北京：教育科学出版社，1996.
5. 联合国教科文组织国际教育发展委员会. 反思教育：向“全球共同利益”的教育理念转变. 北京：教育科学出版社，2017.

后　记

这本《教育学原理》是应中国人民大学出版社之邀，为“新编 21 世纪教育学系列教材”撰写的一本大学教育类专业的基础课教材。

本书的基本内容来自由我主编、中国人民大学出版社 2012 年出版的“21 世纪通识教育系列教材”《教育学基础》。本书作为专业基础课教材，不同于通识教育教材，因此，我们对《教育学基础》进行了删减和修订，保留了《教育学基础》中的“教育的一般原理”部分。因为教育学原理是关于教育的一般事理，它以整体教育为对象，是对教育“是什么”“应该是什么”“为什么这样做”的回答，旨在揭示教育方法、措施背后的学理、道理，为教育方法、措施提供理论依据。教育学原理，面向整体的教育，换言之，具体的教育活动，如课程、教学、班级管理，不是本书研究的重点，但它们可以作为教育内容的呈现方式、教育途径等出现在“教育学原理”之中。

本书在原作者的基础上，由主编统一修改、补充和完善。各章节的原作者为：

第一章（于忠海博士、教授）、第二章（魏宏聚博士、教授）、第三章（冯建军博士、教授）、第四章（阎亚军博士、教授）、第五章（魏峰博士、教授）、第六章（杨建朝博士、副教授）、第七章（严从根博士、副教授）、第八章（叶飞博士、教授）、第九章（吕寿伟博士、副教授）、第十章（第一节　邵泽斌博士、教授；第二、三、四节　张蓉博士、教授）。

本书有幸列入“新编 21 世纪教育学系列教材”，感谢中国人民大学出版社的信任，更感谢策划编辑王雪颖老师和责任编辑徐小玲老师、陈虹老师的支持和帮助。在撰写过程中，引用了同人的相关研究成果，特此说明并表示衷心感谢。

由于学识和水平有限，书中难免存在不当和疏漏之处，恳请各位同人在使用过程中提出宝贵意见，以便下次修改、完善。

冯建军

2018 年 4 月 8 日

图书在版编目（CIP）数据

教育学原理/冯建军主编．—北京：中国人民大学出版社，2018．10
新编21世纪教育学系列教材
ISBN 978-7-300-26073-0

Ⅰ．①教… Ⅱ．①冯… Ⅲ．①教育学-教材 Ⅳ．①G40

中国版本图书馆CIP数据核字（2018）第186197号

新编21世纪教育学系列教材
教育学原理
冯建军　主编
Jiaoyuxue Yuanli

出版发行	中国人民大学出版社		
社　　址	北京中关村大街31号	**邮政编码**	100080
电　　话	010－62511242（总编室）		010－62511770（质管部）
	010－82501766（邮购部）		010－62514148（门市部）
	010－62515195（发行公司）		010－62515275（盗版举报）
网　　址	http://www.crup.com.cn		
	http://www.ttrnet.com（人大教研网）		
经　　销	新华书店		
印　　刷	北京溢漾印刷有限公司		
规　　格	185 mm×260 mm　16开本	**版　　次**	2018年10月第1版
印　　张	16	**印　　次**	2022年4月第2次印刷
字　　数	319 000	**定　　价**	36.00元

教学支持说明

（教学课件）

中国人民大学出版社政治与公共管理出版分社秉承“出教材学术精品，育人文社科英才”的出版宗旨，多年来，出版了大批高质量的公共管理、教育学、政治学、政治理论公共课教材和学术著作。

我们为本教材制作了相应的 PPT 教学课件，任何一位采用本书作为授课教材的教师均可免费获得该课件。为了确保该课件仅为授课教师获得，烦请您填写如下材料，并将相关信息通过 E-mail 发送给我们，我们将在收到相关信息后通过 E-mail 给您发送该课件。欢迎您加入我们的 QQ 群（全国政管教师交流群，群号为 236159213），或登录我分社官方网站（www. crup. com. cn），注册成为 VIP 会员，以获得更好的服务。

我们的联系方式：

地址：（100872）北京市中关村大街甲 59 号文化大厦 1202 室

中国人民大学出版社政治与公共管理出版分社

电话：（010）82502724　62514775（传真）

E-mail：ggglcbfs@vip. 163. com

QQ 群：236159213

兹证明____________大学/学院__________院/系__________专业__________学年第__________学期开设的________________课程，采用中国人民大学出版社出版的______________________________________（书名、作者）作为本课程教材。授课教师为____________，授课班级共_______个、学生_______人。授课教师需要与本书配套的教学课件。

联 系 人：___________________________

通信地址：___________________________

邮　　编：___________________________

电　　话：___________________________

E-mail：_____________________________

系/院主任：__________（签字）

（系/院办公室章）

_______年_____月_____日